Verfahrenskonzentration im Konzerninsolvenzrecht

Europäische Hochschulschriften Recht

European University Studies in Law

Publications Universitaires Européennes de Droit

Band/Volume **6823**

Leonard Pellet

Verfahrenskonzentration im Konzerninsolvenzrecht

Optimierungsansätze aus dem U.S. Bankruptcy Code?

PETER LANG

Berlin · Bruxelles · Chennai · Lausanne · New York · Oxford

Bibliografische Information der Deutschen Nationalbibliothek
Die Deutsche Nationalbibliothek verzeichnet diese Publikation in der Deutschen Nationalbibliografie; detaillierte bibliografische Daten sind im Internet über http://dnb.d-nb.de abrufbar.

Zugl.: Münster (Westf.), Univ., Diss. der Rechtswissenschaftlichen Fakultät, 2024

D 6
ISSN 0531-7312
ISBN 978-3-631-93364-0 (Print)
E-ISBN 978-3-631-93406-7 (E-PDF)
E-ISBN 978-3-631-93407-4 (EPUB)
DOI 10.3726/b22693

Verlegt durch: Peter Lang GmbH, Berlin (Deutschland)
info@peterlang.com - www.peterlang.com

Meinem Großvater Dr. Michael Hartwig

Inhaltsübersicht

Inhaltsverzeichnis

Vorwort

Die vorliegende Arbeit wurde im Wintersemester 2024 von der Rechtswissenschaftlichen Fakultät der Universität Münster als Dissertation angenommen.

Mein besonderer Dank gilt zunächst meinem Doktorvater, Herrn Professor Dr. Gerald Mäsch, für seine hervorragende Unterstützung bei der Durchführung meines Promotionsvorhabens und seine ständige Erreichbarkeit. Darüber hinaus danke ich Herrn Professor Dr. Johann Kindl für die schnelle Erstellung des Zweitgutachtens.

Diese Arbeit wurde durch ein Begabtenstipendium der Hanns-Seidel-Stiftung aus Mitteln des Bundesministeriums für Bildung und Forschung (BMBF) gefördert. Für die großzügige finanzielle und ideelle Förderung bedanke ich mich herzlich.

Außerdem möchte ich meinen Eltern, Regine und Dr. Volker Pellet, für ihre stete Unterstützung meines Promotionsvorhabens danken. Meinem Vater danke ich dabei insbesondere für die finale Durchsicht der Arbeit. Schließlich danke ich Sophie für ihre Geduld ihr Verständnis.

Berlin, im Dezember 2024

Abkürzungsverzeichnis

a.A.	andere Auffassung
a.F.	alte Fassung
Abs.	Absatz
Abschn.	Abschnitt
AG	Amtsgericht oder Aktiengesellschaft
AktG	Aktiengesetz
Ala.	Alabama
Am. Bankr. Inst. J.	American Bankruptcy Institute Journal
Am. Bankr. Inst. L. Rev.	American Bankruptcy Institute Law Review
Am. Bankr. L.J.	American Bankruptcy Law Journal
Am. Jur. 2d Bankruptcy	American Jurisprudence, Second Edition
Anm.	Anmerkung
Ann. Surv. of Bankr. Law	Norton Annual Survey of Bankruptcy Law
AnwBl	Anwaltsblatt
ArbuR	Arbeit und Recht
Art.	Article oder Artikel
B.A.P.	Bankruptcy Appellate Panel
Bankr. Proc. Manual	Bankruptcy Procedure Manual: Federal Rules of Bankruptcy Procedure Annotated
BB	Betriebs Berater
B.C.	Bankruptcy Code
BeckOK	Beck'scher Online-Kommentar
BeckOGK AktienR	beck-online.Grosskommentar zum Aktienrecht
BGB	Bürgerliches Gesetzbuch
BGBl.	Bundesgesetzblatt
BGH	Bundesgerichtshof
B.R.	Bankruptcy Reporter
BR-Drucks.	Bundesratsdrucksache
Brook. L. Rev.	Brooklyn Law Review
BT-Drucks.	Bundestagsdrucksache
Bus. Law.	Business Lawyer
bzgl.	bezüglich
bzw.	beziehungsweise
ca.	circa

Cal.	California
C.D.	Central District
Chi.-Kent L. Rev.	Chicago-Kent Law Review
Cl.	Clause
Com. L.J.	Commercial Law Journal
Conn. L. Rev.	Connecticut Law Review
Corp. Couns. Gd. to Bkrcy. L.	Corporate Counsel's Guide to Bankruptcy Law
D.	District
DAX	Deutscher Aktienindex
DB	Der Betrieb (Zeitschrift)
D.C.	District of Columbia
Del.	Delaware
ders.	derselbe
DiskE	Diskussionsentwurf
DZWIR	Deutsche Zeitschrift für Wirtschafts- und Insolvenzrecht
E.D.	Eastern District
Einl.	Einleitung
Emory Bankr. Dev. J.	Emory Bankruptcy Developments Journal
ESUG	Gesetz zur weiteren Erleichterung der Sanierung von Unternehmen
et. al.	et alii (und andere)
EU	Europäische Union
F. 2d	Federal Reporter, Second Series
F. 3d	Federal Reporter, Third Series
Fed. Proc., L. Ed.	Federal Procedure, Lawyers Edition
FK-InsO	Frankfurter Kommentar zur Insolvenzordnung
Fla.	Florida
Fn.	Fußnote
Fordham L. Rev.	Fordham Law Review
F. Supp.	Federal Supplement
gem.	gemäß
Geo. J. Legal Ethics	Georgetown Journal of Legal Ethics
Geo. L. J.	Georgetown Law Journal
GG	Grundgesetz
GmbH	Gesellschaft mit beschränkter Haftung
GmbHR	GmbH-Rundschau (Zeitschrift)
Harv. J. on Legis.	Harvard Journal on Legislation
Harv. L. Rev.	Harvard Law Review

Hastings L. J.	Hastings Law Journal
HGB	Handelsgesetzbuch
HK InsO	Hamburger Kommentar zum Insolvenzrecht
HRI	Handbuch Restrukturierung in der Insolvenz
H.R. Rep.	House of Representatives Report
Hrsg.	Herausgeber
i.S.v.	im Sinne von
Ill.	Illinois
Ind.	Indiana
InsO	Insolvenzordnung
J. Bankr. L. & Prac. NL	Norton Journal of Bankruptcy Law and Practice
KG	Kammergericht
KIG	Gesetz zur Erleichterung der Bewältigung von Konzerninsolvenzen
KO	Konkursordnung
KTS	KTS - Zeitschrift für Insolvenzrecht
LG	Landgericht
Marquette Law Rev.	Marquette Law Review
Mass.	Massachusetts
M.D.	Middle District
M.d.	Maryland
Mich. L. Rev.	Michigan Law Review
Minn.	Minnesota
Miss.	Mississippi
Mrd.	Milliarde
MüKoAktG	Münchener Kommentar zum Aktiengesetz
MüKoGmbHG	Münchener Kommentar zum GmbHG
MüKoHGB	Münchener Kommentar zum Handelsgesetzbuch
MüKoInsO	Münchener Kommentar zur Insolvenzordnung: InsO
N.C.	North Carolina
N.D.	Northern District
Nev.	Nevada
N.J.	New Jersey
NJW	Neue Juristische Wochenschrift
N.M.	New Mexico
No.	Number
Norton Bankr. L. & Prac.	Norton Bankruptcy Law and Practice

Nr.	Nummer
N.Y.	New York
NZI	Neue Zeitschrift für das Recht der Insolvenz und Sanierung
Okla.	Oklahoma
OLG	Oberlandesgericht
Pa.	Pennsylvania
P.R.	Puerto Rico
Pratt's J. Bankr. L.	Pratt's Journal of Bankruptcy Law
Proc.	Procedure
RegE	Regierungsentwurf
Rn.	Randnummer(n)
RPflG	Rechtspflegergesetz
S.	Seite(n)
S.D.	Southern District oder South Dakota
Sec.	Section
Seton Hall L. Rev.	Seton Hall Law Review
Sonderh.	Sonderheft
S. Rep.	Senate Report
StaRUG	Gesetz über den Stabilisierungs- und Restrukturierungsrahmen für Unternehmen
Tenn.	Tennessee
Tex.	Texas
Tex. L. Rev.	Texas Law Review
u.a.	unter anderem
UCLA L. Rev.	UCLA Law Review
U. Pitt. L. Rev.	University of Pittsburgh Law Review
U.S.	United States Reports (Entscheidungssammlung) oder United States (Nationalität)
USA	Vereinigte Staaten von Amerika (United States of America)
U.S.C.	United States Codes (Code of Laws of the United States of America)
U.S. Dep't of Justice, U.S. Tr. Program	United States Department of Justice, United States Trustee Program
Va.	Virginia
Vand. L. Rev.	Vanderbilt Law Review
vgl.	vergleiche

Vorb.	Vorbemerkung(en)
Wayne L. Rev.	Wayne Law Review
W.D.	Western District
Wis. L. Rev.	Wisconsin Law Review
W.Va.	West Virginia
z.B.	zum Beispiel
ZHR	Zeitschrift für das gesamte Handelsrecht und Wirtschaftsrecht
ZInsO	Zeitschrift für das gesamte Insolvenzrecht
ZIP	Zeitschrift für Wirtschaftsrecht
ZPO	Zivilprozessordnung
ZRP	Zeitschrift für Rechtspolitik

Einleitung

„Ein Rechtsträger, ein Vermögen, ein Verfahren". Dieser viel zitierte Grundsatz bildet die Grundlage des deutschen Insolvenzrechts.[1] Er gilt jedoch nicht für Konzerne, da ein Konzern kein anerkannter Rechtsträger ist.[2] Aus rein wirtschaftlicher Perspektive mag dies befremdlich wirken. Schließlich ist die wirtschaftliche Bedeutung der Konzerne unschwer zu erkennen. Bereits in den neunziger Jahren waren über die Hälfte der Unternehmen in Form einer AG oder einer GmbH konzernverbunden organisiert.[3] 2007 waren fast 70 % des Gesamtumsatzes inländischer Unternehmen und über die Hälfte aller Beschäftigten in der Bundesrepublik Deutschland auf konzernverbundene Unternehmen zurückzuführen.[4]

Juristisch wird dem Konzern in Deutschland hingegen deutlich weniger Beachtung geschenkt. Die Anerkennung als einheitlicher Rechtsträger wird ihm verweigert und so besteht er stattdessen aus verschiedenen, einzelnen Unternehmen als Rechtsträgern.[5] In § 3e Abs. 1 der Insolvenzordnung (InsO) wird die Unternehmensgruppe mittlerweile insolvenzrechtlich legal definiert als „rechtlich selbständige Unternehmen, die den Mittelpunkt ihrer hauptsächlichen Interessen im Inland haben und die unmittelbar oder mittelbar miteinander verbunden sind durch 1. die Möglichkeit der Ausübung eines beherrschenden Einflusses oder 2. eine Zusammenfassung unter einheitlicher Leitung". Diese isolierte Betrachtungsweise ist jedoch keineswegs neu; bereits seit 1877 werden die verschiedenen Unternehmen eines Konzerns in der Insolvenz einzeln betrachtet.[6]

Die isolierte Behandlung einzelner Teile eines Verbunds, dessen wirtschaftliche Kraft auf der Koordination und dem ständigen Austausch dieser Einzelteile fußt,

---

1 So *Flöther*, NZI-Beilage 2018, 6, 6; *Paulus*, ZIP 2005, 1948, 1948; *Vallender/Deyda*, NZI 2009, 825, 826; *Liebscher*, in: MüKoGmbHG, § 13 Anh. Rn. 1328.

2 *Thüsing*, in: MüKoHGB, § 59 Rn. 21; *Büsching*, in: Römermann, § 1 Rn. 164; *Schall*, in: BeckOGK AktienR, § 18 Rn. 2.

3 Gesetzesentwurf der Bundesregierung zum KIG, BT-Drs. 18/407, 15; zur Verbreitung der konzernverbundenen AG siehe *Görling*, AG 1993, 538, 542–543; zur Verbreitung der konzernverbundenen GmbH *Meyer*, GmbHR 2002, 177, 181–182.

4 Achtzehntes Hauptgutachten der Monopolkommission 2008/2009, BT-Drs. 17/2600, 80.

5 *Büsching*, in: Römermann, § 1 Rn. 164.

6 Siehe *Jaeger*, in: KO, §§ 207, 208 Anm. 10.

führte zu insolvenzrechtlichen Komplikationen.[7] So suchte man z.B. gesetzliche Regelungen zu einem gemeinsamen Gerichtsstand für die verschiedenen konzernangehörigen Unternehmen und zu einer einheitlichen Einsetzung eines Konzerninsolvenzverwalters bisher vergebens. Auch der 2002 zum eigenverwaltenden Vorstandsvorsitzenden im Insolvenzverfahren der Babcock Borsig AG bestellte *Piepenburg* offenbart in seinem Bericht zum Verfahren den Mehrwert von Konzernlenkungsmaßnahmen in der Insolvenz.[8] Dieser fehlenden gesetzlichen Berücksichtigung der Natur eines Konzerns wurde in der Praxis mitunter durch improvisierte Hilfslösungen Rechnung getragen.[9] Es wurde immer deutlicher, dass die Insolvenzordnung Änderungen bedurfte, um die Bewältigung von Konzerninsolvenzen effektiv auszugestalten. 2009 sprachen sich in der Zeitschrift für das gesamte Insolvenz- und Sanierungsrecht (ZInsO) 73 % der befragten Insolvenzverwalter für die Entwicklung eines einheitlichen Konzerninsolvenzrechts aus.[10] Dennoch dauerte es eine ganze Weile, bis auch der deutsche Gesetzgeber reagierte.

Ein Blick über den Atlantik zeigt, dass der U.S.-amerikanische Gesetzgeber schon seit langem die Verbundenheit diverser Unternehmen eines Konzerns im Falle der Insolvenz berücksichtigt. Wie in Deutschland, so ist auch in den USA das Insolvenzrecht Bundesrecht. Um eine einheitliche Regelung des Insolvenzverfahrens zu gewährleisten, steht auf diesem Gebiet in Deutschland dem Bund verfassungsrechtlich die Gesetzgebungskompetenz gem. Art. 74 Abs. 1 Nr. 1 GG zu.[11] In der amerikanischen Verfassung ermächtigt Art. 1 § 8 Cl. 4 der U.S. Constitution den Bund zu einer einheitlichen Gesetzgebung auf dem Gebiet des Insolvenzrechts. In den USA wurde bereits am 24.04.1973[12] die verfahrensrechtliche Zusammenfassung von Insolvenzverfahren verschiedener Unternehmen in Bankruptcy Rule 117(b) a.F. vorgestellt. Diese Verbindung von Insolvenzverfahren wird

7 Siehe *Grigoleit*, in: Grigoleit, § 15 Rn. 21; *Prütting*, in: K/P/B, § 11 Rn. 63; *Eidenmüller*, ZHR 2005, 528, 529–534.

8 *Piepenburg*, NZI 2004, 231, 236.

9 Dazu ausführlich *Eidenmüller*, in: MüKoInsO, Vorb. §§ 217–269 Rn. 38.

10 *Bitter/Röder*, ZInsO 2009, 1283, 1290–1291.

11 Gesetzesentwurf der Bundesregierung zum Gesetz zur Vereinfachung des Insolvenzverfahrens, BT- Drs. 16/3227, 13; Gesetzesentwurf der Bundesregierung zum KIG, BT-Drs. 18/407, 24.

12 Die Federal Rules of Bankruptcy Procedure wurden am 24.04.1973 von dem U.S. Supreme Court vorgestellt, in Kraft traten sie erst am 01.10.1973. Siehe dazu Teil 1 A. V.

in den USA als „joint administration“ bezeichnet.[13] Waren Insolvenzverfahren von zwei oder mehr verbundenen Unternehmen vor demselben Gericht anhängig, so gab die Bankruptcy Rule 117(b) a.F. dem Gericht die Möglichkeit, eine solche „joint administration“ anzuordnen. Schon 1973 bestand damit in den USA die Erwartung, dass die Verfahrensbündelung eine ökonomischere und effizientere Abwicklung von Konzerninsolvenzen ermöglichen würde.[14]

In Deutschland bezeichnete *Schmidt* 1990 ein Verfahren über die Sanierung der Konzerne als „Bewährungsprobe des Unternehmensträger-Konkurses.“[15] Dennoch reagierte der deutsche Gesetzgeber trotz anhaltender Kritik[16] an der Gesetzeslage lange Zeit nicht. Erst ca. 30 Jahre später als in den USA begann im Januar 2013 mit dem Diskussionsentwurf[17] des Bundesministeriums der Justiz der Gesetzgebungsprozess bezüglich einer Verfahrenskonzentration im Insolvenzrecht. Der Gesetzgebungsprozess wurde am 21.04.2017 mit der Verkündung[18] des neuen „Gesetz zur Erleichterung der Bewältigung von Konzerninsolvenzen” (**„KIG”**) abgeschlossen.

Ziel des am 24.04.2018 in Kraft getretenen Gesetzes ist es, auch in der Insolvenz die wirtschaftliche Einheit eines Konzerns zu wahren, um dadurch einen Mehrwert für die Gläubiger zu erzielen.[19] Die Insolvenzordnung wurde u.a. um verschiedene Normen zur Verfahrenskonzentration bei Konzerninsolvenzen ergänzt. Zwar lässt sich das KIG sicherlich als Meilenstein in der jungen Geschichte des deutschen Konzerninsolvenzrechts bezeichnen. Dennoch stellt es die Praxis nicht selten weiterhin bei der Abwicklung von Gruppeninsolvenzen vor Schwierigkeiten. So führt z.B. die Neuregelung des Gruppen-Gerichtsstands in § 3a Abs. 1 InsO dazu, dass dieser mangels konkreter Anhaltspunkte, wie etwa einem Sitz des Mutterunternehmens, kaum für Gläubiger ex-ante bestimmbar

---

13 Siehe 2 Bankruptcy Law Manual § 11:44 (5th ed.); 2 Bankruptcy Law Manual § 11:17 (5th ed.); 2 Norton Bankr. L. & Prac. 3d § 21:1; Matter of Steury, 94 B.R. 553, 553 (Bankr. N.D. Ind. 1988); In re Appalachian Fuels, LLC, 493 B.R. 1, 21 (B.A.P. 6th Cir. 2013); In re Las Torres Development, LLC, 413 B.R. 687, 692–693 (Bankr. S.D. Tex. 2009).

14 Siehe Louis W. Levit, *The New Bankruptcy Rules*, 57 Marquette L. Rev. 1, 5 (1973).

15 *Schmidt*, Insolvenzrecht der Unternehmen, 221.

16 Kritisch u.a. *Graeber*, NZI 2007, 265, 265–266; *Uhlenbruck*, NZI 1999, 41, 44; *Paulus*, ZIP 2005, 1948, 1955; *Vallender/Deyda*, NZI 2009, 825, 828.

17 Abgedruckt als Beilage zu ZIP 2/2013.

18 BGBl. I, 866.

19 Gesetzesentwurf der Bundesregierung zum KIG, BT-Drs. 18/407, 16.

ist. Die Optimierung der Verfahrenskonzentration könnte für die Zukunft des Konzerninsolvenzrechts also einen bedeutenden Mehrwert darstellen.

Ziel der Arbeit ist es daher zu untersuchen, ob sich anhand des U.S.-amerikanischen Konzerninsolvenzrechts sowie der Erfahrung der U.S.-amerikanischen Rechtsprechung auf diesem Gebiet Optimierungsansätze für das deutsche Konzerninsolvenzrecht entwickeln lassen. Der Fall Wirecard zeigt, dass das Thema bis heute hochaktuell ist: Am 25.06.2020 stellte dieser deutsche DAX-Konzern mit seiner komplexen Konzernstruktur einen Insolvenzantrag und damit die deutsche Justiz vor große Herausforderungen.[20]

---

20 *Pache/Wirminghaus*, Wirecard ist pleite, https://www.capital.de/wirtschaft-politik/wirecard-ist-pleite (zuletzt abgerufen am 10.04.2024).

Teil 1 – Rechtsgeschichtliche Entstehung

A. Rechtsgeschichtliche Entstehung des Konzerninsolvenzrechts in den USA

Eine eingehende Betrachtung der rechtsgeschichtlichen Entwicklung des Insolvenzrechts beider Staaten ist unerlässlich, um ein besseres Verständnis dafür zu entwickeln, welche Optimierungsmöglichkeiten das U.S.-amerikanische Insolvenzrecht dem deutschen Insolvenzrecht hinsichtlich Konzerninsolvenzen bieten kann.

I. Anfänge des Insolvenzrechts in den USA

Bevor die USA ein eigener Staat wurden, basierte das auf dem Gebiet angewandte Insolvenzrecht auf englischen Gesetzen und dem als „common law" bezeichneten Fallrecht.[21] Die Insolvenz war als unfreiwilliges Verfahren nur gegen Händler anwendbar.[22] Freiheitsstrafen als Sanktionen für Schulden stellten gängige Praxis dar.[23] Das Insolvenzrecht drehte sich daher um Schuldenerlass und Haftentlassung.[24]

1. Das Insolvenzrecht und die U.S. Constitution

Den Grundstein für ein eigenes Insolvenzrecht legten die USA noch in der Anfangsphase der jungen Nation. Auch wenn die Bewertungen divergieren, ob die Schaffung eines eigenen Insolvenzrechts für die Gründerväter ein zentrales Anliegen war[25] oder bloß eine Randnotiz,[26] so wurde über die Einführung eines bundeseinheitlichen Insolvenzrechts bereits auf der Constitutional Convention

---

21 Chapter 13 Practice & Procedure § 1:2; Charles Tabb, *The History of the Bankruptcy Laws in the United States*, 3 American Bankruptcy Institute L. Rev. 5, 7 (1995).

22 Charles Tabb, *The History of the Bankruptcy Laws in the United States*, 3 American Bankruptcy Institute L. Rev. 5, 12 (1995).

23 Chapter 13 Practice & Procedure § 1:2.

24 Charles Tabb, *The History of the Bankruptcy Laws in the United States*, 3 American Bankruptcy Institute L. Rev. 5, 12 (1995).

25 1 Bankruptcy Law Fundamentals § 1:1.

26 Charles Tabb, *The History of the Bankruptcy Laws in the United States*, 3 American Bankruptcy Institute L. Rev. 5, 13 (1995).

im September 1787 beraten.[27] Diese Beratung mündete in einer Formulierung der U.S. Constitution von 1787,[28] welche dem U.S.-Kongress die Kompetenz einräumte, ein einheitliches Insolvenzrecht in den USA zu schaffen.[29] Die Gründungsväter fürchteten negative Auswirkungen eines uneinheitlichen Insolvenzrechts in den verschiedenen U.S.-amerikanischen Bundesstaaten auf Gebietsfremde und den zwischenstaatlichen Handel.[30] *James Madison*, einer der Gründerväter der Vereinigten Staaten, hielt die Gestaltung eines einheitlichen U.S.-amerikanischen Insolvenzrechts aufgrund einer engen Beziehung zum Handel und einer effektiven Betrugsvermeidung für unabdingbar.[31]

2. U.S.-amerikanisches Insolvenzrecht zwischen Bundes- und Landesrecht und die Anfänge eines Konzerninsolvenzrechts

Die Aufnahme dieser Ermächtigung zur Schaffung eines einheitlichen Insolvenzrechts in die Verfassung führte jedoch nicht zu einer zeitnahen Umsetzung durch den U.S.-Kongress. Die ersten hundert Jahre unter der Verfassung der USA wurde das Insolvenzrecht überwiegend durch das Recht der einzelnen Bundesstaaten geprägt. Die einzelnen bundesstaatlichen Regelungen eigneten sich jedoch nicht dazu, große ökonomische Probleme von zwischenstaatlichem Ausmaß zu lösen, sodass der U.S.-Kongress tätig werden musste.[32] Der Kongress machte in diesem Zeitraum drei Mal von seiner Kompetenz Gebrauch, bundesweites Insolvenzrecht zu beschließen: 1800,[33] 1841[34] und 1867.[35] Allen gemein ist, dass der U.S.-Kongress von seiner Kompetenz nur als vorübergehende Antwort auf eine ökonomische Krise oder finanzielle Herausforderung Gebrauch machte und die Gesetze nach

27 Siehe James Olmstead, *Bankruptcy A Commercial Regulation*, 15 Harv. L. Rev. 829, 831 (1902).

28 Konkret lautet die Formulierung gem. U.S. Const. art. 1, § 8, cl. 4 „To establish an uniform Rule of Naturalization, and uniform Laws on the subject of Bankruptcies throughout the United States".

29 U.S. Const. art. 1, § 8, cl. 4.

30 Charles Tabb, *The History of the Bankruptcy Laws in the United States*, 3 American Bankruptcy Institute L. Rev. 5, 13 (1995).

31 The Federalist No. 42 (James Madison).

32 Charles Tabb, *The History of the Bankruptcy Laws in the United States*, 3 American Bankruptcy Institute L. Rev. 5, 23 (1995).

33 Act of Apr. 4, ch. 19, 2 Stat. 19 (1800).

34 Act of Aug. 19, ch. 9, 5 Stat. 440 (1841).

35 Act of Mar. 2, ch. 176, 14 Stat. 517 (1867).

Erholung der Wirtschaft unmittelbar wieder aufgehoben wurden.[36] Die einzelnen U.S.-Bundesstaaten konnten somit für den Großteil der 100 Jahre, nachdem der U.S.-Kongress die Gesetzgebungskompetenz für ein bundesweites Insolvenzrecht erhalten hatte, selbständig gestalterisch wirken.[37]

In die Zeit vor einem einheitlichen Insolvenzrecht in den USA fallen auch die Anfänge eines Konzerninsolvenzrechts in den USA. Die Ursprünge des U.S.-amerikanischen Konzerninsolvenzrechts und der Kerngedanke der Reorganisation großer Unternehmen sind auch mit der Geschichte der Eisenbahn in den USA verbunden.[38] Der U.S.-amerikanische Bürgerkrieg hatte die USA 1861 in ein politisches und wirtschaftliches Chaos gestürzt. Nach Kriegsende befand sich die durch zahlreiche Staaten verlaufende und wirtschaftlich enorm wichtige Eisenbahn in einer finanziellen Notlage. Mangels einheitlichen Insolvenzrechts konnten weder Gläubiger noch sonstige Beteiligte auf die Notlage adäquat reagieren. Als improvisierte Lösung dieses Problems wurden gegen Ende des 19. Jahrhunderts „Equity Receiverships" eingeführt.[39] Ziel der „Equity Receiverships" war die Restrukturierung der Eisenbahn und anderer Unternehmen unter der Aufsicht der Bundesgerichte. Auf Antrag der Gläubiger bei einem Bundesgericht, ernannte dieses einen „Receiver" als Verwalter des Unternehmensvermögens. Dieser führte das Unternehmen weiter, während er sich nach Käufern für das Unternehmensvermögen umsah. Das Unternehmen konnte also als funktionsfähiges Unternehmen verkauft werden. Auf diese Weise ließen sich ein höherer Preis erzielen und mehr Arbeitsplätze erhalten als bei einer reinen Liquidation des Unternehmens. Das Konzept der „Equity Receivership" wurde bis zur Kodifizierung eines Restrukturierungsrechts angewandt und legte damit den Grundstein für die systematische Reorganisation von Großunternehmen. Der U.S.-Kongress setzte dem hin und her zwischen Bundesrecht und Landesrecht mit dem Erlass des ersten dauerhaften Insolvenzrechts auf Bundesebene, dem Bankruptcy Act of 1898,[40] ein Ende.

---

36 Siehe dazu auch 1 Bankruptcy Law Manual § 1:2 (5th ed.); David A. Skeel, Jr., *Bankruptcy Lawyers and the Shape of American Bankruptcy Law*, 67 Fordham L. Rev. 497, 500 (1998).

37 Siehe dazu auch Charles Tabb, *The History of the Bankruptcy Laws in the United States*, 3 American Bankruptcy Institute L. Rev. 5, 13–14 (1995).

38 *Uhlenbruck*, DZWIR 2007, 1, 4; Charles Tabb, *The History of the Bankruptcy Laws in the United States*, 3 American Bankruptcy Institute L. Rev. 5, 21–22 (1995).

39 Charles Tabb, *The History of the Bankruptcy Laws in the United States*, 3 American Bankruptcy Institute L. Rev. 5, 21–22 (1995); *Uhlenbruck*, DZWIR 2007, 1, 4.

40 Bankruptcy Act of 1898, ch. 541, 30 Stat. 544.

II. Der Bankruptcy Act of 1898

Der Bankruptcy Act of 1898 beinhaltete substanzielle Änderungen des U.S.-amerikanischen Insolvenzverfahrens. Er vereinfachte die Restschuldbefreiung sowie die Verwaltung und Erlösverteilung der Insolvenzmasse.[41] Die Gläubiger erhielten die Möglichkeit einen „Trustee"[42] zu wählen[43] und damit wesentliche Macht über das Insolvenzverfahren. Der Bankruptcy Act of 1898 machte die District Courts zu den Insolvenzgerichten[44] und ließ diese Insolvenzrichter unter der Bezeichnung „Referee of Bankruptcy" ernennen.[45] Diese „Referees of Bankruptcy" sind die Vorgänger der heutigen „Bankruptcy Judges".[46] Das neue Gesetz sah sowohl freiwillige[47] als auch unfreiwillige[48] Insolvenzverfahren vor. Auf „corporations" fand das freiwillige Insolvenzverfahren keine Anwendung.[49]

III. Der Chandler Act

1936 stellte die National Bankruptcy Conference fest, dass die fehlende insolvenzrechtliche Beachtung der Unternehmen erhebliche Schwierigkeiten für das Restrukturierungsverfahren bedeutete.[50] Kurz darauf verabschiedete der U.S.-Kongress den Chandler Act.[51] Dieses Gesetz führte drei verschiedene Kapitel zur

41 Siehe 1 Bankruptcy Law Manual § 1:3 (5th ed.); Charles Tabb, *The History of the Bankruptcy Laws in the United States*, 3 American Bankruptcy Institute L. Rev. 5, 24–25 (1995).

42 Dem „Trustee" kommt im U.S.-amerikanischen Insolvenzrecht eine ähnliche Funktion wie dem Insolvenzverwalter im deutschen Insolvenzrecht zu. Es handelt sich dabei um eine bestellte oder gewählte Person, welche die Insolvenzmasse des Schuldners vertritt (siehe *Bauer v. Commerce Union Bank*, 859 F.2d 438, 441 (6th Cir.1988)) und ausgestattet mit weiter Entscheidungsbefugnis wesentlichen Einfluss auf die Gestaltung des Insolvenzverfahrens nehmen kann. Der „Trustee" trägt die Verantwortung über die Insolvenzmasse und trifft dabei wichtige Entscheidungen wie die, über Kündigung oder Erhalt zahlreicher Verträge.

43 Siehe Bankruptcy Act of 1898, ch. 541, 30 Stat. 544, 557.

44 § 2, Bankruptcy Act of 1898, ch. 541, 30 Stat. 544, 545.

45 § 34, Bankruptcy Act of 1898, ch. 541, 30 Stat. 544, 555.

46 Bankruptcy Law Manual § 1:3 (5th ed.); Charles Tabb, *The History of the Bankruptcy Laws in the United States*, 3 American Bankruptcy Institute L. Rev. 5, 25 (1995).

47 § 4a, Bankruptcy Act of 1898, ch. 541, 30 Stat. 544, 547.

48 § 4b, Bankruptcy Act of 1898, ch. 541, 30 Stat. 544, 547.

49 § 4a, Bankruptcy Act of 1898, ch. 541, 30 Stat. 544, 547.

50 Committee Print 74th Congress, Second Session, Analysis of H.R. 12889, 56.

51 Bankruptcy Act of 1938, ch. 575, 52 Stat. 840.

Unternehmensrestrukturierung in das U.S.-amerikanische Insolvenzrecht ein.[52] Nach § 129 des Gesetzes wurde es einer Tochtergesellschaft erlaubt, an dem Gericht ihren Insolvenzantrag zu stellen, an dem auch das Insolvenzverfahren der Muttergesellschaft anhängig war.[53] Diese Norm stellte einen erheblichen Schritt in Richtung Verfahrenskonzentration für konzernverbundene Unternehmen dar. Sie ermöglichte die einheitliche örtliche Zuständigkeit eines Gerichts, ließ jedoch noch kein gemeinsames Verfahren im Sinne der späteren „joint administration“ zu.[54] Dies änderte sich jedoch durch spätere Impulse des United States Supreme Court.

IV. Der Bankruptcy Reform Act of 1978

Der Bankruptcy Act of 1898 hatte sich über 80 Jahre lang als erstes dauerhaft kodifiziertes Insolvenzrecht auf Bundesebene bewährt. Er wurde erst durch den Bankruptcy Reform Act of 1978[55] abgelöst. Dieses ist das erste große Bundesgesetz auf dem Gebiet des Insolvenzrechts, welches nicht als Reaktion auf ökonomische Schwierigkeiten in Kraft trat.[56] Zentrales Element der Reform war eine Stärkung des Insolvenzgerichts und seiner Richter. Die früheren „Referees“ hießen nun „Bankruptcy Judges“[57] und die Zuständigkeit des Insolvenzgerichts wurde ausgeweitet, sodass die Insolvenzrichter für fast jede mit dem Insolvenzrecht verwandte Streitigkeiten sachlich zuständig waren.[58] Ziel war es, alle Vermögenswerte und Streitigkeiten eines Schuldners an einem Insolvenzgericht zu bündeln.[59] Die Insolvenzrichter wurden vom U.S.-Präsidenten für eine Dauer von 14 Jahren ernannt, erhielten mehr Anerkennung und höheren Lohn.[60]

---

52 Die Kapitel bestanden aus Chapter X (Corporate Reorganization), Chapter XI (Corporate Arrangements) und Chapter XII (Real Estate Partnerships).

53 § 129, Bankruptcy Act of 1938, ch. 575, 52 Stat. 840, 886.

54 In re Schafer's Bakeries, 129 F.Supp. 82, 84 (E.D.Mich. 1995); *Scheel*, Konzerninsolvenzrecht, 6.

55 Bankruptcy Reform Act of 1978, Pub. L. No. 95–598, 92 Stat. 2549.

56 So Charles Tabb, *The History of the Bankruptcy Laws in the United States*, 3 American Bankruptcy Institute L. Rev. 5, 32 (1995).

57 Siehe 28 U.S.C. § 152 (1978).

58 28 U.S.C. § 1471(c) (1978); Siehe auch Joshua C. Gerber, *"Why the Fuss?": Stern v. Marshall and the Supreme Court's Understanding of Bankruptcy Court Jurisdiction*, 78 Brook. L. Rev. 989, 999–1000 (2013); Charles Tabb, *The History of the Bankruptcy Laws in the United States*, 3 American Bankruptcy Institute L. Rev. 5, 34 (1995).

59 1 Bankruptcy Law Manual § 1:5 (5th ed.).

60 28 U.S.C. §§ 152, 153(a) (1978).

Der Bankruptcy Act of 1978 wirkte sich vehement auf amerikanische Unternehmen aus. Unternehmensrestrukturierungen wurden einfacher, alle gesetzlichen Regelungen wurden in einem Kapitel, dem Chapter 11, zusammengefasst.[61] Dieses Kapitel steht seither sinnbildlich für die Restrukturierung von Unternehmen und das U.S.-amerikanische Insolvenzrecht. Die Verwaltung der Insolvenzverfahren wurde vereinfacht und führte unmittelbar zu einer Zunahme an großen Chapter 11 Restrukturierungsverfahren.[62] Der Verfahrensvereinfachung diente auch das in fast allen U.S.-Bundesstaaten[63] 1986 eingeführte United States Trustee Program.[64]

V. Die Federal Rules of Bankruptcy Procedure

Der Bankruptcy Act of 1978 wird verfahrensrechtlich von den Federal Rules of Bankruptcy Procedure ("Bankruptcy Rules") ergänzt, welche bereits am 1. Oktober 1973 in Kraft traten.[65] Diese wurden allerdings nicht vom U.S.-Kongress verabschiedet. Stattdessen ermächtigte der U.S.-Kongress den United States Supreme Court durch den Enablement Act of 1964, die Bankruptcy Rules selbst zu gestalten.[66] Der Supreme Court ernannte daraufhin ein „Advisory Committee on Bankruptcy Rules", welches die „Bankruptcy Rules" nach über einem Jahrzehnt Arbeit 1973[67] vorstellte.

---

61 Charles Tabb, *The History of the Bankruptcy Laws in the United States*, 3 American Bankruptcy Institute L. Rev. 5, 35 (1995).

62 Douglas G. Smith, *The Role of the Courts in Shaping American Bankruptcy Law*, 33 Seton Hall L. Rev. 109, 114 (2002).

63 Nur zwei U.S.-Bundesstaaten führten das United States Trustee Program nicht ein: Alabama and North Carolina.

64 Siehe dazu 1 Bankruptcy Law Manual § 4:3 (5th ed.); Bericht des U.S. Repräsentantenhauses H.R. Rep. No. 95–595, 89 (1977); Virginia Greiman, *An Overview of the United States Trustee Pilot Program*, 1984 Ann. Surv. of Bankr. Law 6, 6 (1984); Charles Tabb, *The History of the Bankruptcy Laws in the United States*, 3 American Bankruptcy Institute L. Rev. 5, 35 (1995).

65 Die Federal Rules of Bankruptcy Procedure sind abrufbar unter: https://www.govinfo.gov/content/pkg/CPRT-115HPRT27565/pdf/CPRT-115HPRT27565.pdf.

66 Act of Oct. 3, 1964, Pub. L. No. 88–623, 78 Stat. 1001, 1001 (1964); dazu eingehend Alan N. Resnick, *The Bankruptcy Rulemaking Process*, 70 The American Bankruptcy L. Journal 245, 246 (1996).

67 Bankruptcy Rules & Official Bankruptcy Forms, 411 U.S. 989 (1973).

Die Bankruptcy Rules spielen in Bezug auf Konzerninsolvenzen eine entscheidende Rolle. Sie regeln den Verfahrensablauf an den Insolvenzgerichten und führen das Konzept der „joint administration" in das U.S.-amerikanische Insolvenzrecht ein. Durch diese Bankruptcy Rules wurde 1973 die Möglichkeit einer „joint administration" für verbundenen Insolvenzverfahren in Bankruptcy Rule 117(b) a.F. geschaffen.[68] Die Norm ermöglichte eine gemeinsame verfahrensrechtliche Abwicklung der Insolvenz konzernverbundener Unternehmen. Die Bankruptcy Rules stellen auch im modernen U.S.-amerikanischen Insolvenzrecht die zentralen Normen für ein effizientes Konzerninsolvenzverfahren. So ermöglicht mittlerweile Bankruptcy Rule 1015(b) die „joint administration" verbundener Insolvenzverfahren und Bankruptcy Rule 2009 die Bestellung eines Einheitsverwalters für das Insolvenzverfahren konzernverbundener Gesellschaften. Die USA legten damit schon früh die Grundlagen, um eine Verfahrenskonzentration zum Zweck der effizienten Bewältigung von Konzerninsolvenzen zu ermöglichen und entsprechende Schritte zu implementieren.

B. Rechtsgeschichtliche Entwicklung des Konzerninsolvenzrechts in Deutschland

Auf der Suche nach Optimierungsansätzen aus dem U.S.-amerikanischen Insolvenzrecht, ist auch eine kritische Beleuchtung der Entwicklung des deutschen Konzerninsolvenzrechts erforderlich. Einflüsse aus dem U.S.-amerikanischen Recht wirkten sich an verschiedenen Stellen auf die Ausgestaltung der deutschen Insolvenzordnung aus. Außerdem prägen einige der historischen Grundsätze das deutsche Insolvenzrecht weiterhin.[69] Nicht selten wird die Kenntnis dieser historischen Grundsätze sogar als unabdingbar für ein umfassendes Verständnis des aktuellen Insolvenzrechts erachtet.[70]

I. Anfänge des deutschen Insolvenzrechts im römischen Recht

Das deutsche Insolvenzrecht geht in seinen Ursprüngen auf das römische Recht zurück. Diesem entstammt auch der weiterhin im deutschen Insolvenzrecht Geltung beanspruchende Grundsatz „par conditio creditorum", der Grundsatz

---

68 Federal Rule of Bankruptcy Procedure 117(b) (1973).

69 *Keller*, Insolvenzrecht, Rn. 26.

70 So *Stürner*, in: MüKoInsO, Einl. Rn. 25; *Keller*, Insolvenzrecht, Rn. 26.

der Gläubigergleichbehandlung.[71] Im römischen Recht diente die Gesamtzwangsvollstreckung der Urteilsvollstreckung in Form des sogenannten Formularprozesses.[72] Hierbei wurde der Gläubiger durch die „missio in bona“ förmlich in das gesamte Schuldnervermögen eingewiesen.[73] Andere Gläubiger wurden durch eine öffentliche Bekanntmachung („proscriptio bonorum“) dazu angehalten, ihre Forderungen ebenfalls anzumelden.[74] Anschließend wurde das Schuldnervermögen durch einen von den Gläubigern bestimmten „magister bonorum“ öffentlich an den Meistbietenden versteigert („venditio bonorum“).[75] Aus dem erzielten Erlös wurden die Gläubiger schließlich ganz oder anteilig befriedigt.[76] Damit legte das römische Recht früh den Grundstein für die Entwicklung des modernen Insolvenzrechts.

II. Die Konkursordnung von 1877

Vor der Gründung des Deutschen Kaiserreichs galt in den deutschen Ländern unterschiedliches Konkursrecht. Die Entwicklung eines einheitlichen deutschen Konkursrechts wurde erst mit der Gründung des Kaiserreichs 1871 möglich. Das preußische Justizministerium erarbeitete den ersten Entwurf eines einheitlichen materiellen Konkursrechts.[77] Dieser „Entwurf einer Deutschen Gemeinschuldordnung“ wurde 1873 vorgestellt. Nach diversen Beratungen und der Verabschiedung durch den Reichstag, wurde die Konkursordnung am 10. Februar 1877 im Reichsgesetzblatt[78] veröffentlicht und trat am 1.Oktober 1879 als erstes einheitliches deutsches Gesetz auf dem Gebiet des Konkursrechts in Kraft.

---

71 *Frege/Keller/Riedel*, Insolvenzrecht, Teil 1 Rn. 11; eingehend *Weidmüller*, Haftungsverwirklichung, 29–33.

72 Allgemein zum Ablauf des Verfahrens *Weidmüller*, Haftungsverwirklichung, 30; *Frege/Keller/Riedel*, Insolvenzrecht, Teil 1 Rn. 12; *Keller*, Insolvenzrecht, Rn. 30; *Stürner*, in: MüKoInsO, Einl. Rn. 26; *Meier*, Geschichte des deutschen Konkursrechts, 7 ff.

73 *Stürner*, in: MüKoInsO, Einl. Rn. 26; *Keller*, Insolvenzrecht, Rn. 30; *Frege/Keller/Riedel*, Insolvenzrecht, Teil 1 Rn. 12.

74 *Keller*, Insolvenzrecht, Rn. 30; *Frege/Keller/Riedel*, Insolvenzrecht, Teil 1 Rn. 12.

75 *Forster*, Geschichte des Insolvenzrechts, in: Smid (Hrsg.), Aktuelle Probleme des geltenden deutschen Insolvenzrechts, 11; *Stürner*, in: MüKoInsO, Einl. Rn. 26; *Weidmüller*, Haftungsverwirklichung, 30; *Frege/Keller/Riedel*, Insolvenzrecht, Teil 1 Rn. 12.

76 *Weidmüller*, Haftungsverwirklichung, 30.

77 *Gottwald*, in: Gottwald/Haas, § 1 Rn. 8; eingehend zur Entstehung der Konkursordnung *Meier*, Geschichte des deutschen Konkursrechts, 134 ff.; *Niebler*, Reichskonkursordnung von 1877, 111 ff.

78 RGBl. S. 351.

Die rechtlichen Regelungen der Reichskonkursordnung werden überwiegend positiv beurteilt. Noch heute wird sie für ihre „konsequente Ausführung richtig ausgewählter Prinzipien, dogmatisch einwandfreie Bearbeitung der Materie und ausgefeilte Regelungstechnik“[79] hervorgehoben. Ferner wird sie regelmäßig als „Perle“[80] der gemeinsam am 1. Oktober 1879 in Kraft getretenen Reichsjustizgerichte gewürdigt. Als Qualitätsnachweis kann zusätzlich darauf verwiesen werden, dass die Konkursordnung bis zum 31.12.1998 und damit über 100 Jahre galt. Zentrales Element der Reichskonkursordnung war der Grundsatz der Gläubigergleichbehandlung.[81] Jedem Gläubiger stand ein Anspruch auf Verfahrenseröffnung und Befriedigung zu. Die Insolvenz von Unternehmen verschiedener Rechtsformen regelte die Konkursordnung von 1877 in den „Besonderen Bestimmungen“ in § 193 ff. KO. Eine erhebliche Schwäche der Konkursordnung von 1877 war allerdings, dass sie sich auf die Liquidation konzentrierte - der Konkursordnung fehlte ein Sanierungsverfahren.[82] Es mangelte damit an einem gesetzlichen Rahmen zur Sanierung von hilfsbedürftigen Gesellschaften. Dies erwies sich insbesondere in den wirtschaftlichen Krisen nach dem Ersten Weltkrieg als Fehler.[83] Darüber hinaus versäumte es die Konkursordnung, einen rechtlichen Rahmen für die Behandlung insolventer Konzerne zu setzen.

III. Die Entstehung der Konzerne

Das Fehlen einer Regelung zur Behandlung von Konzerninsolvenzen in der Konkursordnung von 1877 ist nicht überraschend, da Konzerne zum Zeitpunkt des Inkrafttretens der Reichskonkursordnung noch sehr selten waren. Die Unternehmenskonzentration begann in Deutschland erst um die Zeit der Reichsgründung von 1871.[84] Zu dieser Zeit zog eine regelrechte „Konzentrationswelle“ durch das Land.[85] Die Expansion von Alfred Krupps Unternehmen 1864 und 1865 war eine der frühsten deutschen Konzernbildungen.[86] Über seine Essener Gussstahlfabrik

---

79 So *Gottwald*, in: Gottwald/Haas, § 1 Rn. 8.

80 So *Vallender*, NZI 2010, 838, 840; *Pape*, NJW 1999, 29, 29; *Uhlenbruck*, ZIP 2004, 1, 2.

81 *Bitzer*, in: Kindler/Nachmann/Bitzer, Teil 2. Deutschland Rn. 7; *Gottwald*, in: Gottwald/Haas, § 1 Rn. 10.

82 *Niebler*, Reichskonkursordnung von 1877, 136–138; *Uhlenbruck*, DZWIR 2007, 1, 4; *Gottwald*, in: Gottwald/Haas, § 1 Rn. 10.

83 *Uhlenbruck*, DZWIR 2007, 1, 4; *Pape*, in: Pape/Reichelt/Schultz/Voigt-Salus, Kapitel 1 III. Rn. 10; *Paulus*, NZI 2011, 657, 658.

84 *Specovius/von Wilcken*, in: Gottwald/Haas, § 95 Rn. 1.

85 *Emmerich/Habersack*, Konzernrecht, 6.

86 *Buchheim/Hartmann*, Bedeutende Unternehmer, 111, 117.

hinaus expandierte Krupp in verwandte Produktionen. Viele einflussreiche Konzerne entwickelten sich ebenfalls vor dem Ersten Weltkrieg und auch nach diesem setzte sich die Entwicklung zur Unternehmenskonzentration fort.[87] Grund für diese Entwicklung waren einerseits steuerliche Vorteile und andererseits eine konzernfreundliche Weltanschauung. Die Entwicklung der körperschaftssteuerlichen Organschaft und das Schachtelprivileg[88] führten durch die Vermeidung einer Doppelbesteuerung bei konzernverbundenen Gesellschaften zu Steuervorteilen.[89] Auch eine aus der wirtschaftlichen Krise der 1870er Jahre resultierende konzernfreundliche Einstellung trug zu der neuen Entwicklung bei. Konzerne und Kartelle wurden als Reaktion auf die Krise nicht als übermächtig oder gefährlich betrachtet, sondern galten als Hoffnung der Wiedererlangung wirtschaftlicher Stabilität.[90] Wettbewerbsbeschränkungen zugunsten der Kartelle und Konzerne wurden dementsprechend gefördert. Rechtspolitisch und rechtlich wurden so Ende des 19. Jahrhundert die entscheidenden Weichen für die Entstehung der deutschen Konzerne gestellt.

IV. Entstehung des Konzernrechts

Die Idee eines rechtlichen Rahmens für die neu entstehenden Konzerne wurde erst in den 1920er Jahren ernsthaft diskutiert.[91] Zunächst galt es, einen Überblick über und Verständnis für die verschiedenen Möglichkeiten einer Unternehmensverbindung sowie den damit einhergehenden rechtlichen Fragen zu schaffen. Die Schaffung konzernrechtlicher Normen stand in engem Zusammenhang mit dem Aktienrecht. Die erste konzernrechtliche Regelung statuierte die Notverordnung des Reichspräsidenten über Aktienrecht[92] vom 19. September 1931.[93] Dort fand sich in § 226 Abs. 4 die Legaldefinition einer abhängigen Gesellschaft. Die wirtschaftliche Realität einer von einem anderen Unternehmen abhängigen

---

87 *Emmerich/Habersack*, Konzernrecht, 6; *Specovius/von Wilcken*, in: Gottwald/Haas, § 95 Rn. 1; anders *Friedländer*, Konzernrecht, 7 wonach es zwar bereits in den 1880er Jahren erste Zusammenschlüsse zu Interessengemeinschaften gab, die „Konzernbildung" als solche jedoch erst ca. 1920 einsetzte.

88 Eingehend zur Organschaft und dem Schachtelprinzip *Emmerich/Habersack*, Konzernrecht, 18–20.

89 *Specovius/von Wilcken*, in: Gottwald/Haas, § 95 Rn. 5–6; *Schall*, in: BeckOGK AktienR, § 15 Rn. 30; *Vetter*, ZGR-Sonderh. 19/2016, 231, 234.

90 *Vetter*, ZGR-Sonderh. 19/2016, 231, 234; *Schall*, in: BeckOGK AktienR, §15 Rn. 30.

91 *Emmerich/Habersack*, Konzernrecht, 8.

92 RGBl. I S. 493.

93 *Vetter*, ZGR-Sonderh. 19/2016, 231, 235.

Gesellschaft wurde damit rechtlich anerkannt. Darüber hinaus setzte das Aktiengesetz von 1937 Konzernen nur einen geringen rechtlichen Rahmen und regelte überwiegend Einzelfragen zu Konzernangelegenheiten. Die allgemein konzernfreundliche Stimmung spiegelte sich in geringen Schranken für herrschende Unternehmen und in dem Gedanken des „Vorrangs des Konzerninteresses“, wonach nachteilige Handlungen einer abhängigen Gesellschaft gerechtfertigt sein konnten, wenn sie im Konzerninteresse lagen.[94]

Erst durch das Aktiengesetz (AktG) von 1965[95] erfolgte eine umfassende Regelung des Konzernrechts. Die gesellschaftliche Sichtweise auf Konzerne kehrte sich in den Jahren zuvor um. Die mit Hoffnung auf wirtschaftliche Stabilität verbundene positive Konnotation wich einer kritischen Perspektive.[96] Statt wirtschaftlicher Konzentration sollte der Wettbewerb gefördert werden.[97] Außerdem mangelte es an Einflussgrenzen für herrschende Unternehmen und an Schutzmechanismen für die beherrschten Unternehmen sowie ihrer Aktionäre. Damit wuchs das Bedürfnis und die Forderungen nach einer umfassenden Regelung.[98] Kernherausforderung und Hauptstreitpunkt diverser Gesetzesentwürfe war es, einerseits die wirtschaftlichen Vorteile einer einheitlichen Konzernlenkung zu ermöglichen und andererseits für ausreichenden Schutz der beherrschten Unternehmen sowie deren Aktionären zu sorgen.[99] Schließlich wurde eine Ausgleichsregelung beschlossen. Solange kein Beherrschungsvertrag besteht („faktischer Konzern“), müssen demnach nachteilige Maßnahmen oder Handlungen einer beherrschten Gesellschaft durch die herrschende Gesellschaft bis zum Jahresende ausgeglichen werden. Kodifiziert ist dies heute in § 311 Abs. 2 AktG.

V. Konzerninsolvenzrecht

Zunächst befasste sich das AktG mit dem Konzern. Es entwickelte sich jedoch ein Bewusstsein dafür, dass der Umgang mit notleidenden Unternehmen wesentlicher Änderungen bedurfte. Offensichtlich wurde, dass das Insolvenzrecht

94 Eingehend dazu *Vetter*, ZGR-Sonderh. 19/2016, 231, 235–236.
95 BGBl. I S. 1089.
96 *Schall*, in: BeckOGK AktienR, § 15 Rn. 30; *Vetter*, ZGR-Sonderh. 19/2016, 231, 236; eingehend *Wernert*, Das Gruppeninteresse, 43–44.
97 *Wernert*, Das Gruppeninteresse, 43.
98 So bejahte auf dem 42. Deutschen Juristentag die dritte Abteilung nach einer siebenstündigen Diskussion die Reformbedürftigkeit des Konzernrechts und befürwortete die Einsetzung einer eigens dafür zuständigen Kommission (Bericht des 42. Deutschen Juristentags, Juristenzeitung 1957, Nr. 22/23, 725, 731).
99 Dazu eingehend *Altmeppen*, in MüKoAktG, Vorb. § 311 Rn. 13–16.

hilfsbedürftigen Unternehmen keinen funktionierenden Rahmen für eine erfolgreiche Sanierung bot.[100] Das auf Liquidation ausgerichtete Insolvenzrecht erwies sich als unökonomisch,[101] veraltet[102] und zur Abwendung der Insolvenz nicht mehr funktionsfähig.[103] Eine 1978 eingesetzte Kommission für Insolvenzrecht rückte den Gedanken der Sanierung schließlich in den Vordergrund.[104] In ihrem Bericht stellte sie einen gesetzlichen Rahmen für die Unternehmenssanierung als einen Schlüssel auf dem Weg zu einem modernen Insolvenzrecht dar.[105] Die am 1. Januar 1999 in Kraft getretenen Insolvenzordnung[106] ist entsprechend sanierungsfreundlich ausgerichtet. Sie löste in den alten Bundesländern die Konkursordnung und in den neuen Bundesländern die Gesamtvollstreckungsordnung[107] ab.

Das Ziel der Unternehmenssanierung spiegelt sich in mehreren Normen der neuen InsO wider.[108] Mit dem Insolvenzplanverfahren (§ 217 ff. InsO) wurde ein Sanierungsverfahren geschaffen. Darüber hinaus ist die übertragende Sanierung grundsätzlich zulässig (§ 162 InsO) und der von dem vorläufigen Insolvenzverwalter übernommene Betrieb ist in der Regel von diesem fortzuführen (§ 22 Abs. 1 Satz 2 Nr. 2 InsO).

Die neue Insolvenzordnung schuf zwar insolvenzrechtliche Vorteile für Konzerne. Sie vernachlässigte jedoch die rechtliche Situation der konzernverbundenen Gesellschaften. Die Insolvenzrechtskommission wollte dem Grundsatz der Haftungstrennung entsprechen sowie Eingriffe in die Unabhängigkeit der einzelnen konzernverbundenen Unternehmen verhindern und unterließ deshalb Schritte hin zu einer Verfahrenskonzentration und einer gemeinsamen Verwaltung konzernverbundener Insolvenzfälle.[109] Diese Außerachtlassung der vielfach ausgeprägten wirtschaftlichen und tatsächlichen Beziehungen zwischen verschiedenen Gesellschaften eines Konzerns führte in der insolvenzrechtlichen

---

100 *Uhlenbruck*, DZWIR 2007, 1, 4; *Pape*, NJW 1999, 29, 29; *Vallender*, NZI 2010, 838, 840.

101 So verweist *Pape* 1999 darauf, dass seit 1980 jährlich ca. 75 % der beantragten Verfahren mangels Masse nicht eröffnet werden konnten (*Pape*, NJW 1999, 29, 29).

102 So *Simon*, ArbuR 1986, 303, 303.

103 Erster Bericht der Kommission für Insolvenzrecht (1985), 152, 152.

104 *Kübler*, in: HRI, § 1 Rn. 2; eingehend zu den Berichten *Humpenöder*, Sanierungsgedanke, 58–62.

105 Erster Bericht der Kommission für Insolvenzrecht (1985), 152 ff.

106 BGBl. I S. 2866.

107 GBl.-DDR I Nr. 32, 285.

108 Siehe *Westpfahl/Janjuah*, ZIP 2008, 1, 2.

109 Siehe Erster Bericht der Kommission für Insolvenzrecht (1985), 290–292.

Praxis zu Problemen.[110] Große Konzerne bestehend aus vielen Gesellschaften führten im Insolvenzverfahren dazu, dass ebenso viele Insolvenzverwalter und Insolvenzgerichte involviert waren. Dies mündete in höheren Kosten, geringerer Kommunikation untereinander und einem ineffizienten Insolvenzverfahren für Konzerne. Diesen Problemen wurde am 30.01.2014 mit dem Regierungsentwurf eines Gesetzes zur Erleichterung der Bewältigung von Konzerninsolvenz begegnet.[111] Am 13.04.2017 wurde das neue Gesetz im Bundesgesetzblatt verkündet[112] und trat am 21.04.2018 in Kraft. Das KIG beinhaltet diverse Normen, um den Ablauf von Konzerninsolvenzverfahren zu konzentrieren und sie so einfacher und effizienter auszugestalten. So enthielt das KIG als wesentliche Neuerung u.a. die ersten deutschen gesetzlich normierten Regelungen zu einem einheitlichen Gerichtsstand für konzernverbundene Gesellschaften (§ 3a-3e InsO) und der Bestellung eines Einheitsverwalters (56b InsO).

Diese neuen Möglichkeiten des KIG zur Verfahrenskonzentration bilden den Schwerpunkt dieser Arbeit. Dabei sollen im Folgenden ihre Probleme untersucht - und sie auf Optimierungsmöglichkeiten aus dem U.S.-amerikanischen Insolvenzrecht hin überprüft werden.

VI. Einflüsse des U.S.-amerikanischen Rechts auf das deutsche Insolvenzrecht

Schon das erste einheitliche Konkursrecht Deutschlands, die Konkursordnung von 1877, sah sich in seiner Entstehung U.S.-amerikanischem Einfluss ausgesetzt. Die Motive, welche zur Konkursordnung von 1877 führten, beinhalteten u.a. explizit Gedanken aus dem U.S.-amerikanischen Konkursrecht. In den Motiven zum Entwurf einer Gemeinschuldordnung von 1873 setzte man sich mit dem Gedanken einer Restschuldbefreiung, „discharge", nach U.S.-amerikanischen Vorbild auseinander.[113] Deren Aufnahme ins deutsches Konkursrecht wurde aber aus Gründen des Gläubigerschutzes abgelehnt. Ferner enthielten die Motive zum Entwurf einer Gemeinschuldordnung konkrete Ausführungen zum

---

110 *Westpfahl/Janjuah*, ZIP 2008, 1, 3.; *Grigoleit*, in: Grigoleit, § 15 Rn. 21; *Prütting*, in: K/P/B, § 11 Rn. 63.

111 Gesetzesentwurf der Bundesregierung zum KIG, BT-Drs. 18/407.

112 BGBl. I S. 866.

113 Motive zu dem Entwurf einer deutschen Gemeinschuldordnung, Band 2, 186.

U.S.-amerikanischen Konkursrecht und dem Ablauf des U.S.-amerikanischen Insolvenzverfahrens.[114]

Das U.S.-amerikanische Insolvenzrecht spielte auch bei der Einführung der InsO 1999 eine gewichtige Rolle. Schon der Diskussionsentwurf des Bundesjustizministeriums von 1988 wurde maßgeblich von dem U.S.-amerikanischen Insolvenzrecht beeinflusst.[115] Eines der Hauptanliegen war die Implementierung eines effektiven Sanierungsverfahrens. Die Autoren konnten sich u.a. an dem Reorganisationsverfahren des U.S.-amerikanischen Chapter 11 des Bankruptcy Codes orientieren.[116] Schon die Kommission für Insolvenzrecht führte aus, ihre Vorschläge „teilen wesentliche Züge mit dem amerikanischen Reorganisationsrecht nach Kapitel 11 des Insolvenzgesetzes (Bankruptcy Code) von 1978. Ziel des Verfahrens ist es nach dem amerikanischen Recht ebenso wie nach den Vorschlägen der Kommission, durch die Veränderung der Finanz-, Kapital- und Organisationsstruktur die Ertragsfähigkeit des Unternehmens wiederherzustellen".[117] Auch der Rechtsausschuss des Deutschen Bundestages ließ sich später bei seiner Arbeit an dem Gesetzesentwurf und der Einführung des Insolvenzplanverfahrens sowie der Eigenverwaltung von dem Bankruptcy Code inspirieren.[118] Berichterstatter des Rechtsausschusses reisten dazu 1992 in die USA, um sich dort bei Treffen mit führenden Rechtswissenschaftlern mit dem U.S.-amerikanischen Insolvenzrecht und konkret dem Recht der Reorganisation vertraut zu machen.[119] Die Einflüsse des U.S.-amerikanischen Rechts schlugen sich schließlich insbesondere in der Einführung des Insolvenzplanverfahrens sowie der Eigenverwaltung nieder.[120] Das U.S.-amerikanische Recht und die dortige Sanierungskultur beeinflussten auch die weitere Ausgestaltung des deutschen Sanierungsverfahrens im Rahmen des Gesetzes zur weiteren Erleichterung der Sanierung von Unternehmen (ESUG).[121]

---

114 Motive zu dem Entwurf einer deutschen Gemeinschuldordnung, Anlage-Band, Anlage III, 113–125.

115 So *Stürner*, in: MüKoInsO, Einl. Rn. 40.

116 *Kübler*, in: HRI, § 1 Rn. 2.

117 Erster Bericht der Kommission für Insolvenzrecht (1985), 156.

118 *Stürner*, in: MüKoInsO, Einl. Rn. 44.

119 Beschlussempfehlung des Rechtsausschusses zum Gesetzesentwurf der Bundesregierung zur InsO, BT- Drs. 12/7302, 150.

120 *Westpfahl/Janjuah*, ZIP 2008, 1, 2.

121 *Hölzle*, ZIP 2012, 158, 158.

Bei der Entstehung des KIG behielt der Gesetzgeber das U.S.-amerikanische Insolvenzrecht ebenfalls im Blick. Wesentlich in der Entstehung des KIG war die Herausforderung der grundsätzlichen rechtlichen Ausgestaltung eines Konzerninsolvenzrechts. Konkret stellte sich die Frage, wie die Bündelung verschiedener Insolvenzverfahren mehrerer konzernverbundener Gesellschaften an einem einzigen Gericht rechtlich umzusetzen sei. Möglich wäre dies anhand einer materiellen Konsolidierung der Insolvenzmassen an einem Gericht, einer rein prozessualen Verbindung der Insolvenzverfahren an einem Gericht oder unter Wahrung der materiellen und prozessualen Unabhängigkeit der jeweiligen Gesellschaften durch Verwendung von Konzentrationsmechanismen an einem Gericht. Das U.S.-amerikanische Konzerninsolvenzrecht kennt sowohl die materielle Konsolidierung der Insolvenzmassen („substantive consolidation") als auch die rein prozessuale Verbindung („joint administration") der Insolvenzverfahren.[122] Teilweise wurde im Bundestag ein materielles Konzerninsolvenzrecht und die materielle Konsolidierung der Insolvenzmassen nach U.S.-amerikanischem Beispiel gefordert.[123] Der Gesetzgeber lehnte dies jedoch ab.[124] Er entschied sich sowohl gegen eine materielle Konsolidierung als auch gegen eine rein verfahrensrechtliche Zusammenfassung der Verfahren. Stattdessen implementierte er eine bloße prozessuale Koordination der individuellen Verfahren. Dies ermögliche die nötige Flexibilität, weniger Interessenkonflikte und entspreche den Haftungserwartungen der Gläubiger.[125] Der deutsche Gesetzgeber lehnte eine Ausgestaltung nach U.S.-amerikanischem Vorbild damit ab.

---

122 Ausführlich zu „substantive consolidation" und „joint administration" Teil 2 A. Im U.S.-amerikanischen Insolvenzrecht werden die Begriffe „joint administration" und „procedural consolidation" für die verfahrensrechtliche Zusammenfassung von Insolvenzverfahren synonym verwendet.

123 Siehe dazu die Stellungnahme der Fraktion DIE LINKE im Bericht über die Beratung des Ausschusses für Recht und Verbraucherschutz, Beschlussempfehlung und Bericht des Ausschusses für Recht und Verbraucherschutz, BT-Drs. 18/11436, 20; so auch der Abgeordnete Richard Pitterle in seiner Rede zur Beratung des von der Bundesregierung eingebrachten Entwurfs eines Gesetzes zur Erleichterung der Bewältigung von Konzerninsolvenzen, Anlage 21 des Stenografischen Berichts zur 221. Sitzung des Deutschen Bundestages, Plenarprotokoll 18/221, 22350.

124 Gesetzesentwurf der Bundesregierung zum KIG, BT-Drs. 18/407, 2.

125 Gesetzesentwurf der Bundesregierung zum KIG, BT-Drs. 18/407, 17–18.

C. Bewertung der rechtsgeschichtlichen Einflüsse des U.S.-amerikanischen Rechts auf die Entstehung eines deutschen Konzerninsolvenzrechts

Die historische Entwicklung des Konzerninsolvenzrechts gestaltete sich in den USA und in Deutschland sehr unterschiedlich. Während das deutsche Insolvenzrecht die notwendigen Belange einer effizienten Verfahrensgestaltung für Konzerninsolvenzen lange ignorierte, implementierten die USA deutlich früher elementare Schritte im Sinne einer Verfahrenskonzentration. Bereits 1973 entstand in den USA mit der Einführung der „joint administration" in Bankruptcy Rule 117(b) a.F. die erste Norm, um Konzerninsolvenzen effizienter zu bewältigen. Der deutsche Gesetzgeber machte diesen Schritt mit der Einführung des KIG erst über 40 Jahre später.

Für diese späte Reaktion des deutschen Gesetzgebers lassen sich verschiedene Gründe anführen. Zunächst lässt sich darauf verweisen, dass lange eine konzernfreundliche rechtspolitische Stimmung in Deutschland herrschte. Konzerne und Kartelle sollten wirtschaftliche Stabilität generieren. Sie an ein umfassendes gesetzliches Regelwerk zu binden, wäre diesem Ziel nicht förderlich gewesen. Dies konnte erst nach einer veränderten Wahrnehmung der Konzerne erfolgen. Des Weiteren standen dem deutschen Gesetzgeber rechtliche Grundsätze im Weg. Der Grundsatz „ein Rechtsträger, ein Vermögen, ein Verfahren" prägt bereits seit 1877 das deutsche Insolvenzrecht. Gesellschaften werden in erster Linie isoliert und unabhängig von einem möglichen Konzernkonstrukt betrachtet. Diesem rechtlichen Grundsatz wurde bei dem Entwurf der InsO auch aus Sorge um Eingriffe in die Selbstständigkeit der einzelnen Unternehmen gefolgt. Ein striktes Festhalten an der systematischen Trennung der Gesellschaften nach diesem Grundsatz lässt allerdings kaum Spielraum für ein gemeinsames Insolvenzverfahren. Dem U.S.-amerikanischen Insolvenzrecht ist ein solcher Grundsatz fremd. Dies ermöglichte es dem Gesetzgeber in den USA schon früh, sowohl einen rein verfahrensrechtlichen Zusammenschluss („joint administration"), als auch einen tatsächlichen Zusammenschluss der Insolvenzmassen („substantive consolidation") im Sinne eines effizienten Konzerninsolvenzverfahrens zu etablieren.[126]

Die Geschichte der Insolvenzordnungen in Deutschland und den USA zeigt außerdem, dass die späte Implementierung konzerninsolvenzrechtlicher Normen in der deutschen InsO auf die Schwerpunktsetzung im Insolvenzrecht der jeweiligen Länder zurückzuführen ist. Der Schwerpunkt des deutschen Insolvenzrecht

126 Siehe dazu ausführlich Teil 2 A.

lag historisch betrachtet auf der Liquidation. Der Mangel eines Sanierungsverfahrens in der KO erwies sich als folgenreicher Fehler des Gesetzgebers und führte schließlich zur Ablösung der KO durch die InsO. Erst mit Inkrafttreten der InsO 1999 gestaltete sich das deutsche Insolvenzrecht sanierungsfreundlich aus. In den USA hingegen führten nach dem Bürgerkrieg wirtschaftliche Schwierigkeiten dazu, dass sich die Jurisprudenz schon früh mit der Thematik der Reorganisation befassen musste. Die Rettung der notleidenden U.S.-amerikanischen Eisenbahn sorgte dafür, dass die Restrukturierung großer Unternehmen und ein Reorganisationsverfahren schon früh Einzug in das Insolvenzrecht der USA erhielt. Die Bedeutung der Reorganisation von Unternehmen setzte sich in den USA weiterhin fort. In den USA entwickelte sich ein pragmatischer Ansatz, bei dem der Begriff der Insolvenz nicht unbedingt negativ besetzt war. Ein Unternehmen zu retten und dem Schuldner einen Neustart zu ermöglichen stellte eine rechtspolitische Zielsetzung dar, dessen Umsetzung das Insolvenzrecht verwirklichte.

In Deutschland blieb Unternehmern lange nicht viel mehr übrig, als neidisch auf die „Rescue Culture“ in den USA blicken. Auch in Deutschland änderte sich die öffentliche Wahrnehmung einer Insolvenz, allerdings geschah dies nur langsam.[127] Noch 2010 forderte die damalige Justizministerin, *Leutheusser-Schnarrenberger*, öffentlich einen Mentalitätswandel: „Insolvenz bedeutet nicht Scheitern, sondern Chance.“[128] Im Gegensatz zu dem auf Liquidation ausgerichteten deutschen Insolvenzrecht, legte das schuldnerfreundliche U.S.-amerikanische Insolvenzrecht daher schon früh den Schwerpunkt auf eine erfolgreiche Reorganisation großer Unternehmen.

Das U.S.-amerikanische Insolvenzrecht hat die Entstehung und Ausgestaltung des deutschen Insolvenzrechts an mehreren Stellen beeinflusst und geprägt. Hervorzuheben ist dabei insbesondere das Chapter 11 Verfahren als Modell eines Sanierungsverfahrens. In Bezug auf Konzerninsolvenzen schlug der deutsche Gesetzgeber allerdings einen anderen Weg ein und lehnte ein U.S.-amerikanisches Modell entschieden ab. Nichtsdestotrotz stand das U.S.-amerikanische Insolvenzrecht schon mehrfach bei der Gestaltung deutschen Insolvenzrechts Pate, sodass sich aus dem Insolvenzrecht der USA womöglich Optimierungsansätze für die aktuellen Schwierigkeiten des deutschen Konzerninsolvenzrechts entwickeln lassen.

---

127 Eingehend zu einem Wandel der Insolvenzkultur in Deutschland *Vallender*, NZI 2010, 839–840; zu der unterschiedlichen öffentlichen Wahrnehmung einer Insolvenz siehe *Eidenmüller*, ZIP 2014, 1197, 1197–1198.

128 *Leutheusser-Schnarrenberger*, BB 2010, I, I.

Teil 2 - Verfahrenskonzentration durch gemeinsamen Gerichtsstand

A. „Substantive consolidation" und „joint administration" in den USA

In den USA gibt es zwei verschiedene Möglichkeiten, die Insolvenzverfahren mehrerer Schuldner an einem Gericht zu bündeln: die „joint administration" und die „substantive consolidation". Das Konzept der „joint administration" unterscheidet sich deutlich von dem der „substantive consolidation".

I. „Substantive consolidation"

Die „substantive consolidation" ist im US-amerikanischen Insolvenzrecht ein äußerst mächtiges und ebenso kontroverses Instrument.[129] Außerhalb des Insolvenzrechts findet es keine Anwendung.[130] Es führt im Kern dazu, dass alle Vermögenswerte und Verbindlichkeiten verschiedener Gesellschaften zu einer einzigen Masse konsolidiert und für das Insolvenzverfahren als zu einer einzigen, umfassenden Gesellschaft zugehörig betrachtet werden.[131] Aus dieser Gesamtmasse werden im Anschluss die Gläubiger befriedigt - unabhängig davon, gegen welche konkrete Gesellschaft ihre Ansprüche entstanden sind.[132] Bei der „joint administration" hingegen bleiben die Vermögenswerte der verschiedenen Gesellschaften

---

129 2 Norton Bankr. L. & Prac. 3d § 21:3; Dennis J. Connolly, *Current Approaches to Substantive Consolidation*, 2019 Ann. Surv. of Bankr. Law 3, V. (2019).

130 Siehe In re Stewart, 571 B.R. 460, 463–464 (Bankr. W.D. Okla. 2017).

131 Siehe dazu J. Stephen Gilbert, *Substantive Consolidation in Bankruptcy: A Primer*, 43 Vand. L. Rev. 207, 209 (1990); Mary Elisabeth Kors, *Altered Egos: Deciphering Substantive Consolidation*, 59 U. Pitt. L. Rev. 381, 381 (1998); Timothy E. Graulich, *Substantive Consolidation - A Post-Modern Trend*, 14 Am. Bankr. Inst. L. Rev. 527, 527 (2006); In re Parkway Calabasas Ltd., 89 B.R. 832, 837 (Bankr. C.D. Cal. 1988); 2 Norton Bankr. L. & Prac. 3d § 21:3.

132 In re Parkway Calabasas Ltd., 89 B.R. 832, 837 (Bankr. C.D. Cal. 1988); J. Stephen Gilbert, *Substantive Consolidation in Bankruptcy: A Primer*, 43 Vand. L. Rev. 207, 209 (1990).

strikt voneinander getrennt.[133] Im Gegensatz zur „joint administration" werden bei der „substantive consolidation" die verschiedenen Gesellschaften daher nicht bloß prozessual, sondern auch materiell konsolidiert.

1. *Die Folgen der „substantive consolidation"*

Die Folgen dieses materiellen Eingriffs sind weitreichend. Hatten einzelne Gläubiger zuvor noch Ansprüche gegen die verschiedenen Gesellschaften, so richten sich ihre Ansprüche nach der „substantive consolidation" gegen die konsolidierte Masse.[134] Soweit im Insolvenzplan nichts Gegenteiliges festgehalten ist, werden alle Gläubiger hierbei gleich behandelt und niemand bevorzugt.[135] Ihnen gemeinsam obliegt es auch, über den weiteren Verlauf des Verfahrens und den Restrukturierungsplan abzustimmen.[136] Die „substantive consolidation" führt außerdem dazu, dass alle Ansprüche, die zuvor noch zwischen den verbundenen Gesellschaften bestanden, untergehen.[137] Aufgrund seiner enormen Eingriffswirkung wird die „substantive consolidation" zum Teil auch mit einer Unternehmensfusion verglichen.[138] Das Instrument wird in der Praxis sehr flexibel angewandt. So ist unter anderem auch eine Vermengung nur bestimmter Teile verschiedener

---

133 Kyu Y. Paek, *The Impaired Accepting Class Rule and the Reorganization of the Business Enterprise*, 28 J. Bankr. L. & Prac., VI. (2019); 2 Bankruptcy Law Manual § 11:44 (5th ed.); 2 Bankruptcy Law Manual § 11:17 (5th ed.); 2 Norton Bankr. L. & Prac. 3d § 21:1; Matter of Steury, 94 B.R. 553, 553 (Bankr. N.D. Ind. 1988); In re Appalachian Fuels, LLC, 493 B.R. 1, 21 (B.A.P. 6th Cir. 2013); In re Las Torres Development, LLC, 413 B.R. 687, 692–693 (Bankr. S.D. Tex. 2009).

134 Timothy E. Graulich, *Substantive Consolidation - A Post-Modern Trend*, 14 Am. Bankr. Inst. L. Rev. 527, 527 (2006); Mary Elisabeth Kors, *Altered Egos: Deciphering Substantive Consolidation*, 59 U. Pitt. L. Rev. 381, 381 (1998); J. Stephen Gilbert, *Substantive Consolidation in Bankruptcy: A Primer*, 43 Vand. L. Rev. 207, 209 (1990); In re Parkway Calabasas Ltd., 89 B.R. 832, 837 (Bankr. C.D. Cal. 1988).

135 J. Stephen Gilbert, *Substantive Consolidation in Bankruptcy: A Primer*, 43 Vand. L. Rev. 207, 209 (1990).

136 2 Norton Bankr. L. & Prac. 3d § 21:3; J. Stephen Gilbert, *Substantive Consolidation in Bankruptcy: A Primer*, 43 Vand. L. Rev. 207, 209 (1990).

137 Mary Elisabeth Kors, *Altered Egos: Deciphering Substantive Consolidation*, 59 U. Pitt. L. Rev. 381, 381 (1998); In re Parkway Calabasas Ltd., 89 B.R. 832, 837 (Bankr. C.D. Cal. 1988); 2 Norton Bankr. L. & Prac. 3d § 21:3.

138 So In re Parkway Calabasas Ltd., 89 B.R. 832, 836 (Bankr. C.D. Cal. 1988); Christopher W. Frost, *Organizational Form, Misappropriation Risk, and the Substantive Consolidation of Corporate Groups*, 44 Hastings L. J. 449, 450 (1993).

Gesellschaften möglich[139] oder auch die Zusammenlegung einer Schuldnergesellschaft mit einer konzernangehörigen Gesellschaft, welche selbst nicht Schuldner ist.[140]

a) *Vorteile der „substantive consolidation"*

Die „substantive consolidation" bietet bei Konzerninsolvenzen einige Vorteile: Zum Beispiel bietet sie Gläubigern, die von einer Gesellschaft durch Täuschung über ihre Gesellschaftsstrukturen zur Gewährung eines Kredites verleitet wurden, ein essentielles Hilfsmittel.[141] Das Instrument ist auch dann für Gläubiger besonders hilfreich, wenn die Schuldnergesellschaft auf dem Papier insolvent ist, sie jedoch bewusst derart mit anderen konzernangehörigen Gesellschaften verstrickt ist, dass eine Unterscheidung kaum noch möglich ist und die verbundenen Gesellschaften de facto als eine große Gesellschaft fungieren.[142] In solchen Situationen bietet die „substantive consolidation" ein pragmatisches Instrument, um den Gläubigern zur Durchsetzung womöglich bereits verloren geglaubter Ansprüche zu verhelfen. In das U.S.-amerikanische Insolvenzrecht wurde das Instrument zur Verfahrensoptimierung auch aus Gerechtigkeitsgründen integriert.[143] Sie bewirkt daher insgesamt eine schnellere, effizientere Verfahrensbewältigung und vermeidet eine zeitintensive Auseinandersetzung mit undurchsichtigen Gesellschaftsstrukturen und weiteren Gerichtsverfahren.[144]

---

139 In re Parkway Calabasas Ltd., 89 B.R. 832, 837 (Bankr. C.D. Cal. 1988).

140 J. Stephen Gilbert, *Substantive Consolidation in Bankruptcy: A Primer*, 43 Vand. L. Rev. 207, 215 (1990); Timothy E. Graulich, *Substantive Consolidation - A Post-Modern Trend*, 14 Am. Bankr. Inst. L. Rev. 527, 529 (2006); In re Stewart, 571 B.R. 460, 464 (Bankr. W.D. Okla. 2017).

141 Timothy E. Graulich, *Substantive Consolidation - A Post-Modern Trend*, 14 Am. Bankr. Inst. L. Rev. 527, 528 (2006); zu weiteren Vorteilen und Nachteilen der "substantive consolidation" siehe auch *Jensen*, Der Konzern in der Krise, 48 ff.

142 Timothy E. Graulich, *Substantive Consolidation - A Post-Modern Trend*, 14 Am. Bankr. Inst. L. Rev. 527, 528 (2006); In re Murray Industries Inc., 119 B.R. 820, 831 (Bankr. M.D. Fla. 1990); Chemical Bank New York Trust Co. v. Kheel, 369 F.2d 845, 846 (2nd Cir. 1966).

143 In re Stewart, 571 B.R. 460, 464 (Bankr. W.D. Okla. 2017).

144 Timothy E. Graulich, *Substantive Consolidation - A Post-Modern Trend*, 14 Am. Bankr. Inst. L. Rev. 527, 529 (2006); Dennis J. Connolly, *Current Approaches to Substantive Consolidation*, 2019 Ann. Surv. of Bankr. Law 3, I. (2019).

b) Nachteile der „substantive consolidation"

Das Instrument der „substantive consolidation" hat jedoch nicht ausschließlich Vorteile, sondern birgt auch Gefahren: Sie kann dazu führen, dass die Vermögen einer finanziell stärkeren und einer finanziell schwachen Gesellschaft miteinander vermengt werden. Dies führt dann dazu, dass derjenige Gläubiger, der ursprünglich einen Anspruch gegen die Gesellschaft mit großem Gesellschaftsvermögen hatte, nun plötzlich weniger Verwertungserlös erhält.[145] So kann es dazu kommen, dass auch Vermögenswerte einer solventen Gesellschaft dazu verwendet werden, die Gläubiger einer insolventen Tochtergesellschaft zu befriedigen.[146] Die Ansprüche der Gläubiger einer bestimmten Gesellschaft verlieren also womöglich aufgrund der Einbeziehung einer weiteren Gesellschaft, mit der die Gläubiger nie eine vertragliche Abrede getroffen haben, an Wert. Dies widerspricht häufig der Erwartungshaltung der Gläubiger. Diese suchen sich ihre Vertragspartner vor der Vergabe eines Kredites regelmäßig konkret aus und berechnen auf dieser Grundlage ihr Risiko.[147] Neben einem möglichen Wertverlust drohen den Gläubigern durch die „substantive consolidation" im Insolvenzverfahren also auch überraschende und unvorhersehbare Konstellationen und Resultate.

---

145 Siehe dazu N. Theodore Zink, *Third Circuit Reverses Substantive Consolidation Decision in Owens Corning Bankruptcy Case*, 1 Pratt's J. Bankr. L. 304, 305–306 (2005); Mary Elisabeth Kors, *Altered Egos: Deciphering Substantive Consolidation*, 59 U. Pitt. L. Rev. 381, 382 (1998); In re Murray Industries Inc., 119 B.R. 820, 827 (Bankr. M.D. Fla. 1990); J. Stephen Gilbert, *Substantive Consolidation in Bankruptcy: A Primer*, 43 Vand. L. Rev. 207, 218–219 (1990); 2 Norton Bankr. L. & Prac. 3d § 21:3; *Scheel*, Konzerninsolvenzrecht, 243.

146 So geschehen in In re Murray Industries Inc., 119 B.R. 820 (Bankr. M.D. Fla. 1990); siehe ferner J. Stephen Gilbert, *Substantive Consolidation in Bankruptcy: A Primer*, 43 Vand. L. Rev. 207, 218 (1990); Timothy E. Graulich, *Substantive Consolidation - A Post-Modern Trend*, 14 Am. Bankr. Inst. L. Rev. 527, 528 (2006).

147 In re Augie/Restivo Baking Co., Ltd., 860 F.2d 515, 518 (2nd Cir. 1988); J. Stephen Gilbert, *Substantive Consolidation in Bankruptcy: A Primer*, 43 Vand. L. Rev. 207, 218 (1990); Mary Elisabeth Kors, *Altered Egos: Deciphering Substantive Consolidation*, 59 U. Pitt. L. Rev. 381, 384 (1998).

c) *Umgang mit der „substantive consolidation"*

U.S.-amerikanische Insolvenzgerichte und die Literatur mahnen nicht zuletzt aufgrund der oben geschilderten möglichen Nachteile, immer wieder zu einer behutsamen und zurückhaltenden Anwendung des Instruments.[148] Es wird anerkannt, dass sich die „substantive consolidation" auch negativ auswirken kann.[149] Daher stellen U.S.-amerikanische Insolvenzgerichte regelmäßig vor deren Anordnung Nachforschungen an, um festzustellen, ob im Rahmen einer Interessenabwägung die Vorteile der „substantive consolidation" deren Nachteile für einzelne Verfahrensparteien überwiegen.[150]

2. *Voraussetzungen der „substantive consolidation"*

Die „substantive consolidation" hat weitreichende Folgen für das Insolvenzverfahren und kann einschneidende Resultate hervorrufen. In Anbetracht dessen und aus Gründen der Rechtssicherheit wären klare Voraussetzungen und eine eindeutige Rechtsgrundlage für dieses Instrument angebracht. Tatsächlich sind die rechtlichen Grundvoraussetzungen jedoch wenig konkret.

a) *Rechtsgrundlage der „substantive consolidation"*

Die „substantive consolidation" verfügt über keine ausdrückliche gesetzliche Grundlage. Weder im Bankruptcy Code noch in den Bankruptcy Rules gibt es eine Norm, welche den Gerichten die konkrete Befugnis zur Verwendung der

---

148 In re Stewart, 571 B.R. 460, 471 (Bankr. W.D. Okla. 2017); In re Bonham, 229 F.3d 750, 767 (9th Cir. 2000); In re Murray Industries Inc., 119 B.R. 820, 828 (Bankr. M.D. Fla. 1990); 2 Norton Bankr. L. & Prac. 3d § 21:3; Timothy E. Graulich, *Substantive Consolidation - A Post-Modern Trend*, 14 Am. Bankr. Inst. L. Rev. 527, 528 (2006); In re Owens Corning, 419 F.3d 195, 211 (3rd Cir. 2005).

149 Siehe dazu In re Murray Industries Inc., 119 B.R. 820, 829 (Bankr. M.D. Fla. 1990); Timothy E. Graulich, *Substantive Consolidation - A Post-Modern Trend*, 14 Am. Bankr. Inst. L. Rev. 527, 528 (2006).

150 In re Stewart, 571 B.R. 460, 471 (Bankr. W.D. Okla. 2017); In re Bonham, 229 F.3d 750, 767 (9th Cir. 2000); In re Gucci, 174 B.R. 401, 414 (Bankr. S.D.N.Y. 1994); In re Murray Industries Inc., 119 B.R. 820, 829 (Bankr. M.D. Fla. 1990); Mary Elisabeth Kors, *Altered Egos: Deciphering Substantive Consolidation*, 59 U. Pitt. L. Rev. 381, 402–403 (1998).

„substantive consolidation" im Konzerninsolvenzrecht[151] erteilt.[152] Ganz im Gegenteil: In seinen Anmerkungen zu Bankruptcy Rule 1015(b), welche die Rechtsgrundlage der „joint-administration" bildet, hielt der Beratungsausschuss fest, dass diese Norm die „substantive consolidation" nicht erlaubt.[153] Stattdessen basiert die „substantive consolidation" auf Richterrecht und wurde durch den United States Supreme Court 1941 durch das Urteil in *Sampsell v. Imperial Paper & Color Corp.* aus der Taufe gehoben.[154] Teilweise wird sogar spekuliert, dass dies womöglich versehentlich geschehen sei.[155] Seitdem berufen sich die U.S.-amerikanischen Insolvenzgerichte und die Literatur auf der Suche nach einer Rechtsgrundlage auf die allgemeine Befugnis („equitable power") der Insolvenzgerichte.[156] Diese findet sich in § 105(a) B.C. und erteilt den Insolvenzgerichten die

---

151 In der Verbraucherinsolvenz sieht § 302 Bankruptcy Code die Möglichkeit einer „substantive consolidation" der Insolvenzmassen für Ehepaare ausdrücklich vor. § 302 Bankruptcy Code lautet insoweit:
„*(a) A joint case under a chapter of this title is commenced by the filing with the bankruptcy court of a single petition under such chapter by an individual that may be a debtor under such chapter and such individual's spouse. The commencement of a joint case under a chapter of this title constitutes an order for relief under such chapter.*
(b) After the commencement of a joint case, the court shall determine the extent, if any, to which the debtors' estates shall be consolidated".

152 In re Murray Industries Inc., 119 B.R. 820, 828 (Bankr. M.D. Fla. 1990); Dennis J. Connolly, *Current Approaches to Substantive Consolidation*, 2019 Ann. Surv. of Bankr. Law 3, I. (2019); Sydney Krause & Joel B. Zweibel, *Venue and Consolidation of Arrangement (Chapter XI) Proceedings under the Bankruptcy Act Involving Related Corporations*, 16 Bus. Law. 352, 360 (1961); Timothy E. Graulich, *Substantive Consolidation - A Post-Modern Trend*, 14 Am. Bankr. Inst. L. Rev. 527, 527 (2006).

153 Advisory Committee Note on Bankruptcy Rule 1015, Note to Subdivision (b) (1983), abrufbar unter: https://www.govinfo.gov/content/pkg/USCODE-2000-title11/pdf/USCODE-2000-title11-app-federalru-rule1016.pdf (zuletzt abgerufen am 10.04.2024).

154 2 Norton Bankr. L. & Prac. 3d § 21:3.

155 So Timothy E. Graulich, *Substantive Consolidation - A Post-Modern Trend*, 14 Am. Bankr. Inst. L. Rev. 527, 527, n.1 (2006).

156 In re Stewart, 571 B.R. 460, 469 (Bankr. W.D. Okla. 2017); In re Gucci, 174 B.R. 401, 412 (Bankr. S.D.N.Y. 1994); Dennis J. Connolly, *Current Approaches to Substantive Consolidation*, 2019 Ann. Surv. of Bankr. Law 3, II. B. 1. (2019); Holywell Corp. v. Bank of New York, 59 B.R. 340, 347 (S.D. Fla. 1986); In re Bonham, 229 F.3d 750, 763 (9th Cir. 2000).

generelle Befugnis, alles für das Insolvenzverfahren nötige anordnen zu dürfen.[157] Eine konkrete Norm gibt es bis heute nicht. Voraussetzungen und Ausgestaltung der „substantive consolidation“ werden daher durch die Rechtsprechung bestimmt.

b) *Voraussetzungen der „substantive consolidation“ im Einzelnen*

Ähnlich wie deren Rechtsgrundlage, sind auch die Voraussetzungen der „substantive consolidation“ nicht eindeutig umschrieben. Einige Merkmale, an deren Vorliegen sich Insolvenzgerichte regelmäßig orientieren, sind der Schwierigkeitsgrad einer möglichen Entflechtung der Gesellschaften sowie der individuellen Zuordnung von Vermögenswerten und Verbindlichkeiten, gemeinsame Geschäftsberichte, die Rentabilität einer Verfahrenskonzentration an einem einzigen physischen Standort, eine Vermischung von Vermögenswerten und Geschäftsfunktionen, ein Vorhandensein konzerninterner Bürgschaften für Kredite und eine Übertragung von Vermögenswerten ohne Einhaltung von gesellschaftsrechtlichen Formalitäten.[158] Im Laufe der Zeit haben sich jedoch durch verschiedene Insolvenzgerichte auch verschiedene Ansätze zu den Voraussetzungen herausgebildet. Drei moderne Ansätze sollen an dieser Stelle überblicksartig dargestellt werden.

aa) Der „*Auto-Train* Test“

Ein Ansatz ist der „*Auto-Train* Test“. Dieser durch den United States Court of Appeals, District of Columbia Circuit, in der Entscheidung *Auto-Train Corp.*, entwickelte Test hat drei Teile und beruht auf einer Abwägung.[159] Zunächst muss eine

---

157 § 105(a) Bankruptcy Code lautet:
„The court may issue any order, process, or judgment that is necessary or appropriate to carry out the provisions of this title. No provision of this title providing for the raising of an issue by a party in interest shall be construed to preclude the court from, sua sponte, taking any action or making any determination necessary or appropriate to enforce or implement court orders or rules, or to prevent an abuse of process“.

158 Diese Merkmale wurden in In re Vecco Const. Industries, Inc., 4 B.R. 407, 410 (1980) zusammengestellt und seitdem in zahlreichen anderen Entscheidungen übernommen. So z.B. in In re Manzey Land & Cattle Co., 17 B.R. 332, 337 (Bankr. D.S.D. 1982); In re Donut Queen, Ltd., 41 B.R. 706, 709 (Bankr. E.D.N.Y. 1984); Holywell Corp. v. Bank of New York, 59 B.R. 340, 347 (S.D. Fla. 1986).

159 Siehe dazu In re Auto-Train Corp., 810 F.2d 270 (D.C. Cir. 1987); 2 Bankruptcy Law Manual § 11:44 (5th ed.); Dennis J. Connolly, *Current Approaches to Substantive Consolidation*, 2019 Ann. Surv. of Bankr. Law 3, II. (2019).

weitgehende Identität der verschiedenen Gesellschaften bewiesen werden und dann die Vorteile, welche die „substantive consolidation" notwendig machen.[160] In einem dritten Schritt wird eine Abwägung vorgenommen: Nur wenn die Vorteile einer „substantive consolidation" die Nachteile weit überwiegen, wird das Insolvenzgericht sie anordnen.[161]

bb) Ansatz des Second Circuit Court of Appeals

Ein weiterer Ansatz wurde kurz darauf durch den Second Circuit Court of Appeals in der Entscheidung *Augie/Restivo Baking Co., Ltd.*, entwickelt.[162] Dieser zweiteilige Test erlaubte die „substantive consolidation" dann, wenn Gläubiger die verbundenen Gesellschaften wie eine einzige Gesellschaft behandeln oder die Gesellschaftsangelegenheiten so verflochten sind, dass eine Verbindung allen Gläubigern nutzen würde.[163]

cc) Der *Owens Corning* Ansatz

Der modernste Ansatz stammt vom United States Court of Appeals, Third Circuit, aus der Entscheidung *Owens Corning*.[164] Dort verlangt das Gericht, dass für die Anordnung der „substantive consolidation" entweder vor der Stellung eines Insolvenzantrages die einzelnen Gesellschaften als eine behandelt wurden oder, dass nach Antragsstellung die Vermögenswerte und Verbindlichkeiten derart miteinander verflochten sind, dass eine Aufteilung zweckwidrig ist und allen Gläubiger schaden würde.[165] Diese Entscheidung wird auch in der aktuelleren Rechtsprechung meistens als die relevanteste zu den Voraussetzungen der „substantive consolidation" angesehen.[166] Somit bestehen für die Voraussetzungen verschiedene Ansätze mit ähnlichen Kriterien, von denen der relevanteste und in Zukunft wohl die Rechtsprechung dominierende Ansatz der *Owens Corning* Ansatz ist.

---

160 In re Auto-Train Corp., 810 F.2d 270, 276 (D.C. Cir. 1987).

161 In re Auto-Train Corp., 810 F.2d 270, 276 (D.C. Cir. 1987).

162 In re Augie/Restivo Baking Co., Ltd., 860 F.2d 515 (2nd Cir. 1988); 2 Bankruptcy Law Manual § 11:44 (5th ed.); Dennis J. Connolly, *Current Approaches to Substantive Consolidation*, 2019 Ann. Surv. of Bankr. Law 3, II. (2019).

163 In re Augie/Restivo Baking Co., Ltd., 860 F.2d 515, 518 (2nd Cir. 1988).

164 In re Owens Corning, 419 F.3d 195 (3rd Cir. 2005); 2 Bankruptcy Law Manual § 11:44 (5th ed.); Dennis J. Connolly, *Current Approaches to Substantive Consolidation*, 2019 Ann. Surv. of Bankr. Law 3, II. (2019).

165 In re Owens Corning, 419 F.3d 195, 211 (3rd Cir. 2005).

166 Siehe In re Stewart, 571 B.R. 460, 469 (Bankr. W.D. Okla. 2017).

II. Joint Administration

Während bei der „substantive consolidation“ die verschiedenen Insolvenzmassen als eine einzige Insolvenzmasse betrachtet werden, geht die „joint administration“ vom Gegenteil aus: Zwar werden prozessual die verschiedenen Insolvenzverfahren an einem Gericht konzentriert, die Insolvenzmassen verbleiben jedoch streng getrennt voneinander.[167] Die National Bankruptcy Conference führte dazu aus, dass die Restrukturierung einer Tochtergesellschaft zwar sinnvollerweise in Verbindung mit einer Restrukturierung der Muttergesellschaft erfolgen solle, es sich dabei jedoch um eine eigenständige Restrukturierung handele und diese nicht als Teil der Restrukturierung der Muttergesellschaft erfolgen müsse.[168] Häufig werden in der „joint administration“ ein gemeinsames Gericht, ein gemeinsamer Insolvenzverwalter und weitere Instrumente verwendet, um die Abstimmung zwischen den verschiedenen Gesellschaften zu optimieren und die Insolvenzverfahren möglichst effizient zu gestalten. Auf diese Weise lassen sich auch doppelte Anstrengungen und Kosten vermeiden.[169] Gerade bei Insolvenzverfahren konzernverbundener Unternehmen bietet die „joint administration“ den Verantwortlichen eine ansonsten nicht vorhandene gestalterische Freiheit, um aktiv ein möglichst effizientes Insolvenzverfahren herbeizuführen.

1. Anfänge der „joint administation“

1973 führte der United States Supreme Court mit den Federal Rules of Bankruptcy Procedure Bankruptcy Rule 117(b) a.F. ein, um die „joint administration“ in verbundenen Insolvenzverfahren zu ermöglichen.[170] Isoliert betrachtet ermöglichte die Norm nur eine „joint administration“ von Liquidationsverfahren. Jedoch fand

---

167 Siehe In re Las Torres Development, LLC, 413 B.R. 687, 692–693 (Bankr. S.D. Tex. 2009); Kyu Y. Paek, *The Impaired Accepting Class Rule and the Reorganization of the Business Enterprise,* 28 J. Bankr. L. & Prac., VI. (2019); 2 Bankruptcy Law Manual § 11:44 (5th ed.); 2 Bankruptcy Law Manual § 11:17 (5th ed.); Matter of Steury, 94 B.R. 553, 553 (Bankr. N.D. Ind. 1988); In re Appalachian Fuels, LLC, 493 B.R. 1, 21 (B.A.P. 6th Cir. 2013); 2 Norton Bankr. L. & Prac. 3d § 21:1.

168 Committee Print 74th Congress, Second Session, Analysis of H.R. 12889, 61.

169 In re Petters Co. Inc., 401 B.R. 391, 413 (Bankr. D. Minn. 2009).

170 Federal Rule of Bankruptcy Procedure 117(b) (1973); siehe dazu auch Louis W. Levit, *The New Bankruptcy Rules*, 57 Marquette L. Rev. 1, 5 (1973).

die Norm auf Reorganisationsfälle über Bankruptcy Rule 11–14 Anwendung.[171] Die Norm hatte bei ihrer Einführung einen geradezu revolutionären Charakter. Teile der Literatur mutmaßten schon damals, dass in Zukunft die meisten Insolvenzverfahren an einem Gericht konzentriert werden würden.[172] Die Norm weckte hohe Erwartungen dahingehend, dass sie zu einer erheblichen Verbesserung der Verfahrensökonomie und der Effizienz der Insolvenzverfahren führen würde.[173]

2. Bankruptcy Rule 1015(b)

Mittlerweile findet sich die „joint administration" in Bankruptcy Rule 1015(b)(4) wieder. Der Wortlaut ist dem der Vorgängernorm, Bankruptcy Rule 117(b) a.F., sehr ähnlich gefasst. Bankruptcy Rule 1015(b) lautet insoweit: „

> **Bankruptcy Rule 1015(b) Cases Involving Two or More Related Debtors.**
>
> *If a joint petition or two or more petitions are pending in the same court by or against (1) spouses, or (2) a partnership and one or more of its general partners, or (3) two or more general partners, or (4) a debtor and an affiliate, the court may order a joint administration of the estates. Prior to entering an order the court shall give consideration to protecting creditors of different estates against potential conflicts of interest [...].*"

Bankruptcy Rule 1015(b)(4) ermöglicht es dem Insolvenzgericht, eine „joint administration" der Insolvenzmassen eines Schuldners und eines verbundenen Unternehmens am gleichen Gericht anzuordnen. So können verschiedene, aber verwandte Insolvenzmassen an einem Gericht zentral gebündelt werden. Die verschiedenen Insolvenzmassen werden aber nicht zu einer einzigen Insolvenzmasse fusioniert. Stattdessen erlaubt Bankruptcy Rule 1015(b)(4) dem Gericht für die verschiedenen Insolvenzverfahren u.a. eine gemeinsame Verwaltung der Verfahrensdokumente, die Erstellung einer gemeinsamen Liste der angemeldeten Ansprüche sowie die Mitteilungen an Gläubiger in einfacher, gemeinsamer Ausführung zu verfassen, um so das Insolvenzverfahren zu beschleunigen und die Verfahrenskosten zu senken.[174] Die Insolvenzverfahren von Mutter- und

---

171 Federal Rule of Bankruptcy Procedure 11–14 (1973) lautete: „*Bankruptcy Rule 117(b) and (c) apply in Chapter XI cases*", siehe dazu auch Advisory Committee on Rules of Bankruptcy Procedure - September 1973, 13, abrufbar unter: https://www.uscourts.gov/sites/default/files/fr_import/BK09-1973.pdf (zuletzt abgerufen am 10.04.2024); In re H & S Transp. Co., Inc., 55 B.R. 786, 791 (Bankr. M.D. Tenn. 1982); *Scheel*, Konzerninsolvenzrecht, 6–7.

172 So Louis W. Levit, *The New Bankruptcy Rules*, 57 Marquette L. Rev. 1, 5 (1973).

173 So Louis W. Levit, *The New Bankruptcy Rules*, 57 Marquette L. Rev. 1, 5 (1973).

174 In Re Luth 28 B.R. 564, 566 (Bankr. D. Idaho 1983).

Tochtergesellschaft an einem Gericht mittels „joint administration“ zu konzentrieren, wird als essentieller Vorgang der Restrukturierung gewertet.[175] So wird u.a. verhindert, dass sich verschiedene Gerichte mit den gleichen Aufgaben auseinandersetzen und eine unnötige Arbeitsverdopplung entsteht.[176]

3. *Vorteile der „joint administration“*

Die Vorteile der „joint administration“ nach Bankruptcy Rule 1015(b)(4) sind mittlerweile in den USA weitgehend anerkannt, sodass sie regelmäßig bei großen Konzerninsolvenzverfahren zur Anwendung kommt.[177] Hervorzuheben sind insbesondere die Vorteile der gesteigerten Effizienz, der Gläubigerbefriedigung und der Rechtssicherheit.

a) Effizienz

Der größte Vorteil der „joint administration“ ist die Effizienz in der Verfahrensbewältigung. So vermeidet die Verfahrenskonzentration naturgemäß insbesondere eine Verdopplung der Arbeit, indem sie verhindert, dass an einer Konzerninsolvenz verschiedene Insolvenzverwalter und Gerichte parallel und unkoordiniert aneinander vorbei arbeiten. Die Bezahlung eines zweiten Insolvenzverwalters, der seinerseits womöglich noch eigene Finanzexperten und Anwälte einbindet, würde die Kosten des Insolvenzverfahrens deutlich erhöhen.[178] Administrative Kosten verschlingen in der Regel einen großen Teil der im Insolvenzverfahren sowieso meist spärlich vorhandenen Vermögenswerte.[179] Auch durch die gemeinsame Verwaltung der Verfahrensdokumente, einer gemeinsamen Liste über angemeldete Ansprüche und die Verfassung gemeinsamer Mitteilungen an Gläubiger wird eine

175 Anmerkungen zum Bericht der National Bankruptcy Review Commission (1997), G Collier on Bankruptcy 1, App. Pt. 44 Part 2, 1. (16th ed.); Allen G. Sweig & Gerald F. Munitz, *Bankruptcy Rules – Practice and Procedure in Chapter XI*, 51 Chi-Kent L. Rev. 304, 306 (1974).

176 Allen G. Sweig & Gerald F. Munitz, *Bankruptcy Rules – Practice and Procedure in Chapter XI*, 51 Chi-Kent L. Rev. 304, 306 (1974).

177 Siehe dazu Teil 3 A. III.

178 In re Petters Co., Inc., 401 B.R. 391, 413 (Bankr. D. Minn. 2009); In re Ben Franklin Retail Stores, Inc., 214 B.R. 852, 858 (N.D. Ill. 1997).

179 Siehe dazu Charles G. Berry, *Consolidation in Bankruptcy*, 50 Am. Bank. L. J. 343, 346 (1976).

Arbeitsverdopplung vermieden.[180] Eine Verdopplung der Arbeit würde unnötig Ressourcen verschlingen und Zeit kosten. Dies ist allgemein der Hauptgrund für eine Konzentration im Insolvenzverfahren.[181] Dieser Maxime folgend revidierte das Berufungsgericht in der Entscheidung *International Oil Company Inc.* die Entscheidung der Vorinstanz, mit der verschiedene Insolvenzverwalter angeordnet wurden, um der Insolvenzmasse nicht die Kosten für separate Insolvenzverwalter und Anwälte aufzubürden.[182]

Die große Effizienz der „joint administration" wird auch im Vergleich zur Europäischen Union deutlich. Während in den USA die Verfahrenskonzentration für verbundene Unternehmen Standard ist, führen in der EU fehlende Normen zur Verfahrenskonzentration, zu einer Vergeudung von finanziellen Mitteln und Zeit.[183]

b) Gläubigerbefriedigung

Die „joint administration" bringt auch den Gläubigern konkrete Vorteile. Zusätzlich zu der in einer größeren Insolvenzmasse resultierenden Ersparnis an Zeit und Geld, steigert die „joint administration" das Vertrauen der Gläubiger und kann in einer höheren Gläubigerbefriedigung münden. Während die „substantive consolidation" durch die plötzliche Vermengung verschiedener Gesellschaften zum Zwecke der allgemeinen Gläubigerbefriedigung eine unvorhersehbare Komponente enthält, bewirkt die „joint administration" das Gegenteil: Indem die „joint administration" zwar die Insolvenzverfahren verschiedener Gesellschaften verbindet, die Vermögensmassen aber streng getrennt voneinander behandelt, ist dieses Verfahren für die Gläubiger vorhersehbarer. Sie können bei der „joint administration" davon ausgehen, dass sie sich im Insolvenzverfahren an diejenige Gesellschaft halten können, der sie ursprünglich einen Kredit gewährt hatten,

180 1 Bankruptcy Law Manual § 3:9 (5th ed.); Advisory Committee Note on Bankruptcy Rule 1015, Note to Subdivision (b) (1983), abrufbar unter: https://www.govinfo.gov/content/pkg/USCODE-2000-title11/pdf/USCODE-2000-title11-app-federalrule1016.pdf (zuletzt abgerufen am 10.04.2024).

181 In re Manuel Mediaviavilla, No. 13–2802 (MCF), 2015 WL 3780463, *8 (Bankr. D.P.R. June 16, 2015); Charles G. Berry, *Consolidation in Bankruptcy*, 50 Am. Bank. L. J. 343, 346 (1976); In re H & S Transp. Co., Inc., 55 B.R. 786, 791 (Bankr. M.D. Tenn. 1982); 2 Norton Bankr. L. & Prac. 3d § 21:1.

182 In Matter of International Oil Company, 427 F.2d 186, 187 (2nd Cir. 1970).

183 Nora Wouters & Alla Raykin, *Corporate Group Cross-Border Insolvencies between the United States & European Union: Legal & Economic Developments*, 29 Emory Bankr. Dev. J. 387, 405 (2013).

ohne eine plötzliche Vermengung der Insolvenzmasse mit anderen Gesellschaften fürchten zu müssen. Die „joint administration“ ist damit hinsichtlich der Gläubigerbefriedigung das geeignetere Verfahren.

c) Rechtssicherheit

Manche Gerichte sind der Ansicht, das Verfahren der „joint administration“ sei zu ungenau geregelt, die Gerichte selbst müssten die konkrete Ausgestaltung dieses Instruments vornehmen.[184] Diese Kritik erscheint jedoch unter Anbetracht der einer gesetzlichen Grundlage entbehrenden Alternative der „substantive consolidation“ überzogen. Vielmehr stellt die Rechtssicherheit der „joint administration“ einen weiteren Vorteil dar. Die „substantive consolidation“ stellt mit der Möglichkeit unvorhersehbarer Ereignisse und Resultate für die Gläubiger stets ein hohes Maß an Ungewissheit und Risiko im Insolvenzverfahren dar.[185] Während die „substantive consolidation“ nicht gesetzlich geregelt ist und verschiedene Gerichte von Fall zu Fall zu unterschiedlichen Ergebnissen kommen, ist die „joint administration“ konkret in Bankruptcy Rule 1015(b) geregelt und mögliche Folgen des Verfahrens übersichtlich gehalten. Auch das Gericht in *Petters* legt dar, dass sich durch die „joint administration“ uneinheitliche Ansätze zu üblichen Problemen und widersprüchliche Ergebnisse vermeiden lassen.[186] Die „joint administration“ ist damit ein Instrument, welches das Insolvenzverfahren effizient, kostensparend und vorhersehbar ausgestaltet sowie durch eine klare gesetzliche Regelung ein erhöhtes Maß an Rechtssicherheit bewirkt.

4. Voraussetzungen der „joint administration“

Bankruptcy Rule 1015(b) ermächtigt die Gerichte, die „joint administration“ anzuordnen. Dies wird von den Schuldnern in der Regel unmittelbar nach Stellung des Insolvenzantrags beantragt.[187] Hierbei handelt es sich jedoch nicht um eine gebundene Entscheidung. Stattdessen stellt das „may“ im Wortlaut von Bankruptcy Rule 1015(b) die Entscheidung über eine Anordnung der „joint

---

184 So jedenfalls der Insolvenzrichter Christopher M. Klein in In re Gianulias, No. 08-13151-CB, 2013 WL 1397430, *10 (9th Cir. Feb. 22, 2013).

185 Siehe dazu Teil 2 A. I. 1. b).

186 In re Petters Co., Inc., 401 B.R. 391, 412 (Bankr. D. Minn. 2009).

187 Siehe 2 Bankruptcy Law Manual § 11:17 (5th ed.); Debra I. Grassgreen, First Day Motions 15 (3d ed. 2012); In re Gianulias, No. 08-13151-CB, 2013 WL 1397430, *1 (9th Cir. Feb. 22, 2013); In re Las Torres Development, L.L.C., 413 B.R. 687, 689 (Bankr. S.D. Tex. 2009).

administration" in das Ermessen des Insolvenzgerichts.[188] Zunächst müssen jedoch die Voraussetzungen der „joint administration" vorliegen.

a) Formelle Voraussetzungen der „joint administration"

In formeller Hinsicht setzt die „joint administration" grundsätzlich den Antrag („motion" gem. Bankruptcy Rule 9013) einer Verfahrenspartei und die Anberaumung einer Anhörung („hearing" gem. Bankruptcy Rule 9014(a)) voraus.[189] Hierbei sind je nach Gericht regionale Verfahrensabweichungen zu beachten.[190] Anträge einer Verfahrenspartei haben gem. Bankruptcy Rule 9013 grundsätzlich schriftlich zu erfolgen. Auch der Antrag auf „joint administration" wird schriftlich gestellt. Eine Ausnahme hiervon gilt für Anträge, die während einer Anhörung gestellt werden.

b) Materielle Voraussetzungen der „joint administration"

aa) Ein Gericht

Die „joint administration" gem. Bankruptcy Rule 1015(b)(4) setzt voraus, dass mindestens zwei Insolvenzverfahren an einem Gericht anhängig sind. Entscheidend ist daher zunächst die örtliche Zuständigkeit. Diese regelt 28 U.S.C. § 1408. Ein Schuldner darf seinen Insolvenzantrag gem. 28 U.S.C. § 1408(1) an dem District Court in dem Bezirk stellen, in dem sich sein Wohnsitz, Aufenthaltsort, Hauptgeschäftssitz oder die Hauptvermögenswerte befinden.[191] Dies hat häufig zur Folge, dass Unternehmen in dem Bezirk ihren Insolvenzantrag stellen, in dem sie gegründet wurden.[192] Allerdings ermöglicht 28 U.S.C. § 1408(2) es einem Schuldner auch, seinen Insolvenzantrag an dem Insolvenzgericht zu stellen, an

---

188 Siehe dazu auch In re Luff, 176 B.R. 377, 383 (Bankr. E.D. Pa. 1995).

189 Das Insolvenzgericht führt grundsätzlich eine Anhörung durch, um Tatsachen und Umstände, die für und gegen eine „joint administration" sprechen, aufzuklären, bevor es dem Antrag zustimmt. Siehe In re Houghton Mifflin Harcourt Pub. Co., 474 B.R. 122, 130 (2012); In re Gianulias, No. 08-13151-CB, 2013 WL 1397430, *2 (9th Cir. Feb. 22, 2013); dazu auch *Scheel*, Konzerninsolvenzrecht, 22–23.

190 Siehe 2 Norton Bankr. L. & Prac. 3d § 21:1. So setzt beispielsweise der United States Bankruptcy Court for the Eastern District of Oklahoma eine Anhörung voraus (Local Rule 1015-1 in Cir10 Collier Bankruptcy Practice Guide), während es einer solchen für die Anordnung einer „joint administration" in Chapter 11 Verfahren des United States Bankruptcy Court for the Middle District of Florida nicht bedarf (Local Rule 1015-1 in Cir11 Collier Bankruptcy Practice Guide).

191 28 U.S.C. § 1408(1).

192 In re B.L. of Miami Inc., 294 B.R. 325, 328 (Bankr. D. NV 2003).

dem bereits das Insolvenzverfahren eines „affiliates“, also eines verbundenen Unternehmens, anhängig ist.[193]

bb) Affiliate

Ein Schuldnerunternehmen kann sich also einem „affiliate“ anschließen, indem es seinen Insolvenzantrag an dem gleichen District Court stellt. Dies wirft die Frage auf, was genau unter einem „affiliate“ zu verstehen ist. Definiert ist dies im Bankruptcy Code. § 101(2) B.C. lautet:

„*(2) The term "affiliate" means—*

> *(A) entity that directly or indirectly owns, controls, or holds with power to vote, 20 percent or more of the outstanding voting securities of the debtor, other than an entity that holds such securities—*
>
> > *(i) in a fiduciary or agency capacity without sole discretionary power to vote such securities; or*
> > *(ii) solely to secure a debt, if such entity has not in fact exercised such power to vote;*
>
> *(B) corporation 20 percent or more of whose outstanding voting securities are directly or indirectly owned, controlled, or held with power to vote, by the debtor, or by an entity that directly or indirectly owns, controls, or holds with power to vote, 20 percent or more of the outstanding voting securities of the debtor, other than an entity that holds such securities—*
>
> > *(i) in a fiduciary or agency capacity without sole discretionary power to vote such securities; or*
> > *(ii) solely to secure a debt, if such entity has not in fact exercised such power to vote;*
>
> *(C) person whose business is operated under a lease or operating agreement by a debtor, or person substantially all of whose property is operated under an operating agreement with the debtor; or*
> *(D) entity that operates the business or substantially all of the property of the debtor under a lease or operating agreement.*“

Die Definition des Bankruptcy Codes verwendet in Bezug auf verbundene Gesellschaften also eine klare 20 % Schwelle. Um ein verbundenes Unternehmen im

---

193 28 U.S.C. § 1408(2) lautet insoweit:
"*Except as provided in Section 1410 of this title, a case under this title 11 may be commenced in the district court for a district- [...]*
(2) in which there is pending a case under title 11 concerning such person's affiliate, general partner, or partnership."

Sinne eines „affiliate“ darzustellen, muss ein Unternehmen daher grundsätzlich mittelbar oder unmittelbar mindestens 20 % der Stimmrechtsanteile halten.[194]

(1) Einfluss der Rechtsprechung

Während der Bankruptcy Code eine klare Definition für einen „affiliate“ in § 101(2) B.C. lieferte, war dies in der U.S.-amerikanischen Rechtsprechung lange nicht der Fall. Die Rechtsprechung definierte den Begriff des „affiliate“ vage und entwickelte sich erst im Laufe der Zeit. Dem kommt große Bedeutung zu, da in den USA Fallrecht gilt und die Rechtsordnung daher primär durch richterliche Entscheidungen geprägt ist.

(a) Die Entscheidung H&S Transp. Co., Inc.

Eine der frühsten, hilfreichen Entscheidungen in denen sich ein Gericht mit der Definition eines „affiliate“ in Zusammenhang mit der „joint administration“ auseinandersetzte, ist die Entscheidung *H & S Transp. Co., Inc.*[195] In einem ersten, sehr weit gefassten Versuch einen „affiliate“ zu definieren, ging das Gericht soweit jede Gesellschaft zu umfassen, zu der eine enge Beziehung besteht.[196] Es hob hervor, dass eine weite Definition zu einer günstigeren und effizienteren Verwaltung verschiedener Insolvenzmassen in der „joint administration“ führen würde.[197] Im Anschluss stellte das Gericht fest, dass eine Gesellschaft, welche die Voraussetzungen von § 101(2) B.C. erfüllt, auch im Sinne der Bankruptcy Rule 1015(b)(4) ein „affiliate“ darstellt.[198]

(b) Entwicklung durch Reichmann

Die neuere Rechtsprechung entwickelte mit der Entscheidung *Reichmann*[199] die Definition des „affiliate“ durch eine neue Herangehensweise weiter. Das Gericht geht dabei von horizontalen und vertikalen Verbindungen der verschiedenen

---

194 Diese Schwelle wurde durch den Bankruptcy Reform Act of 1978 auf Empfehlung der Commission on the Bankruptcy Laws of the United States von 50 % auf 20 % gesenkt. Die Kommission ging davon aus, dass bereits ab 20 % ein wesentlicher Einfluss auf die Gesellschaft ausgeübt werden kann. Siehe Report of the Commission on the Bankruptcy Laws of the United States, Part II, [5]-[6], H.R. Doc. No. 137, 93rd Cong., 1st Sess. (1973), B Collier on Bankruptcy App. Pt. 4(c) (16th ed.).

195 In re H & S Transp. Co. Inc., 55 B.R. 786 (Bankr. M.D. Tenn. 1982).

196 In re H & S Transp. Co. Inc., 55 B.R. 786, 791 (Bankr. M.D. Tenn.1982).

197 In re H & S Transp. Co. Inc., 55 B.R. 786, 791 (Bankr. M.D. Tenn. 1982).

198 In re H & S Transp. Co. Inc., 55 B.R. 786, 791 (Bankr. M.D. Tenn. 1982).

199 In re Reichmann Petroleum Corp., 364 B.R. 916 (Bankr. E.D. Tex. 2007).

Gesellschaften aus. In der Entscheidung stellt das Gericht drei Möglichkeiten des § 101(2) B.C. vor, um den Status eines „affiliate" zu begründen. Alle drei Möglichkeiten müssen von den Gerichten regelmäßig in Betracht gezogen werden.[200]

(aa) Erste Möglichkeit

Die erste Möglichkeit besteht darin, dass unter § 101(2)(A) B.C. die Muttergesellschaft ein verbundenes Unternehmen im Sinne eines „affiliate" darstellt.[201] Die zweite und dritte Möglichkeit stützen sich jeweils auf eine vertikale oder horizontale Beziehung zwischen den Gesellschaften. Beide Möglichkeiten werden aus den beiden Alternativen des § 101(2)(B) B.C. hergeleitet.[202]

(bb) Zweite Möglichkeit

Die zweite Möglichkeit basiert auf einer vertikalen Verbindung, der „vertical relationship".[203] Die erste Alternative des § 101(2)(B) B.C. begründet den Status eines „affiliate" durch die vertikale Beziehung zwischen einer Mutter- und einer Tochtergesellschaft. Entscheidende Schwelle ist hier weiterhin die 20 % Hürde des § 101(2)(B) B.C. Es genügt also ebenfalls eine Gesellschaft, die einen gewissen Einfluss hat, ohne dabei Muttergesellschaft im Sinne einer Aktienmehrheit zu sein. Da § 101(2)(B) B.C. nur mittelbaren Einfluss voraussetzt, kann auch eine dritte Gesellschaft den Status als „affiliate" zwischen der Mutter und der Tochtergesellschaft begründen.[204] Gesellschaft A gehört Gesellschaft B zu 100 %, während Gesellschaft B mehr als 20 % der stimmberechtigten Aktien an C gehören. In diesem Beispiel wäre Gesellschaft C ein „affiliate" von Gesellschaft A, weil Gesellschaft A durch die Gesellschaft B mindestens 20 % der stimmberechtigten Aktien an C gehört.[205]

(cc) Dritte Möglichkeit

Die dritte Möglichkeit basiert auf der „horizontal relationship", welche sich aus der zweiten Alternative des § 101(2)(B) B.C. herleitet.[206] Nach dieser Möglichkeit sind

---

200 In re Reichmann Petroleum Corp., 364 B.R. 916, 920 (Bankr. E.D. Tex. 2007).
201 In re Reichmann Petroleum Corp., 364 B.R. 916, 920 (Bankr. E.D. Tex. 2007).
202 Siehe In re Reichmann Petroleum Corp., 364 B.R. 916, 920 (Bankr. E.D. Tex. 2007).
203 Siehe In re Reichmann Petroleum Corp., 364 B.R. 916, 920 (Bankr. E.D. Tex. 2007).
204 Siehe In re Reichmann Petroleum Corp., 364 B.R. 916, 920 (Bankr. E.D. Tex. 2007).
205 Siehe dazu In re Reichmann Petroleum Corp., 364 B.R. 916, 920 (Bankr. E.D. Tex. 2007).
206 Siehe dazu In re Reichmann Petroleum Corp., 364 B.R. 916, 921 (Bankr. E.D. Tex. 2007).

verschiedene Tochtergesellschaften, die zu einer gemeinsamen Muttergesellschaft oder Einfluss ausübenden Gesellschaft gehören, ebenfalls verbundene Unternehmen im Sinne von „affiliates".[207] In *Reichmann* machte das Gericht deutlich, dass dies auch dann gilt, wenn die beiden Gesellschaften keine unmittelbaren Tochtergesellschaften sind, sondern zwischen ihnen und der Muttergesellschaft noch weitere Gesellschaften zwischengeschaltet sind.[208] Die geringe 20 % Schwelle führt dazu, dass die gleichgeschalteten Unternehmen unabhängig voneinander sein können und keinen beherrschenden Einfluss aufeinander ausüben.

(2) Resultat der Rechtsprechung

Während die frühere Rechtsprechung zu der Definition des „affiliate" noch vage und unbestimmt ausfiel, schuf die Entscheidung *Reichmann* unter Einbeziehung der 20 % Schwelle des § 101(2)(B) B.C. ein klares Konstrukt, welches weiterhin zur Definition eines „affiliate" verwendet wird.[209] Die neue Herangehensweise der Rechtsprechung ist zwar weit gefasst, wobei eine gewisse Weite auch zweckmäßig erscheint, um möglichst vielen Gesellschaften die essentielle Möglichkeit einer „joint administration" zu bieten. Ähnlich wie weite Teile der Rechtsprechung, betont auch das Gericht in *Reichmann* die Bedeutung der „joint administration", um verbundenen Unternehmen möglichst effiziente und kostensparende Insolvenzverfahren zu bieten. Möglichst vielen Insolvenzverfahren diese Möglichkeit zu bieten, scheint in Bezug auf die Auslegung des Begriffs „affiliate" einen entscheidenden Faktor darzustellen.

cc) Schuldner

Bankruptcy Rule 1015(b)(4) ermöglicht die „joint administration" des Schuldners und eines „affiliate". Eine Gesellschaft muss daher ein Schuldner sein. Dies ist in dem allgemeinen Teil des Bankruptcy Code geregelt. Nach § 109(b) B.C. können sowohl natürliche Personen als auch Unternehmen Schuldner im Chapter 7 Verfahren des Bankruptcy Code sein. Ausgeschlossen sind allerdings gem. § 109(b) B.C. u.a. Eisenbahnunternehmen, bestimmte Versicherungsgesellschaften,

---

207 Siehe dazu In re Reichmann Petroleum Corp., 364 B.R. 916, 921 (Bankr. E.D. Tex. 2007).

208 Siehe dazu In re Reichmann Petroleum Corp., 364 B.R. 916, 921 (Bankr. E.D. Tex. 2007).

209 Siehe In re Amazing Energy MS, LLC, No. 20-01245-NPO, 2020 WL 4730890, *6 (Bankr. S.D. Miss. June 25, 2020).

und bestimmte Banken.[210] Dies gilt gem. § 109(d) B.C. auch für das Chapter 11 Verfahren des Bankruptcy Code.[211]

dd) Weitere Voraussetzungen

Bankruptcy Rule 1015(b)(4) statuiert, dass das Gericht vor der Anordnung einer „joint administration" den Schutz der Gläubiger der verschiedenen Insolvenzmassen vor einem möglichen Interessenkonflikt berücksichtigen muss.[212] „Joint administration" soll das Insolvenzverfahren als Ganzes vereinfachen, beschleunigen und vergünstigen, dabei aber den Schutz der Gläubiger nicht vernachlässigen. Daher müssen die Parteien dem Insolvenzgericht alle notwendigen Umstände und Informationen bezüglich eines möglichen Interessenkonflikts mitteilen.[213] Ohne im Voraus vollständige Informationen zu erhalten, kann das Gericht nicht gem. Bankruptcy Rule 1015(b)(4) dem Schutz der Gläubiger gerecht werden.[214] Sollte das Gericht nicht alle notwendigen Informationen erhalten haben, kann dies im weiteren Verfahren zu einer Aufhebung der Anordnung der „joint administration" führen.[215]

B. Verfahrenskonzentration und gemeinsamer Gerichtsstand in Deutschland

Nach ausführlicher Darstellung der Möglichkeiten im U.S.-amerikanischen Recht Konzerninsolvenzverfahren an einem Gericht abzuwickeln, sollen nun die Möglichkeiten dazu im deutschen Insolvenzrecht aufgezeigt werden. In Deutschland gehört die insolvenzrechtliche Verfahrenskonzentration zu den neuen gesetzlich geregelten Werkzeugen der Insolvenzrechtspraxis. Die beiden wesentlichen Konzentrationsmechanismen sind der gemeinsame Gerichtsstand und der Einheitsverwalter. Im Folgenden soll die Funktionsweise und Bedeutung des gemeinsamen Gerichtsstands erörtert werden. Zunächst wird in gebotener Kürze ein Überblick über die konzernrechtliche Möglichkeit einer Verfahrenskonzentration vor Inkrafttreten des KIG gegeben, um anschließend auf die neue Rechtslage einzugehen. Für die in der neuen Rechtslage auftretenden Schwierigkeiten, sollen im

210 11 U.S.C. § 109(b).
211 11 U.S.C. § 109(d).
212 Fed. R. Bankr. P. 1015(b)(4).
213 In re BH & P, Inc., 103 B.R. 556, 574 (3rd Cir. 1989).
214 In re BH & P, Inc., 103 B.R. 556, 574 (3rd Cir. 1989).
215 So geschehen in In re BH & P, Inc., 103 B.R. 556, 574 (3rd Cir. 1989).

Anschluss u.a. anhand des U.S.-amerikanischen Insolvenzrechts Lösungsansätze entwickelt werden.

I. Ausgangslage vor Inkrafttreten des KIG

Bei der Entwicklung der InsO hielt die Kommission für Insolvenzrecht streng an dem Grundsatz der Haftungstrennung fest.[216] Mögliche Instrumente der Verfahrenskonzentration wurden zum Schutz der Selbständigkeit konzernverbundener Unternehmen nicht implementiert. Einen normierten Konzerngerichtsstand oder ähnliches beinhaltete die InsO daher bis zum Inkrafttreten des KIG nicht. Einem solchen Vorhaben hatte der Gesetzgeber eine ausdrückliche Absage erteilt.[217] Stattdessen beurteilte sich die Zuständigkeit getreu dem Grundsatz „Ein Rechtsträger, ein Vermögen, ein Verfahren" gem. § 3 Abs. 1 InsO auch im Falle einer Konzerninsolvenz für jede Gesellschaft selbständig. § 3 Abs. 1 Satz 1 InsO normiert die ausschließliche Zuständigkeit des Insolvenzgerichts, in dessen Bezirk der Schuldner seinen allgemeinen Gerichtsstand hat. Der allgemeine Gerichtsstand der Gesellschaften beurteilt sich für ein Insolvenzverfahren nach § 4 InsO i.V.m. § 17 Abs. 1 Satz 1 ZPO. Danach befindet sich der allgemeine Gerichtsstand einer Gesellschaft an dem Ort ihres Sitzes. Für konzernverbundene Gesellschaften bedeutete dies, dass jede Gesellschaft einen eigenen Insolvenzantrag an dem Gericht ihres Sitzes stellen musste. Im Rahmen einer Konzerninsolvenz kam es daher an unterschiedlichen Gerichten zu der Eröffnung unterschiedlicher Insolvenzverfahren über die jeweiligen Gesellschaften eines einzigen Konzerns. Diese dezentrale Vorgehensweise in Konzerninsolvenzen vernachlässigte die wirtschaftliche Verflechtung der Gesellschaften untereinander und führte zu einer ineffizienten Abwicklung der Konzerninsolvenz.

1. *Faktischer Konzerngerichtsstand*

Der Ineffizienz dieser getrennten Behandlung konzernverbundener Unternehmen begegnete die Insolvenzpraxis mit der Etablierung eines faktischen Konzerngerichtsstandes. Ein solcher konnte anhand einer extensiven Auslegung des § 3 Abs. 1 Satz 2 InsO erreicht werden. Sollte nämlich der Mittelpunkt der wirtschaftlichen Tätigkeit des Schuldners an einem anderen Ort als dem allgemeinen Gerichtsstand nach § 3 Abs. 1 Satz 1 InsO liegen, so erklärt § 3 Abs. 1 Satz 2 InsO das Insolvenzgericht für ausschließlich zuständig, in dessen Bezirk dieser Ort

216 Erster Bericht der Kommission für Insolvenzrecht (1985), 290 ff.

217 Erster Bericht der Kommission für Insolvenzrecht (1985), 292.

liegt. Grund dafür ist der Zweckmäßigkeitsgedanke: In der Regel wird ein Verfahren über das Vermögen des Schuldners am effektivsten ortsnah, am Ort des wirtschaftlichen Tätigkeitsmittelpunktes abgewickelt.[218] Der Mittelpunkt der wirtschaftlichen Tätigkeit kann für verschiedene Gesellschaften an dem selben Ort liegen.

Das Gericht prüft für jede Gesellschaft einzeln, ob es zuständig ist.[219] Die Annahme eines einheitlichen wirtschaftlichen Mittelpunkts für die Muttergesellschaft, die Tochtergesellschaft und die weiteren Gesellschaften ermöglicht eine Konzentration aller Insolvenzverfahren eines Konzerns an einem Gericht. Bei der Beurteilung des Mittelpunkts ist zunächst nicht die formelle Eintragung eines Sitzes im Handelsregister entscheidend, sondern der Ort, an dem die Gesellschaft tatsächlich, nach außen erkennbar im Rechtsverkehr auftritt.[220] Sodann stellt sich die Frage, wo der Mittelpunkt der wirtschaftlichen Tätigkeit zu verorten ist. Hierzu werden verschiedene Ansichten vertreten. Teilweise wird auf die örtliche Einrichtung abgestellt, von der die wesentlichen geschäftsführenden Entscheidungen getroffen werden.[221] Eine weitere Auffassung stellt nicht auf eine örtliche Einrichtung ab, sondern auf den Ort, an dem der wesentliche Teil der Geschäfte selbständig getätigt wird. Entscheidend sei der Ort, an dem unmittelbar die Geschäfte nach außen geschlossen werden.[222] Nach der überwiegenden Meinung in Literatur und Rechtsprechung, ist bezüglich des Mittelpunkts der wirtschaftlichen Tätigkeit innerhalb eines Unternehmens auf den Ort der tatsächlichen Willensbildung und der Entscheidungsfindung, ihrer Dokumentation und ihrer Umsetzung abzustellen.[223]

Sollte darüber hinaus die Muttergesellschaft ihre Tochtergesellschaften und weitere Gesellschaften lenken, kann für den gesamten Konzern ein einheitlicher Mittelpunkt der wirtschaftlichen Tätigkeit an dem Mittelpunkt der

---

218 *Gerhardt*, in: Jaeger, § 3 Rn. 14.

219 *Stephan*, in: Schmidt, § 3 Rn. 9; *Vallender/Deyda*, NZI 2009, 825, 827.

220 *Vallender/Deyda*, NZI 2009, 825, 827; AG Köln, NZI 2008, 254, 255.

221 *Gerhardt*, in: Jaeger, § 3 Rn. 16; ausführlich zu den verschiedenen Ansichten bzgl. des Mittelpunkts der wirtschaftlichen Tätigkeit das öffentliche Gutachten von *Pluta* abgedruckt in ZIP 2009, 1826.

222 *Baumert*, in: Braun InsO, § 3 Rn. 8; OLG Brandenburg, NZI 2002, 438–439; *Ehricke*, ZInsO 2002, 393, 396.

223 *Stephan*, in: Schmidt, § 3 Rn. 7; *Ganter/Bruns*, in: MüKoInsO, § 3 Rn. 10; *Pape*, in: Uhlenbruck, § 3 Rn. 4a; AG Essen, NZI 2009, 810; AG Hannover, NZI 2019, 115.

Muttergesellschaft angenommen werden. Dem wird überwiegend in der Literatur[224] und der Rechtsprechung[225] gefolgt. Ausschlaggebend ist die Konzernleitungsmacht der herrschenden Gesellschaft. Die bloße Zugehörigkeit einer Gesellschaft zu einem Konzernverbund reicht nicht aus, solange sie nicht durch eine zentrale Leitung gesteuert wird.[226] Ein prägnantes Beispiel hierzu ist das Insolvenzverfahren der PIN-Gruppe.[227] Diese Gruppe bot im gesamten Bundesgebiet der Bundesrepublik Deutschland Briefzustellungen durch 91 Gesellschaften an. Die Gesellschaften unterhielten ihre Sitze an unterschiedlichen Standorten der Bundesrepublik. Die örtliche Zuständigkeit des Amtsgerichts Köln wurde für sämtliche konzernverbundenen Gesellschaften schließlich damit begründet, dass „das wesentliche Tagesgeschäft [...] zentral von Köln aus gesteuert“ werde.[228] Die wesentlichen Entscheidungen der Geschäftsführung fielen demnach regelmäßig bei Treffen der Geschäftsführung mit den Regionalvorständen in Köln. Eine zentrale Abwicklung der Insolvenzverfahren dieser Gesellschaften in Köln wurde so ermöglicht. Auf diese Weise schuf die Insolvenzrechtspraxis durch eine extensive Auslegung des § 3 Abs. 1 Satz 2 InsO bereits vor Inkrafttreten des KIG faktisch einen Konzerngerichtsstand.

2. *Rechtliche Unsicherheit als Nachteil*

Ein Nachteil des bloß faktischen Konzerngerichtsstands war allerdings die damit verbundene Unsicherheit.[229] Die Entscheidungen der Richter waren schwerer vorherzusehen. Der Richter des angerufenen Gerichts konnte bei der Prüfung der Zuständigkeit feststellen, dass der wirtschaftliche Mittelpunkt der Gesellschaften nicht für alle Gesellschaften deckungsgleich ist. Das Gericht konnte sich dann für unzuständig erklären und das Verfahren gem. § 4 InsO i.V.m. § 281

---

224 Siehe *Vallender/Deyda*, NZI 2009, 825, 827; *Westpfahl/Janjuah*, ZIP 2008, 1, 5; *Specovius/von Wilcken*, in: Gottwald/Haas, § 95 Rn. 32; *Knof/Mock*, ZInsO 2008, 253, 258–260; kritisch gegenüber einem einheitlichen Konzerngerichtsstand in Insolvenzverfahren *Ehricke*, ZInsO 2002, 393, 396–397.

225 So AG Köln, NZI 2008, 254; AG Essen, NZI 2009, 810; LG Dessau, ZIP 1998, 1006 (noch zu § 1 Abs 1 GesO); die Möglichkeit eines einheitlichen Gerichtsstand bei Steuerung des operativen Geschäfts aus der Zentrale ebenfalls anerkennend OLG Brandenburg, NZI 2002, 438.

226 *Pleister/Theusinger*, in: HRI, § 43 Rn. 13; *Stephan*, in: Schmidt, § 3 Rn. 9; *Baumert*, in: Braun InsO, § 3a Rn. 5; OLG Brandenburg, NZI 2002, 438.

227 AG Köln, NZI 2008, 254.

228 AG Köln, NZI 2008, 254, 256.

229 Eingehend *Westpfahl/Janjuah*, ZIP 2008, 1, 3; *Vallender/Deyda*, NZI 2009, 827–828.

ZPO an das örtlich zuständige Insolvenzgericht verweisen. Es konnte zu unkoordinierten Einzelverfahren kommen. Durch eine Beteiligung unterschiedlicher Gerichte wurden auch verschiedene Richter am Verfahren beteiligt. Dies erhöhte das Risiko, dass die beteiligten Richter sich nicht auf einen Insolvenzverwalter einigen konnten. Damit wurde einerseits eine Bestellung verschiedener Insolvenzverwalter als auch eine kompliziertere Abwicklung der Konzerninsolvenz wahrscheinlich.[230] Unterschiedliche Insolvenzverwalter konnten jeweils verschiedene Strategien der Unternehmenssanierung verfolgen. Dies konnte sich auch in einer Art Interessenkonflikt der verschiedenen Insolvenzverwalter niederschlagen. Ein Auseinanderfallen der Gerichtsstände konnte in einer Konzerninsolvenz zu einer prekären Interessenkonstellation der jeweiligen Insolvenzverwalter führen.[231] Die Insolvenzverwalter sollten jeweils für die Gläubiger ihres Insolvenzverfahrens den höchstmöglichen Verwertungserlös erzielen. Einerseits traten die verschiedenen Insolvenzverwalter somit in Konkurrenz zueinander. Anderseits rückten die Belange der Gläubiger anderer verbundenen Gesellschaften sowie das Gemeinwohl des gesamten Konzerns in den Hintergrund. Bei Konzerninsolvenzverfahren lässt sich in der Regel eine bestmögliche Verwertung des dem Konzern innewohnenden Mehrwerts nur durch die Bündelung der Verfahren an einem Gericht erreichen.[232] Dem Gedanken einer effizienten Sanierung des Konzerns als solchen, war die mit einem rein faktischen Konzerngerichtsstand verbundene Unsicherheit sowie die Möglichkeit eines Auseinanderfallens der Gerichtsstände somit besonders abträglich.

II. Aktuelle Rechtslage nach Inkrafttreten des KIG

Diese über Jahrzehnte bestehende rechtliche Unsicherheit hat der deutsche Gesetzgeber mit der Einführung des KIG beendet. Mit Inkrafttreten des KIG im April 2018 wurde zum ersten Mal eine gesetzlich normierte Möglichkeit der Verfahrenskonzentration geschaffen. Entgegen den Möglichkeiten der Verfahrenskonzentration im U.S.-amerikanischen Insolvenzrecht („substantive consolidation“ und „joint administration“), entschied sich der deutsche Gesetzgeber für eine rein verfahrensrechtliche Koordinierung der individuellen Verfahren.[233] Zentral ist dabei insbesondere die Rolle des Gruppen-Gerichtsstands nach § 3a InsO.

---

230 *Specovius/von Wilcken*, in: Gottwald/Haas, § 95 Rn. 29.

231 *Specovius/von Wilcken*, in: Gottwald/Haas, § 95 Rn. 29.

232 *Baumert*, in: Braun InsO, § 3a Rn. 3.

233 Gesetzesentwurf der Bundesregierung zum KIG, BT-Drs. 18/407, 17.

1. Der Gruppen-Gerichtsstand gem. § 3a InsO

Mit § 3a InsO hat der Gesetzgeber das deutsche Insolvenzrecht um eine Norm der optionalen Verfahrenszentralisierung erweitert. Die Norm ermöglicht auf Antrag die Konzentration mehrerer oder aller Insolvenzverfahren eines Konzerns an einem Gericht. § 3a Abs. 1 InsO lautet:

> *„(1) Auf Antrag eines Schuldners, der einer Unternehmensgruppe im Sinne von § 3e angehört (gruppenangehöriger Schuldner), erklärt sich das angerufene Insolvenzgericht für die Insolvenzverfahren über die anderen gruppenangehörigen Schuldner (Gruppen-Folgeverfahren) für zuständig, wenn in Bezug auf den Schuldner ein zulässiger Eröffnungsantrag vorliegt und der Schuldner nicht offensichtlich von untergeordneter Bedeutung für die gesamte Unternehmensgruppe ist. Eine untergeordnete Bedeutung ist in der Regel nicht anzunehmen, wenn im vorangegangenen abgeschlossenen Geschäftsjahr die Zahl der vom Schuldner im Jahresdurchschnitt beschäftigten Arbeitnehmer mehr als 15 Prozent der in der Unternehmensgruppe im Jahresdurchschnitt beschäftigten Arbeitnehmer ausmachte und*
>
> 1. *die Bilanzsumme des Schuldners mehr als 15 Prozent der zusammengefassten Bilanzsumme der Unternehmensgruppe betrug oder*
> 2. *die Umsatzerlöse des Schuldners mehr als 15 Prozent der zusammengefassten Umsatzerlöse der Unternehmensgruppe betrugen.*
>
> *Haben mehrere gruppenangehörige Schuldner zeitgleich einen Antrag nach Satz 1 gestellt oder ist bei mehreren Anträgen unklar, welcher Antrag zuerst gestellt worden ist, ist der Antrag des Schuldners maßgeblich, der im vergangenen abgeschlossenen Geschäftsjahr die meisten Arbeitnehmer beschäftigt hat; die anderen Anträge sind unzulässig. Erfüllt keiner der gruppenangehörigen Schuldner die Voraussetzungen des Satzes 2, kann der Gruppen-Gerichtsstand jedenfalls bei dem Gericht begründet werden, das für die Eröffnung des Verfahrens für den gruppenangehörigen Schuldner zuständig ist, der im vorangegangenen abgeschlossenen Geschäftsjahr im Jahresdurchschnitt die meisten Arbeitnehmer beschäftigt hat.“*

Das angerufene Insolvenzgericht kann sich demnach auf Antrag des einer Unternehmensgruppe i.S.v. § 3e InsO angehörigen Schuldners, für die Insolvenzverfahren über die anderen konzernverbundenen (gruppenangehörigen) Gesellschaften für zuständig erklären. § 3a InsO normiert einen Wahlgerichtsstand.[234] Er tritt neben den allgemeinen Gerichtsstand des § 3 Abs. 1 InsO. Der neue Gerichtsstand steht also in keiner Konkurrenz und entfaltet keine Sperrwirkung gegenüber den

---

234 *Baumert*, in: Braun InsO, § 3a Rn. 7; *Pape*, in: Uhlenbruck, § 3a Rn. 9.

Gerichtsständen des § 3 Abs. 1 InsO.[235] Diese verlieren im Falle eines erfolgreichen Konzentrationsantrags gem. § 3a Abs. 1 InsO allerdings ihre Ausschließlichkeit.[236]

a) Konzentrationsantrag des Schuldners

Die Begründung eines Gruppen-Gerichtsstands für sämtliche Gesellschaften eines Konzerns beginnt mit dem Konzentrationsantrag[237] des gruppenangehörigen Schuldners bei dem Insolvenzgericht. Der Konzentrationsantrag ist von dem Eröffnungsantrag zu unterscheiden. Während der Konzentrationsantrag den Gruppen-Gerichtsstand begründet, dient der Eröffnungsantrag der Eröffnung des Insolvenzverfahrens. Der Konzentrationsantrag setzt jedoch einen zulässigen Eröffnungsantrag voraus.[238] Die Begründung des Gruppen-Gerichtsstands erfordert demnach zwei verschiedene Anträge.

aa) Eröffnungsantrag als Voraussetzung des Konzentrationsantrags

Zunächst muss bei einem gem. § 3 Abs. 1 InsO örtlich zuständigen Insolvenzgericht ein Eröffnungsantrag nach § 13 Abs. 1 InsO gestellt werden. Dieser Antrag muss eindeutig erkennen lassen, dass der Schuldner ein Insolvenzverfahren eröffnen möchte.[239] Die allgemein zur Eröffnung eines Insolvenzverfahren benötigten Voraussetzungen müssen vorliegen.[240] Der Antrag kann gem. § 13 Abs. 1 Satz 2 InsO sowohl von dem Schuldner selbst sowie als Fremdantrag gestellt werden. Er bedarf der Schriftform. Vorausgesetzt wird die Zulässigkeit, nicht jedoch die Begründetheit des Antrags. „Die Prüfung der Begründetheit würde zeit- und aufwandsintensive Ermittlungen tatsächlicher und rechtlicher Art erfordern und damit einer möglichst frühzeitigen Festlegung des

235 *Specovius/von Wilcken*, in: Gottwald/Haas, § 95 Rn. 36; *Pape*, in: Uhlenbruck, § 3a Rn. 9; *Baumert*, in: Braun InsO, § 3c Rn. 3.

236 Gesetzesentwurf der Bundesregierung zum KIG, BT-Drs. 18/407, 28.

237 „Konzentrationsantrag" soll an dieser Stelle eine Verwechslung mit dem Eröffnungsantrag vorbeugen und den für die Konzentration der Insolvenzverfahren an einem Gericht benötigten Antrag deutlich von dem ebenfalls benötigten Eröffnungsantrag abgrenzen, ebenso diese Terminologie verwendend *Bruns*, in: MüKoInsO, § 3a Rn. 4–7.

238 Gesetzesentwurf der Bundesregierung zum KIG, BT-Drs. 18/407, 26; *Baumert*, in: Braun InsO, § 3a Rn. 9.

239 *Vuia*, in: MüKoInsO, § 13 Rn. 96–98.

240 *Pape*, in: Uhlenbruck, § 3a Rn. 10.

Gruppen-Gerichtsstands schon im Eröffnungsstadium entgegenstehen".[241] Aus der Gesetzesbegründung geht hervor, dass der Gesetzgeber sich an dieser Stelle bewusst dafür entschieden hat, spätere Komplikationen einer zunächst fehlenden Begründetheitsprüfung in Kauf zu nehmen. Er räumte der Möglichkeit einer raschen Begründung des Gruppen-Gerichtsstands Vorrang ein und trug dem Zeitdruck der Insolvenzverfahren Rechnung.

bb) Antragsberechtigung und Inhalt des Konzentrationsantrags

Der Konzentrationsantrag gem. § 3a Abs. 1 Satz 1 InsO kann mit dem Eröffnungsantrag verbunden werden.[242] Die für den Konzentrationsantrag benötigten Angaben finden sich in § 13a InsO. Der Konzentrationsantrag soll demnach u.a. Angaben zu dem Unternehmenssitz, den Finanzen, weiteren gruppenangehörigen Unternehmen, den Gründen für die Wahl der Verfahrenskonzentration am angerufenen Gericht und einer möglichen Sanierung der Unternehmensgruppe enthalten. Das Fehlen mancher Angaben macht den Konzentrationsantrag allerdings nicht unzulässig.[243] Im Gegensatz zu dem Eröffnungsantrag sind für den Konzentrationsantrag gem. § 3 Abs. 1 Satz 1 InsO nicht Gläubiger und Schuldner, sondern allein die gruppenangehörigen Schuldner antragsberechtigt. Grund hierfür sind einerseits die fehlenden Informationen der Gläubiger, um über die Zweckmäßigkeit einer konzernweiten Insolvenzbewältigungsstrategie zu entscheiden, und andererseits die geringe Aussicht auf Erfolg einer Sanierung gegen den Willen der Geschäftsführung.[244] Selbst wenn der Eröffnungsantrag von einem Gläubiger gestellt wurde, bleibt für den Konzentrationsantrag der gruppenangehörige Schuldner antragsberechtigt.[245] Allerdings geht die Antragsberechtigung nach Eröffnung des Verfahrens gem. § 3a Abs. 3 InsO auf den Insolvenzverwalter über. Das Gleiche gilt vor der Verfahrenseröffnung für einen vorläufigen Insolvenzverwalter, auf den die Verwaltungs- und Verfügungsbefugnis übergegangen sind. Der Übergang der Antragsbefugnis dient dem Schutz der Gläubiger. Er bietet dem Insolvenzverwalter eine Reaktionsmöglichkeit, sollte dieser im Gegensatz

---

241 So die Begründung im Gesetzesentwurf der Bundesregierung zum KIG, BT-Drs. 18/407, 26.

242 *Pape*, in: Uhlenbruck, § 3a Rn. 10.

243 Gesetzesentwurf der Bundesregierung zum KIG, BT-Drs. 18/407, 29.

244 Gesetzesentwurf der Bundesregierung zum KIG, BT-Drs. 18/407, 20.

245 *Baumert*, in: Braun InsO, § 3a Rn. 11; *Pape*, in: Uhlenbruck, § 3a Rn. 10; Gesetzesentwurf der Bundesregierung zum KIG, BT-Drs. 18/407, 26.

zur Geschäftsführung zu dem Ergebnis kommen, dass die Konzentration der Verfahren an einem Gericht für die Gläubiger von Vorteil sei.[246]

cc) Das Kriterium der Bedeutung in der Unternehmensgruppe

Der antragstellende Schuldner muss gruppenangehörig[247] und zudem gem. § 3a Abs. 1 Satz 1 InsO nicht offensichtlich für die gesamte Unternehmensgruppe von untergeordneter Bedeutung sein. Zweckmäßigkeitsgründe sprechen grundsätzlich dafür, einen Konzern dort zu reorganisieren, wo gewisse Konzernstrukturen und Informationskanäle zusammenlaufen oder wenigstens erhebliche Arbeitsplätze vorhanden sind. Das Gesetz enthält für die Bestimmung der untergeordneten Bedeutung einer Schuldnergesellschaft konkrete Kriterien. Gem. § 3a Abs. 1 Satz 2 InsO liegt eine untergeordnete Bedeutung einer Gesellschaft in der Regel nicht vor, wenn diese im vorangegangenen Geschäftsjahr mehr als 15 % der Mitarbeiter des Konzerns beschäftigt hat und mit mehr als 15 % entweder an der zusammengefassten Bilanzsumme oder am Gesamtumsatz beteiligt war. Der Schwellenwert der Mitarbeiteranzahl muss überschritten werden, während hinsichtlich des Anteils der Bilanzsumme oder der Umsatzbeteiligung die Erfüllung eines der beiden Kriterien genügt. Der Gesetzgeber misst damit den Mitarbeitern und Arbeitsplätzen einer Gesellschaft eine höhere Bedeutung zu als der finanziellen Beteiligung am Konzern. Dies kommt auch in § 3a Abs. 1 Satz 4 InsO zum Ausdruck. Sollte demnach ausnahmsweise keines der konzernangehörigen Unternehmen groß genug sein, um die Kriterien zu erfüllen, kann ein Gruppen-Gerichtsstand dennoch bei dem Gericht begründet werden, welches für das Unternehmen, das im vorangegangenen Geschäftsjahr die meisten Arbeitnehmer beschäftigt hat, zuständig ist.

Die Kriterien dienen den Insolvenzrichtern allerdings bloß als Orientierungshilfe.[248] Eine rechtliche Vermutung wird durch § 3a Abs. 1 Satz 2 InsO nicht begründet.[249] Vielmehr muss die Beurteilung einer untergeordneten Bedeutung

---

246 Gesetzesentwurf der Bundesregierung zum KIG, BT-Drs. 18/407, 20.

247 Siehe dazu Teil 2 B. II. 1. d).

248 Gesetzesentwurf der Bundesregierung zum KIG, BT-Drs. 18/407, 26 (Im Gesetzesentwurf der Bundesregierung betrugen die Schwellenwerte noch 10 %. Diese wurde nach Beratungen des Rechtsausschusses auf 15 % angehoben, vgl. Beschlussempfehlung und Bericht des Ausschusses für Recht und Verbraucherschutz, BT-Drs. 18/11436, 21); *Gelbrich/Flöther*, in: BeckOK InsO, § 3a Rn. 13.

249 *Bruns*, in: MüKoInsO, § 3a Rn. 13; *Gelbrich/Flöther*, in: BeckOK InsO, § 3a Rn. 13; *Pape*, in: Uhlenbruck, § 3a Rn. 12; a.A. *Baumert*, in: Braun InsO, § 3a Rn. 15; *Bruder*, in: FK-InsO, § 3a Rn. 26.

durch das Insolvenzgericht anhand der Umstände das Einzelfalls erfolgen.[250] Ein Übertreffen der Schwellenwerte führt daher nicht zwangsläufig zur Annahme einer bedeutenden Gesellschaft für den Konzern.[251] Umgekehrt gilt ebenfalls, dass eine Unterschreitung der Schwellenwerte nicht zwangsläufig die Annahme einer Gesellschaft von untergeordneter Bedeutung zur Folge hat. Die Entscheidung des Insolvenzgerichts ist anhand der Umstände des Einzelfalls zu treffen und daher nur bedingt vorhersehbar. Die aktuelle Rechtsprechung zu dieser Thematik verdeutlicht dies. Das AG Hamburg nahm im Rahmen der Insolvenz einer Holdinggesellschaft eine nicht untergeordnete Bedeutung der Gesellschaft für den Konzern an, obwohl die Gesellschaft keinen der drei Schwellenwerte des § 3a Abs. 1 Satz 2 InsO übertraf.[252] Das Gericht führte aus, dass bereits die Stellung des Schuldners als „Holding" indiziere, dass die Gesellschaft für den Konzern nicht nur von untergeordneter Bedeutung sei. Dies gelte auch unabhängig einer Erfüllung der drei Kriterien des § 3a Abs. 1 Satz 2 InsO. Für die Bedeutung der Gesellschaft spreche zusätzlich, dass die Vorstände der Schuldnerin den Tochtergesellschaften Weisungen erteilen könnten. Die Entscheidung stieß in der Literatur auf Verständnis, wobei vor einer Verallgemeinerung bezüglich der Bedeutung von Holdinggesellschaften gewarnt wird, um die Regelung des § 3a Abs. 1 Satz 2 InsO nicht ins Leere laufen zu lassen.[253] Die Schwellenwerte des § 3a Abs. 1 Satz 2 InsO dienen den Insolvenzrichtern als Orientierungshilfe, schlussendlich ist jedoch anhand der Umstände des Einzelfalls für jede Gesellschaft zu prüfen welche Bedeutung ihr konkret für den Konzern als Ganzes zukommt.

b) *Das Prioritätsprinzip und dessen Mängel*

Bei großen Konzernen ist denkbar, dass verschiedene Gesellschaften zu verschiedenen Zeiten an verschiedenen Gerichten einen Konzentrationsantrag stellen. Daher stellt sich die Frage, welchem Antrag auf Konzentration an einem Gruppen-Gerichtsstand Vorrang einzuräumen ist? Der Gesetzgeber hat sich im KIG bewusst gegen die zwangsläufige Konzentration am Sitz der Muttergesellschaft entschieden und sich für das Prioritätsprinzip ausgesprochen.[254] § 3a InsO normiert das Prioritätsprinzip allerdings nicht ausdrücklich. Es ergibt sich jedoch aus

250 Gesetzesentwurf der Bundesregierung zum KIG, BT-Drs. 18/407, 26.
251 *Gelbrich/Flöther*, in: BeckOK InsO, § 3a Rn. 24.
252 AG Hamburg ZRI 2020, 391.
253 So *Gelbrich/Flöther*, in: BeckOK InsO, § 3a Rn. 13.
254 Gesetzesentwurf der Bundesregierung zum KIG, BT-Drs. 18/407, 19.

(einem Umkehrschluss des) § 3a Abs. 1 Satz 3 InsO.[255] Der Antrag der zuerst von einem gruppenangehörigen Schuldner gestellt wurde, ist demnach maßgeblich. Alle anderen, später gestellten Anträge sind unzulässig.

Der Gesetzgeber stand bei der Wahl zwischen dem Prioritätsprinzip oder dem Muttergerichtsstand vor einer Grundsatzentscheidung. Die Vorteile des Gruppen-Gerichtsstands am Gerichtsstand der Muttergesellschaft liegen auf der Hand: vielfach laufen dort die wirtschaftlichen Aktivitäten des gesamten Konzerns zusammen, sodass sich der Standort zur effizienten Steuerung eines Insolvenzbewältigungsverfahrens ebenfalls anbietet. Die Entscheidung für das Prioritätsprinzip[256] wurde von der Literatur vielfach kritisiert. Teilweise wird sogar davon ausgegangen, dass ein Abstellen auf den Sitz der Muttergesellschaft in der Literatur die herrschende Meinung darstellt.[257] Jedenfalls haben sich zahlreiche Stimmen der Literatur gegen das Prioritätsprinzip ausgesprochen. Teilweise wird mit dem Gläubigerschutz argumentiert. Für Gläubiger führe die Loslösung des Gruppen-Gerichtsstands von dem Sitz der Muttergesellschaft dazu, dass der Gerichtsstand für sie ex-ante kaum erkennbar sei.[258] Der für die Gläubiger ersichtliche, bei großen Konzernen häufig in Städten angesiedelte Hauptsitz, könne eine enorme räumliche Distanz zu den Produktionsstätten aufweisen. Andere warnen vor einer Überlastung der Gerichte.[259] Ebenso wird bemängelt, das Prioritätsprinzip erlaube es Konzernen sich einen Gruppen-Gerichtsstand ihrer Wahl aussuchen und dadurch nationales Forum Shopping zu betreiben.[260] Damit wird das Vorgehen bezeichnet, unter mehreren zuständigen Gerichten den für

---

255 *Thole*, KTS 2014, 351, 358; Gesetzesentwurf der Bundesregierung zum KIG, BT-Drs. 18/407, 27; *Prütting*, in K/B/P, § 3a Rn. 9.

256 Teilweise wird davon ausgegangen, dass sich der Gesetzgeber nicht eindeutig für das Prioritätsprinzip entschieden habe, sondern vielmehr für einen Mittelweg. Aufgrund der Voraussetzung der „nicht offensichtlich untergeordneten Bedeutung" einer Gesellschaft in § 3a Abs. 1 Satz 1 InsO wird der Weg des Gesetzgebers auch als „abgefederte Prioritätslösung" bezeichnet, so *Thole*, KTS 2014, 351, 360.

257 *Specovius/von Wilcken*, in: Gottwald/Haas, § 95 Rn. 36; *Frind*, ZinsO 2014, 927, 935; *Verhoeven*, ZinsO 2014, 217, 218; *Andres/Möhlenkamp*, BB 2013, 579, 584; *von Wilcken*, in: Flöther, § 4 Rn. 37.

258 *Pleister/Sturm*, ZIP 2017, 2329, 2333–2334.

259 *Gelbrich/Flöther*, in: BeckOK InsO, § 3a Rn. 34.

260 *Siemon*, NZI 2014, 55, 61; *Gelbrich/Flöther*, in: Beck OK § 3a Rn. 34–37; *Frind*, ZinsO 2014, 927, 931 ff.; zum Forum Shopping siehe ausführlich Teil 6.

die eigenen Ziele günstigsten Gerichtsstand auszuwählen.[261] Grund für dieses systematische Ausnutzen nebeneinanderstehender Zuständigkeiten sind mögliche rechtliche oder tatsächliche Vorteile am gewählten Gerichtsstand.[262] Besonders schwer wiegt der vernachlässigte Gläubigerschutz durch die fehlende Vorhersehbarkeit des Gruppen-Gerichtsstands. Soweit dem entgegengehalten wird, dass die Befürchtungen unbegründet seien, da Einsicht in das Handelsregister sowie ein Organigramm mit Betriebssitzen und Betriebsstätten das Problem behebe,[263] ist dies wenig überzeugend. Das bloße Kennen der verschiedenen Gesellschaftssitze lässt nicht unbedingt einen Schluss darauf zu, welchen Gerichtsstandort die Konzernleitung für besonders anstrebenswert hält. Bei großen deutschen Unternehmensgruppen kann es vorkommen, dass circa 100 Gesellschaften am Insolvenzverfahren beteiligt sind[264] Ein Organigramm und die Möglichkeit, die Sitze der knapp 100 Gesellschaften ausfindig zu machen, hilft insbesondere kleineren Gläubigern bei der Ermittlung des möglichen Gruppen-Gerichtsstands wenig.

Der Kritik von Teilen des Schrifttums lassen sich die bezweckten Vorteile des vom Gesetzgeber gewählten Prioritätsprinzips entgegenhalten.[265] Der Gesetzgeber entschied sich bewusst für diese Lösung, um ein im Vorfeld planbares Insolvenzbewältigungsverfahren zu ermöglichen. Die Möglichkeit der frühen Planung und Abstimmung zwischen Konzernleitung und Gläubiger habe sich als besonders erfolgversprechend herausgestellt.[266] Es ermöglicht der Konzernleitung unter vielen möglichen Gerichtsstandorten den auszusuchen, welcher die bestmögliche Verfahrensabwicklung verspricht. Dies muss nicht zwingend das Insolvenzgericht am Sitz der Muttergesellschaft sein. Denkbar ist auch, dass das Insolvenzgericht am Sitz der Muttergesellschaft keinerlei Erfahrungen mit großen Konzerninsolvenzen aufweist. Hingegen könnte sich ein fernab davon liegendes Insolvenzgericht aufgrund ausgewiesener Expertise auf diesem Gebiet als besonders geeignet erweisen. In der Gesetzesbegründung wird zudem darauf hingewiesen, dass ein

261 *Herdegen*, Internationales Wirtschaftsrecht, § 3 Rn. 56; *v. Hoffmann/Thorn*, Internationales Privatrecht, § 3 Rn. 63; die im U.S.-amerikanischen Recht regelmäßig zitierte Definition von Forum Shopping lautet: „The practice of choosing the most favorable jurisdiction or court in which a claim might be heard", *Forum Shopping, Black's Law Dictionary* (11th ed. 2019).

262 *Schack*, Internationales Zivilverfahrensrecht, Rn. 272.

263 So *Baumert*, in: Braun InsO, § 3a Rn. 22.

264 Siehe dazu das Beispiel der PIN-Gruppe unter D.I.1.

265 Die Ausgestaltung nach dem Prioritätsprinzip ebenfalls positiv beurteilend *Konold*, Konzerninsolvenz, 169 ff.

266 Gesetzesentwurf der Bundesregierung zum KIG, BT-Drs. 18/407, 19.

zwingendes Abstellen auf das Gericht am Sitz der Muttergesellschaft auch in den Fällen sinnwidrig wäre, in denen die Muttergesellschaft überhaupt nicht von der Insolvenz betroffen ist.[267] Das Prioritätsprinzip ermöglicht zudem weiterhin die Verfahrenskonzentration am Gericht des Sitzes der Muttergesellschaft: diese muss dazu lediglich als erstes den Konzentrationsantrag stellen. Ein daraus entstehender Zeitdruck ist dem Insolvenzverfahren außerdem nicht abträglich. Er bewirkt vielmehr eine möglichst frühe Absprache der Gesellschaften untereinander und vermeidet dadurch ein unnötiges Hinauszögern des Insolvenz- und Konzentrationsantrags sowie des Insolvenzverfahrens allgemein.

Auch eine rechtsvergleichende Betrachtung mit dem U.S.-amerikanischen Insolvenzrecht bestätigt den Gesetzgeber in seiner Entscheidung für das Prioritätsprinzip. Das U.S.-amerikanische Konzerninsolvenzrecht stützt sich ebenfalls auf eine leicht abgewandelte Form des Prioritätsprinzips. Bankruptcy Rule 1408(2) erlaubt es einer Schuldnergesellschaft, ihren Insolvenzantrag an dem Gericht zu stellen, an dem auch das Insolvenzverfahren einer verwandten Gesellschaft anhängig ist.[268] Sobald zwei oder mehr Insolvenzverfahren von verbundenen Unternehmen an einem Gericht anhängig sind, kann gem. Bankruptcy Rule 1015(b) die „joint administration" beantragt werden. Die Konzernleitung hat daher zwischen verschiedensten Gerichtsständen die Wahl. Gruppen-Gerichtsstand wird der Gerichtsstand, den sich die Konzernleitung für sich und die Tochtergesellschaften zur Stellung der Insolvenzanträge aussucht und an dem als erstes der Antrag auf „joint administration" gestellt wird. Diese Form des Prioritätsprinzips hat in den USA zu erheblichen Schwierigkeiten mit Forum Shopping geführt.[269] Es wurden u.a. kurzfristig Gesellschaften an einem bestimmten Standort gegründet, nur um auf diese Weise ein „Einfallstor" als Gerichtsstand für den gesamten Konzern zu schaffen. Dem deutschen Gesetzgeber war die Möglichkeit einer missbräuchlichen Verwendung der neuen Regelungen bezüglich eines Gruppen-Gerichtsstands im KIG bewusst.[270] Er nahm zweckfremde Verwendungen, wie die des Forum Shopping, zugunsten einer planbaren Verfahrenskonzentration in Kauf. Auf den ersten Blick betrachtet, könnte das Ausmaß des nationalen Forum Shopping in den USA Grund zur Sorge sein. Die Literaturstimmen könnten sich zunächst in ihrer Forderung, allein auf den Sitz der Muttergesellschaft abzustellen, bestätigt fühlen. An dieser Stelle hat der deutsche Gesetzgeber jedoch

---

267 Gesetzesentwurf der Bundesregierung zum KIG, BT-Drs. 18/407, 19.

268 Siehe dazu ausführlich Teil 4 A. III.

269 Ausführlich zu dem Problem des Forum Shoppings Teil 6.

270 Die Missbrauchsgefahr wird im Gesetzesentwurf identifiziert und bewusst in Kauf genommen, Gesetzesentwurf der Bundesregierung zum KIG, BT-Drs. 18/407, 19.

entsprechende Vorkehrungen getroffen. Die Implementierung des Kriteriums, dass eine antragsstellende Gesellschaft in § 3a Abs. 1 Satz 1 InsO „nicht offensichtlich von untergeordneter Bedeutung“ sein darf, behindert die Gerichtstanderschleichung. Eine kurzfristig und für missbräuchliche Zwecke gegründete Gesellschaft wird die drei 15 % Kriterien des § 3a Abs. 1 Satz 2 InsO wohl nur äußerst selten erfüllen. Schon eine ad-hoc Beschäftigung von mehr als 15 % der Arbeitnehmer erscheint unrealistisch. Der deutsche Gesetzgeber hat demnach eine Hürde gegen das nationale Forum Shopping geschaffen. Die Vorteile des Prioritätsprinzips waren durch die langjährige Erfahrung der USA mit Konzerninsolvenzen bekannt. Diese Vorteile hat sich der deutsche Gesetzgeber zu Nutze gemacht. Er hat dabei allerdings einen Schutz vor den, ebenfalls in den USA sichtbaren, gravierendsten Nachteilen in § 3a Abs. 1 Satz 2 InsO implementiert. Eine rechtsvergleichende Betrachtungsweise stützt den deutschen Gesetzgeber also in seiner Entscheidung für das Prioritätsprinzip. Allerdings hat der Gesetzgeber dieses Prinzip nicht ohne weiteres etabliert, sondern es zum Schutz der Integrität des Insolvenzverfahrens optimiert. Wenn *Thole* hierbei statt vom Prioritätsprinzip von einer „abgefederten Prioritätslösung“[271] spricht, ist dies daher durchaus zutreffend. Der Weg des deutschen Gesetzgebers lässt sich alternativ auch als „optimierte Prioritätslösung“ bezeichnen.

c) Problem des Schriftformerfordernisses beim Konzentrationsantrag

Die gemeinsame Abwicklung der individuellen Insolvenzverfahren beginnt mit dem Konzentrationsantrag gem. § 3a InsO. § 13 Abs. 1 Satz 1 InsO schreibt für den Eröffnungsantrag die Schriftform explizit vor. Die den Konzentrationsantrag regelnde Norm, § 3a InsO, enthält jedoch keinerlei Anhaltspunkte dazu, ob dieser ebenfalls schriftlich zu stellen ist. § 13a InsO, der den Inhalt des Antrags sowie die beizufügenden Unterlagen regelt, schweigt dazu ebenfalls. In der Literatur haben sich hierzu zwei Meinungen entwickelt. Teilweise wird davon ausgegangen, dass der Konzentrationsantrag nicht der Schriftform bedarf.[272] Begründet wird dies damit, dass gem. § 496 ZPO, § 4 InsO im Insolvenzverfahren Anträge grundsätzlich auch mündlich zu Protokoll der Geschäftsstelle gestellt werden können. Der Eröffnungsantrag selbst stellt hierzu eine Ausnahme dar. Ohne Schriftformerfordernis steht dem Schuldner eine größere Handlungsfreiheit zu, welches ihm die Konzentrationsantragsstellung womöglich vereinfachen könnte. Andere Teile der Literatur sprechen sich hingegen strikt für das Erfordernis einer Schriftform für

---

271 So *Thole*, KTS 2014, 351, 360.
272 *Bruns*, in: MüKoInsO, § 3a Rn. 8.

den Konzentrationsantrag aus.[273] Dies lasse sich aus dem Schriftformerfordernis des Eröffnungsantrags in § 13 InsO[274] als Grundnorm herleiten. Die Annahme eines Schriftformerfordernisses schränkt den Schuldner in seinen Möglichkeiten der Antragstellung ein. Allerdings ist diese Einschränkung nur geringfügig und auf einer Linie mit dem Schriftformerfordernis des Eröffnungsantrags.

Die Systematik der InsO kann als Auslegungshilfe herangezogen werden. § 13a InsO findet sich direkt hinter dem Eröffnungsantrag in § 13 InsO. Daher könnte man, wie die Teile der Literatur, aufgrund der Stellung im Gesetz den § 13 InsO als Grundnorm betrachten und dessen Schriftform ebenfalls voraussetzen. § 13a InsO statuiert allerdings nicht den Konzentrationsantrag selbst, sondern regelt nur dessen Inhalt. Während § 13 InsO den Eröffnungsantrag normiert, normiert § 3a InsO den Gruppen-Gerichtsstand und den Antrag dazu. In der Regel wird daher auch nicht von einem Antrag nach § 13a InsO gesprochen, sondern von einem Antrag nach § 3a InsO.[275] § 3a InsO steht im ersten Teil des Gesetzes über die allgemeinen Vorschriften, während § 13 InsO im zweiten Teil über die Eröffnung des Insolvenzverfahrens steht. Die beiden Normen der jeweiligen Anträge stehen daher im Gesetz an entfernten und verschiedenen Stellen. Es kann somit nicht zweifelsfrei davon ausgegangen werden, dass § 13 InsO die Grundnorm zu dem Konzentrationsantrag darstellt. Die Systematik ist in dieser Hinsicht nicht eindeutig genug. In Betracht kommt eine teleologische Auslegung des § 3a InsO. Sinn und Zweck der Norm ist es, eine effiziente und rechtssichere Konzentration der verschiedenen Insolvenzverfahren an einem Gerichtsstand zu ermöglichen. Anträge können allgemein gem. § 496 ZPO, § 4 InsO mündlich zum Protokoll der Geschäftsstelle gestellt werden. Einen schriftlichen Antrag zu verlangen, könnte das Verfahren beschleunigen. Ein wesentlich effizienterer Ablauf des Verfahrens würde dadurch allerdings wohl nicht bewirkt werden. Gem. § 13a InsO müssen dem Konzentrationsantrag zahlreiche Unterlagen zu den Finanzen, anderen gruppenangehörigen Unternehmen und den Gründen für die Gerichtsstandswahl beigefügt werden. Die Angaben dieser Unterlagen mündlich zu Protokoll zu geben, ist nur schwer vorstellbar. Wenn diese Unterlagen sowieso in Papierform eingereicht werden, sprechen praktische Gründe

---

273 *Graf-Schlicker*, in: Graf-Schlicker, § 3a Rn. 3; *Bruder*, in: FK-InsO, § 3a Rn. 10.

274 § 13 Abs. 1 InsO lautet insoweit: *„Das Insolvenzverfahren wird nur auf schriftlichen Antrag eröffnet. Antragsberechtigt sind die Gläubiger und der Schuldner. Dem Antrag des Schuldners ist ein Verzeichnis der Gläubiger und ihrer Forderungen beizufügen"*.

275 Siehe *Thole*, KTS 2014, 351, 360; *Bruder*, in: FK-InsO, § 3a Rn. 34; *Bruns*, in: MüKo-InsO, § 3a Rn. 8; auch das Gesetz selbst spricht in § 13a InsO von „einem Antrag nach § 3a".

dafür, den Konzentrationsantrag in Schriftform gemeinsam mit den Unterlagen zu stellen. Während eine teleologische Auslegung der Norm nicht zielführend ist, sprechen wenigstens praktische Gründe für ein Schriftformerfordernis.

Es bietet sich schließlich die langjährige Erfahrung des U.S.-amerikanischen Konzerninsolvenzrechts als Ratgeber an. Zwar beeinflussen die Erkenntnisse eines rechtsvergleichenden Blicks die Auslegung des autonomen nationalen Rechts nicht. Ein solcher Blickwinkel kann jedoch wertvolle Erfahrungswerte und Anregungen bringen. Bankruptcy Rule 9013 normiert in den USA, dass Anträge im Insolvenzverfahren grundsätzlich, sofern keine gesetzliche Ausnahme besteht, schriftlich zu stellen sind. Dies gilt auch für den Antrag auf „joint administration". Eine Ausnahme dazu stellen Anträge dar, die während einer Anhörung gestellt werden. Das U.S.-amerikanische Insolvenzrecht beinhaltet damit ein Schriftformerfordernis für den Antrag auf Konzentration der Insolvenzverfahren.

Eine Auslegung des § 3a InsO nach Systematik und Teleologie ist nicht zielführend. In erster Linie sprechen praktische Erwägungsgründe dafür, dass der Konzentrationsantrag schriftlich zu erfolgen hat. Eine bedeutende Einschränkung des Antragstellers ist damit ferner nicht verbunden. Abschließend bestärkt auch die Ausgestaltung des U.S.-amerikanischen Rechts diejenigen Stimmen in der Literatur, die ein Schriftformerfordernis für den Konzentrationsantrag fordern.

d) Die Unternehmensgruppe in § 3e Abs. 1 InsO

Der Konzentrationsantrag des Schuldners setzt gem. § 3a Abs. 1 InsO voraus, dass der Schuldner ein „gruppenangehöriger Schuldner" ist. Die Unternehmensgruppe[276] wird in § 3e Abs. 1 InsO legal definiert. Die Norm lautet:

> *„(1) Eine Unternehmensgruppe im Sinne dieses Gesetzes besteht aus rechtlich selbständigen Unternehmen, die den Mittelpunkt ihrer hauptsächlichen Interessen im Inland haben und die unmittelbar oder mittelbar miteinander verbunden sind durch*
>
> *1. die Möglichkeit der Ausübung eines beherrschenden Einflusses oder*
> *2. eine Zusammenfassung unter einheitlicher Leitung.*
>
> *(2) Als Unternehmensgruppe im Sinne des Absatzes 1 gelten auch eine Gesellschaft und ihre persönlich haftenden Gesellschafter, wenn zu diesen weder eine natürliche Person noch eine Gesellschaft zählt, an der eine natürliche Person als persönlich haftender Gesellschafter beteiligt ist, oder sich die Verbindung von Gesellschaften in dieser Art fortsetzt."*

276 Eingehend zum Begriff der Unternehmensgruppe *Schumann*, Unternehmensgruppe, 175 ff.

§ 3e InsO ermöglicht die Gruppenangehörigkeit für Unterordnungs- und Gleichordnungskonzerne. Ein Unterordnungskonzern liegt nach § 18 Abs. 1 AktG vor, wenn ein oder mehrere abhängige Unternehmen sowie ein herrschendes Unternehmen unter einheitlicher Leitung des herrschenden Unternehmens zusammengefasst werden.[277] Ein Gleichordnungskonzern wird auch als horizontaler Konzern bezeichnet. Dieser fasst ebenfalls mehrere selbständige Unternehmen unter einheitlicher Leitung zusammen, allerdings, ohne dass sie voneinander abhängig sind.[278] Während sie alle unter einheitlicher Leitung stehen, üben die gleichgeordneten Konzernunternehmen aufeinander keinen Druck aus. Die Gesellschaften können einem gemeinsamen Leitungsorgan oder einer Leitungsgesellschaft unterstehen, die jedoch nur Koordinationsfunktion haben darf.[279]

Der Definition in § 3e Abs. 1 InsO kommt große Bedeutung zu, da nur solche gruppenangehörigen Unternehmen einen Konzentrationsantrag gem. § 3a InsO stellen können. Eine Unternehmensgruppe i.S.v. § 3e Abs.1 InsO besteht aus Unternehmen, deren Mittelpunkt der hauptsächlichen Interessen in Deutschland liegt. § 3e Abs. 1 Satz 1 Nummer 1 InsO stellt, wie der Unterordnungskonzern, auf eine Verbindung durch die Möglichkeit der Ausübung eines beherrschenden Einflusses ab. Hierbei wird von einem Mutterunternehmen Einfluss auf ein oder mehrere Tochterunternehmen ausgeübt. Die Möglichkeit eines solchen Einflusses reicht aus, er muss nicht tatsächlich ausgeübt werden.[280] Zur Unternehmensgruppe gehören nach Nummer 1 das herrschende Mutterunternehmen sowie die beherrschten Tochterunternehmen. § 3e Abs. 1 Satz 1 Nummer 1 InsO ist an § 290 HGB angelehnt. Diese Norm wird zur Konkretisierung des Begriffs des „beherrschenden Einflusses" herangezogen.[281] Demnach liegt ein solcher Einfluss eines Mutterunternehmens gem. § 290 Abs. 2 HGB u.a. dann vor, wenn ihm bei einem anderen Unternehmen die Mehrheit der Stimmrechte der Gesellschafter zustehen, es berechtigt ist, bei einem anderen Unternehmen die Mehrheit der Mitglieder in Lenkungsorganen zu bestellen oder ihm das Recht zusteht, die Geschäftspolitik eines anderen Unternehmens zu bestimmen. Diese Tatbestände des § 290 Abs. 2 HGB stellen für den beherrschenden Einfluss unwiderlegbare Vermutungen auf.[282]

---

277 Siehe dazu *Bayer*, in: MüKoAktG, § 18 Rn. 2; *Emmerich*, in: Emmerich/Habersack, § 18 Rn. 8.

278 Siehe dazu *Bayer*, in: MüKoAktG, § 18 Rn. 3; *Grigoleit*, in: Grigoleit, § 18 Rn. 17.

279 *Bayer*, in: MüKoAktG, § 18 Rn. 53.

280 Gesetzesentwurf der Bundesregierung zum KIG, BT-Drs. 18/407, 29.

281 Gesetzesentwurf der Bundesregierung zum KIG, BT-Drs. 18/407, 29.

282 Gesetzesentwurf der Bundesregierung zum KIG, BT-Drs. 18/407, 29.

§ 3e InsO ist allerdings weiter gefasst als § 290 HGB und setzt nicht voraus, dass das Mutterunternehmen in Form einer Kapitalgesellschaft organisiert ist.[283]

§ 3e Abs. 1 Satz 1 Nummer 2 InsO erfasst als gruppenangehörige Unternehmen solche, die mittelbar oder unmittelbar durch eine einheitliche Leitung verbunden sind. Die Nummer 2 ermöglicht es damit Gleichordnungskonzerne ebenfalls als gruppenangehörig zu erfassen und ihnen den Anwendungsbereich des Konzerninsolvenzrechts zu eröffnen. Der Gesetzgeber wollte damit dem Gleichordnungskonzern dieselben konzerninsolvenzrechtlichen Möglichkeiten bieten, wie dem Unterordnungskonzern.[284] § 3e Abs. 2 InsO erweitert die Definition der Unternehmensgruppe um die Verbindung zwischen einer Gesellschaft und einem persönlich haftenden Gesellschafter. Dabei darf dieser weder eine natürliche Person noch eine Gesellschaft sein, an dem eine natürliche Person als persönlich haftender Gesellschafter beteiligt ist.

Das deutsche und das U.S.-amerikanische Konzerninsolvenzrecht verwenden unterschiedliche Definitionen um das Konzernkonstrukt zu umreißen.[285] § 3e InsO und die Definition eines „affiliate" in § 101(2) B.C. normieren die benötigten Verbindungen zwischen den verschiedenen Unternehmen, um eine konzentrierte Abwicklung an einem einzigen Gerichtsstand zu ermöglichen. Gemein ist beiden Normen, dass sie auf die bloße Möglichkeit der Einflussausübung abstellen und diese nicht tatsächlich ausgeübt werden muss. Der Bankruptcy Code und die InsO verwenden Stimmrechtsanteile als Maßstab. Beide Normen verwenden darüber hinaus weitere Kriterien. Im deutschen Konzerninsolvenzrecht liegt ein beherrschender Einfluss des Mutterunternehmens gem. § 290 Abs. 2 HGB u.a. dann vor, wenn ihm die Mehrheit der Stimmrechte der Gesellschaft einer anderen Gesellschaft zustehen. § 101(2) B.C. verwendet eine Schwelle i.H.v. 20 % der Stimmrechtsanteile um verschiedene Unternehmen als konzernverbunden anzusehen. Hier zeigt sich die unterschiedliche Struktur der jeweiligen Normen. § 101(2) B.C. beinhaltet mit 20 % der Stimmrechtsanteile eine relativ niedrige Schwelle, um ein verbundenes Unternehmen im U.S.-amerikanischen Insolvenzrecht darzustellen. Die Norm definiert verbundene Unternehmen sehr weit und macht dabei keinerlei Ausführungen zu einer bestimmten Art des Konzerns. Die von § 290 Abs. 2 HGB verlangte Mehrheit der Stimmrechtsanteile konkretisiert den Begriff des „beherrschenden Einflusses" in § 3e Abs. 1 Satz 1 Nummer 1 InsO. Die Schwelle ist deshalb so hoch, da es sich bei der Unternehmensgruppe

283 Gesetzesentwurf der Bundesregierung zum KIG, BT-Drs. 18/407, 29.

284 Gesetzesentwurf der Bundesregierung zum KIG, BT-Drs. 18/407, 29.

285 Zur U.S.-amerikanischen Definition eines „affiliate" siehe ausführlich Teil 2 A. II. 4. b) bb).

in § 3e Abs. 1 Satz 1 Nummer 1 InsO um einen Unterordnungskonzern handelt, bei dem ein Unternehmen von dem anderen abhängig ist. Die Unternehmensverbindung ohne Abhängigkeit voneinander ist als Gleichordnungskonzern in § 3e Abs. 1 Satz 1 Nummer 2 InsO erfasst.

Während das U.S.-amerikanische Insolvenzrecht bei der Definition von verbundenen Unternehmen keine Angaben zur Art der Zusammenfassung macht, gliedert das deutsche Insolvenzrecht die Unternehmen in § 3e InsO klar in zwei Konzernarten. Interessanterweise bringt die aktuellere Rechtsprechung in den USA auch dort eine gewisse Struktur in die Unternehmensverbindungen. Die Rechtsprechung fasst die „affiliates" häufig unter der „vertical relationship" oder der „horizontal relationship" zusammen.[286] Die niedrige 20 % Schwelle des § 101(2) B.C. ermöglicht es Unternehmen „affiliates" zu sein ohne, dass sie voneinander abhängig sind. Insofern weist die U.S-amerikanische „horizontal relationship", wonach gleichgestellte Unternehmen unabhängig voneinander sein können und eine gemeinsame Muttergesellschaft teilen, Ähnlichkeiten zum deutschen Gleichordnungskonzern in § 3e Abs. 1 Satz 1 Nummer 2 InsO auf. Während die entscheidenden Normen zur Verfahrenskonzentration an einem Gerichtsstand unterschiedlich ausgestaltet sind, lassen sich insbesondere unter Hinzuziehung der Rechtsprechung in den USA gewisse Parallelen in der deutschen und der U.S.-amerikanischen Herangehensweise ausmachen.

e) § 3a Abs. 2 InsO und die Entscheidung des Gerichts

In § 3a Abs. 2 InsO hat der Gesetzgeber die Möglichkeit der Ablehnung des Konzentrationsantrags durch das Gericht normiert. Demnach kann das Gericht den Antrag abweisen, wenn Zweifel bestehen, dass eine Verfahrenskonzentration am angerufenen Insolvenzgericht im gemeinsamen Interesse der Gläubiger liegt. Ausschlaggebend ist dabei nicht bloß das Interesse der Gläubiger des antragstellenden Schuldners, sondern das Interesse sämtlicher Gläubiger der Unternehmensgruppe.[287] Ein solches Interesse soll nach der Gesetzesbegründung immer dann vorliegen, wenn sich durch eine koordinierte Abwicklung der Einzelverfahren Koordinationsgewinne erzielen lassen.[288] Es reicht dabei aus, dass diese Vorteile einigen Insolvenzmassen zugutekommen, ohne dass andere

---

286 Siehe dazu Teil 2 A. II. 4. b) bb) (1) (b).

287 Gesetzesentwurf der Bundesregierung zum KIG, BT-Drs. 18/407, 27.

288 Gesetzesentwurf der Bundesregierung zum KIG, BT-Drs. 18/407, 27; kritisch bezüglich der Unbestimmtheit des Begriffs des „gemeinsamen Gläubigerinteresses" *Thole*, KTS 2014, 351, 359; *Andres/Möhlenkamp*, BB 2013, 579, 584.

Insolvenzmassen benachteiligt werden. Das Gericht muss keine konkret zu erwartenden Vorteile der Verfahrenskonzentration feststellen.[289] Der Gesetzgeber geht insofern von einer grundsätzlich positiven Wirkung der Verfahrenskonzentration aus. Mit dem Tatbestand der Zweifel am gemeinsamen Interesse der Gläubiger, hat er eine geringe Hürde geschaffen, die eine Verfahrenskonzentration in den meisten Fällen zulässt. Schließlich muss das Gericht nicht positiv feststellen, welche Vorteile es sich durch eine Konzentration erhofft.[290] Das Anwenden dieser Maßstäbe führt dazu, dass schon kleine Vorteile das Vorliegen eines gemeinsamen Interesses der Gläubiger begründen können. Dementsprechend selten dürften bei den Richtern Zweifel bestehen und dazu führen, dass sie den Antrag ablehnen. Hinzukommt, dass solche Zweifel am gemeinsamen Interesse der Gläubiger im Eröffnungsverfahren mangels ausreichender Prognosegrundlagen wohl kaum gerichtlich festgestellt werden können.[291] Diesbezüglich bemängelt *Pape* die fehlende Informationsgrundlage des Gerichts.[292] Er fordert daher im Antrag Angaben des Schuldners zu den erhofften Vorteilen der Verfahrenskonzentration. Dem Konzentrationsantrag sind jedoch bereits umfangreiche Angaben gem. § 13a InsO beizufügen. Deshalb und da der Gesetzgeber erkennbar in der Regel von der Sinnhaftigkeit einer Verfahrenskonzentration ausgeht, dürfte ein Mindestmaß an erhofften Vorteilen durch Verfahrenskonzentration genügen. § 3a Abs. 2 InsO verdeutlicht, dass der Gesetzgeber den Schuldnerunternehmen eine Verfahrenskonzentration ermöglichen möchte, letztlich jedoch das Gläubigerinteresse und die Gläubigerbefriedigung als Zweck des Insolvenzverfahrens (§ 1 InsO) ausschlaggebend ist. Den Insolvenzrichtern wird somit die entscheidende Rolle zuteil, anhand der Umstände des Falls die richtige Balance zwischen einem möglichst effizienten Insolvenzverfahren und dem Schutz des Gläubigerinteresses zu finden.

f) Rechtsfolge

Lehnt das Insolvenzgericht den Antrag des Gläubigers nicht gem. § 3a Abs. 2 InsO ab und liegen die Voraussetzungen des § 3a Abs. 1 InsO vor, erklärt sich das Gericht durch Beschluss für zuständig über die Insolvenzverfahren sämtlicher gruppenangehöriger Schuldner. Der Gruppen-Gerichtsstand ist damit begründet. § 3b InsO normiert, dass der Gruppen-Gerichtsstand fortbesteht.

---

289 Gesetzesentwurf der Bundesregierung zum KIG, BT-Drs. 18/407, 27.

290 Gesetzesentwurf der Bundesregierung zum KIG, BT-Drs. 18/407, 27.

291 So *Thole*, KTS 2014, 351, 359; *Pape*, in: Uhlenbruck, § 3a Rn. 16; *Prütting*, in: K/P/B, § 3a Rn. 12.

292 *Pape*, in: Uhlenbruck, § 3a Rn. 16–17.

Dies ist notwendig, da zu den Voraussetzungen des Konzentrationsantrags nur ein zulässiger Antrag auf Eröffnung des Insolvenzverfahrens gehört.[293] Der Eröffnungsantrag kann sich später als unbegründet herausstellen, ebenso kann das Insolvenzverfahren nach dessen Eröffnung auch beendet sein. Aus diesem Grund statuiert § 3b InsO, dass der Gruppen-Gerichtsstand von der Nichteröffnung, Aufhebung oder Einstellung des Insolvenzverfahrens über den antragstellenden Schuldner unberührt bleibt, solange an diesem Gerichtsstand ein Verfahren über einen anderen gruppenangehörigen Schuldner anhängig ist.[294] Die Unabhängigkeit von einzelnen Insolvenzverfahren ermöglicht der Unternehmensgruppe eine möglichst einheitliche und rechtssichere Verfahrensabwicklung. Der deutsche Gesetzgeber vermeidet auf diese Weise, dass der Gruppen-Gerichtsstand aufgrund des Schicksals eines einzigen Verfahrens neu begründet werden muss.

C. Bewertung der Befunde zu Teil 2

Mit dem Gruppen-Gerichtsstand hat der deutsche Gesetzgeber das stärkste Konzentrationsinstrument geschaffen, um die effiziente Abwicklung von Konzerninsolvenzen zu ermöglichen. Der Gruppen-Gerichtsstand ist unabdingbar, um die im deutschen Recht weiterhin unabhängig voneinander bestehenden Insolvenzverfahren der Konzerngesellschaften zusammenzuführen.

Ein ähnliches Instrument zur Konzentration von Konzerninsolvenzverfahren an einem Gericht besteht in den USA mit der „joint administration“ schon länger. Das US-amerikanische Recht hat allerdings zusätzlich die materiellrechtliche „substantive consolidation“ der Insolvenzverfahren geschaffen. Diese materiell-rechtliche Zusammenfassung der verschiedenen Insolvenzverfahren eines Konzerns hat der deutsche Gesetzgeber jedoch zu Recht ausdrücklich abgelehnt, da sie mit erheblichen Unsicherheiten und Gefahren für die Gläubiger verbunden ist. Das vom deutschen Gesetzgeber gewählte Verfahren bewirkt über eine effektive Abwicklung von Konzerninsolvenzen hinaus den Schutz der Gläubigererwartungshaltung.

Ob im deutschen Insolvenzrecht der Antrag zur Verfahrenskonzentration der Schriftform bedarf oder nicht, ist in der Literatur strittig. In den USA ist dies jedoch vorgeschrieben. Eine Auslegung der Norm nach Teleologie und Systematik ist wenig ergiebig. Praktische Gründe sowie eine rechtsvergleichende Perspektive auf das U.S.-amerikanische Insolvenzrecht sprechen allerdings für ein solches Schriftformerfordernis.

---

293 Siehe Teil 2 B. II. 1. a) aa).

294 Gesetzesentwurf der Bundesregierung zum KIG, BT-Drs. 18/407, 27.

Das KIG gibt in § 3e InsO eindeutig die Voraussetzungen einer Unternehmensgruppe für die Begründung eines gemeinsamen Gerichtsstands vor. Hierbei orientiert es sich am Aktiengesetz und an den geläufigen, deutschen Konzernformen der Unterordnungs- und Gleichordnungskonzerne.

Nach U.S.-amerikanischem Recht ist dies jedoch weniger klar bestimmt: § 101(2) B.C. fasst die Unternehmen in den USA vielmehr in Form eines weit gefassten, losen Unternehmensverbunds zusammen. Erst die aktuellere Rechtsprechung bewirkt eine eindeutigere Gliederung der verschiedenen Arten von Unternehmensverbindungen. Hierbei ist eine gewisse Parallele zu den in § 3e Abs. 1 InsO verwendeten Konzernformen auszumachen. Insgesamt bleibt es jedoch dabei, dass der deutsche Gesetzgeber die Unternehmensgruppe wesentlich prägnanter definiert und damit den Anwendungsbereich des Konzerninsolvenzrechts deutlicher aufgezeigt hat.

Der deutsche Gesetzgeber hat es entgegen zahlreicher Stimmen in der Literatur abgelehnt, den Gruppen-Gerichtsstand an dem Gericht zu normieren, welches für die Muttergesellschaft zuständig ist. Stattdessen hat er sich für das Prioritätsprinzip entschieden. Hier liegt er auf einer Linie mit dem U.S.-amerikanischen Insolvenzrecht, bei dem ebenfalls eine Form des Prioritätsprinzips den Gruppen-Gerichtsstand begründet. Hohe Zahlen an missbrauchsähnlichem und missbräuchlichem Verhalten in Bezug auf die Gerichtsstandserschleichung großer Konzerne stellen das U.S.-amerikanische Insolvenzrecht allerdings diesbezüglich vor enorme Herausforderungen.[295] § 3a InsO enthält im Gegensatz zum U.S.-amerikanischen Insolvenzrecht gewisse Schutzmechanismen, um wenigstens grobe Missbrauchsfälle vorzubeugen. Damit verwendet das deutsche Recht eine im Vergleich zum U.S.-amerikanischen Insolvenzrecht optimierte Form des Prioritätsprinzips. Die Entscheidung des Gesetzgebers ist somit trotz ausgiebiger Kritik in der Literatur zu begrüßen.

295 Siehe dazu Teil 6.

Teil 3 – Verfahrenskonzentration durch einheitlichen Insolvenzverwalter

A. Bestellung eines gemeinsamen „Trustee" als Insolvenzverwalter in den USA

In den USA werden „Bankruptcy Trustees" (häufig bloß als „Trustees" bezeichnet) als Insolvenzverwalter bestellt.[296] Diesen wird allgemein in den Insolvenzverfahren sowie in der „joint administration" eine wesentliche Rolle zuteil. Auf der Suche nach möglichen Optimierungsansätzen des deutschen Konzerninsolvenzrechts aus dem U.S. Bankruptcy Code ist deshalb eine genaue Betrachtung der „Trustees" und ihrer Aufgaben angebracht.

I. Das United States Trustee Program

Bei der Bestellung der Insolvenzverwalter in den USA ist das „United States Trustee Program" ein wesentlicher Faktor. Durch dieses System wurden in den USA bundesweit „United States Trustees" bestellt. Diese sind von dem Insolvenzgericht unabhängig und sollen Verfahren und Insolvenzverwalter überwachen.[297] Sie nehmen eine Schlüsselposition im U.S.-amerikanischen Insolvenzverfahren ein, bestellen die „Trustees" und überwachten 2020 über eine Millionen Insolvenzverfahren.[298] Wichtig ist an dieser Stelle die klare Unterscheidung zwischen dem behördlich in überwachender Funktion tätig werdenden „U.S. Trustee" und dem von diesem in den jeweiligen Verfahren eingesetzten und privat als Insolvenzverwalter tätig werdenden „Trustee".

1. Zweifel an der Unabhängigkeit des Gerichts als Auslöser

Der Bankruptcy Act of 1898 etablierte einige große Erneuerungen, um das Insolvenzverfahren effizienter auszugestalten. Dennoch blieb die Aufgabe der Richter

---

296 Siehe 5 Fed. Proc., L. Ed. § 9:219.

297 28 U.S.C.A. § 586(a)(3); U.S. Dep't of Justice, U.S. Tr. Program, FY 2020 Performance Budget 23–26, https://www.justice.gov/jmd/page/file/1144191/download (zuletzt abgerufen am 10.04.2024); 2 Norton Bankr. L. & Prac. 3d § 26:4.

298 U.S. Dep't of Justice, U.S. Tr. Program, U.S. Trustee Program Annual Report Fiscal Year 2020 2, https://www.justice.gov/ust/page/file/1384576/download (zuletzt abgerufen am 10.04.2024).

komplex:[299] Sie hatten nicht nur das Urteil zu fällen, sondern auch das gesamte Verfahren zu überwachen, insbesondere den Insolvenzverwalter auszuwählen.[300] Durch die stark miteinander verknüpften Rollen entwickelte sich oft ein enges Vertrauensverhältnis zwischen Richtern und Insolvenzverwaltern.[301] Nicht wenige sahen aufgrund dieser Stellung der Richter die Unabhängigkeit des Verfahrens bedroht.[302] Durch die Auswahl und Überwachung der Insolvenzverwalter erhielten die Richter naturgemäß vertrauliche Informationen über das Verfahren, was zu Mutmaßungen über ein zu enges, unprofessionelles Verhältnis zwischen Richtern, Insolvenzverwaltern und Anwälten führte.[303] Es war im Prozess außerdem nicht unüblich, dass der Insolvenzverwalter den Gerichtssaal gemeinsam mit dem Richter betrat, da sie zuvor noch gemeinschaftlich an einer anderen Rechtssache gearbeitet hatten.[304] Besonders ausgeprägt war die Möglichkeit einer Befangenheit bei Reorganisationsfällen. Wurde in solchen Fällen kein Insolvenzverwalter bestellt, hatte der Richter eine noch engere Bindung zum Schuldner, sodass Richter durchaus persönliche Verantwortung für das Unternehmen empfinden konnten.[305] Auch konnte es sein, dass der Richter dem Schuldner die Eingehung eines Vertrages unter gewissen Voraussetzungen gestattete und ihn dabei beriet, jedoch bei späteren Streitigkeiten über eben jenen Vertrag urteilen musste.[306]

299 1 Bankruptcy Law Manual § 4:3 (5th ed.); Bericht des U.S. Repräsentantenhauses H.R. Rep. No. 95–595, 89 (1977); Virginia Greiman, *An Overview of the United States Trustee Pilot Program*, 1984 Ann. Surv. of Bankr. Law 6, 6 (1984).

300 Bericht des U.S. Repräsentantenhauses H.R. Rep. No. 95–595, 89 (1977); Virginia Greiman, *An Overview of the United States Trustee Pilot Program*, 1984 Ann. Surv. of Bankr. Law 6, 6 (1984).

301 Siehe dazu den Bericht des U.S. Repräsentantenhauses H.R. Rep. No. 95–595, 89 (1977).

302 Bericht des U.S. Repräsentantenhauses H.R. Rep. No. 95–595, 89 (1977); U.S. Dep't of Justice, U.S. Tr. Program, FY 2020 Performance Budget 1, https://www.justice.gov/jmd/page/file/1144191/download (zuletzt abgerufen am 10.04.2024); Virginia Greiman, *An Overview of the United States Trustee Pilot Program*, 1984 Ann. Surv. of Bankr. Law 6, 6 (1984); 1 Bankruptcy Law Manual § 4:3 (5th ed.); 1 Corp. Couns. Gd. to Bkrcy. L. § 2:2.

303 Bericht des U.S. Repräsentantenhauses H.R. Rep. No. 95–595, 90 (1977); 1 Corp. Couns. Gd. to Bkrcy. L. § 2:2; Virginia Greiman, *An Overview of the United States Trustee Pilot Program*, 1984 Ann. Surv. of Bankr. Law 6, 6 (1984).

304 Bericht des U.S. Repräsentantenhauses H.R. Rep. No. 95–595, 89 (1977); The Bankruptcy Judges, United States Trustees, and Family Farmer Bankruptcy Act of 1986, Pub. L. No. 99–554, 100 Stat. 3088.

305 Bericht des U.S. Repräsentantenhauses H.R. Rep. No. 95–595, 91 (1977).

306 Bericht des U.S. Repräsentantenhauses H.R. Rep. No. 95–595, 90 (1977).

Die damalige gesetzliche Regelung brachte so das gesamte Insolvenzverfahren in Verruf[307] und war reformbedürftig.[308]

2. *United States Trustee Program als Pilotprojekt*

Aus diesem Grund wurde 1978 das United States Trustee Program zunächst als Pilotprojekt geschaffen.[309] Ziel war es, die Richter an den Insolvenzgerichten weitestgehend aus der Verwaltung der Insolvenzverfahren herauszuhalten.[310] Verwaltungsaufgaben und richterliche Funktionen sollten getrennt werden. Zu Beginn des Pilotprojekts eröffnete das U.S.-amerikanische Justizministerium am 1. Oktober 1979 ein Büro für „United States Trustees“ in Washington D.C.[311] Zu dem Pilotprojekt gehörten 10 geographisch und demographisch diverse Regionen,[312] in denen jedoch über 28 % der Chapter 11 Insolvenzanträge aus dem Jahr 1983 gestellt wurden.[313] Den Insolvenzrichtern wurde die Zuständigkeit für die meisten administrativen Aufgaben genommen und stattdessen an die „United States Trustees“ übergeben.[314] So sollten die „U.S. Trustees“ als unabhängige Instanz die

---

307 Bericht des U.S. Repräsentantenhauses H.R. Rep. No. 95–595, 90–91 (1977).

308 1 Corp. Couns. Gd. to Bkrcy. L. § 2:2; 1 Bankruptcy Law Manual § 4:3 (5th ed.); 2 Norton Bankr. L. & Prac. 3d § 21:3.

309 Bankruptcy Reform Act of 1978, Pub. L. No. 95–598, 92 Stat. 2549 (1978); siehe dazu auch Report of the Attorney General on the United States Trustee System, for the Period Oct. 1, 1979 to Dec. 31, 1983 4 (Jan. 3, 1984); Virginia Greiman, *An Overview of the United States Trustee Pilot Program*, 1984 Ann. Surv. of Bankr. Law 6, 6 (1984).

310 Bericht des U.S. Repräsentantenhauses H.R. Rep. No. 95–595, 113 (1977); Richman v. Straley, 48 F.3d 1139, 1144 (10th Cir.1995); 1 Bankruptcy Law Manual § 4:3 (5th ed.); Virginia Greiman, *An Overview of the United States Trustee Pilot Program*, 1984 Ann. Surv. of Bankr. Law 6, 6 (1984); 1 Corp. Couns. Gd. to Bkrcy. L. § 2:2; 2 Norton Bankr. L. & Prac. 3d § 26:1; Balser v. Department of Justice, Office of U.S. Trustee, 327 F.3d 903, 909 (9th Cir. 2003).

311 Report of the Attorney General on the United States Trustee System, for the Period Oct. 1, 1979 to Dec. 31, 1983 5 (Jan. 3, 1984); Virginia Greiman, *An Overview of the United States Trustee Pilot Program*, 1984 Ann. Surv. of Bankr. Law 6, 6 (1984).

312 Report of the Attorney General on the United States Trustee System, for the Period Oct. 1, 1979 to Dec. 31, 1983 5 (Jan. 3, 1984).

313 Report of the Attorney General on the United States Trustee System, for the Period Oct. 1, 1979 to Dec. 31, 1983 10 (Jan. 3, 1984).

314 Virginia Greiman, *An Overview of the United States Trustee Pilot Program*, 1984 Ann. Surv. of Bankr. Law 6, 6 (1984); Bericht des U.S. Repräsentantenhauses H.R. Rep. No. 95–595, 4 (1977); Report of the Attorney General on the United States Trustee System, for the Period Oct. 1, 1979 to Dec. 31, 1983 7–9 (Jan. 3, 1984).

alltägliche Überwachung der Insolvenzverfahren übernehmen. In seinem Bericht vom 3. Januar 1984 zog der Attorney General (Justizminister) eine überwiegend positive Bilanz und empfahl die Ausweitung des U.S. Trustee Program auf das gesamte Bundesgebiet der USA.[315]

3. Endgültige Einführung des Systems

Die Umsetzung dieser Empfehlung erfolgte durch den Bankruptcy Judges, United States Trustees, and Family Farmer Bankruptcy Act of 1986 am 27. Oktober 1986.[316] Um das Insolvenzverfahren transparenter und gerechter auszugestalten, wurde durch dieses Gesetz das United States Trustee Program bundesweit[317] etabliert.[318] In diesem System ernennt der Justizminister für jede der 21 Regionen des Systems jeweils einen „United States Trustee".[319] Jeder „U.S. Trustee" wird für die Dauer von fünf Jahren ernannt[320] und kann durch den Justizminister abberufen werden.[321] Die „U.S. Trustees" sollen eine Beschleunigung und Vergünstigung des Insolvenzverfahrens bewirken und dieses umfassend überwachen.[322] Konkret kommt ihnen die Aufgabe zu, privat tätige Insolvenzverwalter als „Trustees" der Insolvenzverfahren zu bestellen sowie die Verfahren und Insolvenzverwalter in den Verfahren nach Chapter 7,[323] 11, 12, 13 und 15 des Bankruptcy Codes zu überwachen.[324] Dieser Schwerpunkt ihrer Tätigkeit führt dazu, dass die „U.S. Trustees"

315 Report of the Attorney General on the United States Trustee System, for the Period Oct. 1, 1979 to Dec. 31, 1983 61–66 (Jan. 3, 1984).

316 The Bankruptcy Judges, United States Trustees, and Family Farmer Bankruptcy Act of 1986, Pub. L. No. 99–554, 100 Stat. 3088.

317 Ausgenommen waren die beiden U.S.-Bundesstaaten Alabama und North Carolina, welche weiterhin dem United States Trustees Program nicht beigetreten sind und stattdessen eigenständige Regelungen mit ähnlich den United States Trustees agierenden Bankruptcy Administrators in ihren jeweiligen Bundesstaaten anwenden.

318 The Bankruptcy Judges, United States Trustees, and Family Farmer Bankruptcy Act of 1986, Pub. L. No. 99–554, 100 Stat. 3088, siehe dazu 1 Corp. Couns. Gd. to Bkrcy. L. § 2:2.

319 28 U.S.C. § 581(a); 2 Norton Bankr. L. & Prac. 3d § 26:1.

320 28 U.S.C. § 581(b); 2 Norton Bankr. L. & Prac. 3d § 26:1.

321 28 U.S.C. § 581(c).

322 28 U.S.C. § 586(a)(3); 2 Norton Bankr. L. & Prac. 3d § 26:4.

323 Chapter 7 des Bankruptcy Code regelt das Liquidationsverfahren, während die Chapter 11–13 sich mit der Restrukturierung von Unternehmen und Privatpersonen befassen. Chapter 15 betrifft grenzüberschreitende Insolvenzfälle.

324 28 U.S.C. § 586(a)(3); 2 Norton Bankr. L. & Prac. 3d § 26:4.

regelmäßig als „watchdogs“ des Insolvenzverfahrens bezeichnet werden.[325] Aufgrund der Vielzahl von Chapter 7 Insolvenzanträgen ist eine der wichtigsten Aufgaben eines „U. S. Trustee“ die Erstellung und Aufrechterhaltung einer Liste mit für dieses Verfahren geeigneten und verfügbaren privaten „Trustees“ als Insolvenzverwaltern.[326] Sollte keiner der Insolvenzverwalter aus der Liste verfügbar sein, so kann auch der „U.S. Trustee“ selbst zum Insolvenzverwalter bestellt werden.[327] Aufgrund ihrer überwachenden Funktion und ihrer Objektivität sind „U.S. Trustees“ im heutigen Insolvenzverfahren der USA unabdingbar. Grundsätzlich lässt sich ihre Rolle als neutrales Bindeglied zwischen den Insolvenzverwaltern und den Richtern beschreiben.

4. *Aktuelles Funktionieren des United States Trustee Programs*

Das United States Trustee Program ist bei dem Justizministerium angesiedelt und hat 2020 insgesamt ca. 1,35 Millionen Insolvenzverfahren überwacht.[328] Diese machen zusammen ca. zwei Drittel aller Verfahren vor den U.S.-amerikanischen Bundesgerichten aus.[329] Die Finanzierung des United States Trustee Program erfolgt durch die Bereitstellung von Mitteln durch den U.S.-Kongress. Gegen

325 In re Edison Mission Energy, 610 B.R. 871, 879 (2020); Bericht des U.S. Repräsentantenhauses H.R. Rep. No. 95–595, 4 (1977); U.S. Dep't of Justice, U.S. Tr. Program, U.S. Trustee Program Annual Report Fiscal Year 2020 2, https://www.justice.gov/ust/page/file/1384576/download (zuletzt abgerufen am 10.04.2024); U.S. Dep't of Justice, U.S. Tr. Program, FY 2020 Performance Budget 15, https://www.justice.gov/jmd/page/file/1144191/download (zuletzt abgerufen am 10.04.2024); In re Countrywide Home Loans, Inc., 384 B.R. 373, 392 (2008); In re Youk-See, 450 B.R. 312, 323 (2011).

326 28 U.S.C. § 586(a)(1); 2 Norton Bankr. L. & Prac. 3d § 26:4.

327 28 U.S.C. § 586(a)(2); 2 Norton Bankr. L. & Prac. 3d § 26:4.

328 U.S. Dep't of Justice, U.S. Tr. Program, U.S. Trustee Program Annual Report Fiscal Year 2020 2, https://www.justice.gov/ust/page/file/1384576/download (zuletzt abgerufen am 10.04.2024).

329 U.S. Dep't of Justice, U.S. Tr. Program, U.S. Trustee Program Annual Report Fiscal Year 2020 2, https://www.justice.gov/ust/page/file/1384576/download (zuletzt abgerufen am 10.04.2024); U.S. Dep't of Justice, U.S. Tr. Program, FY 2020 Performance Budget 2, https://www.justice.gov/jmd/page/file/1144191/download (zuletzt abgerufen am 10.04.2024).

diese Kosten werden regelmäßig[330] die durch das United States Trustee Program eingenommenen Gelder verrechnet.[331] So hat das Justizministerium 2020 für das United States Trustee Program $ 227,229,000 beantragt, mit denen jedoch die eingenommenen Gebührengelder vollständig verrechnet wurden.[332] Auf diese Weise finanziert es sich gewissermaßen selbst. „To promote the integrity and efficiency of the nation's bankruptcy system for the benefit of all stakeholders – debtors, creditors, and the American public“[333] – so beschreibt das United States Trustee Program seinen eigenen Auftrag. 2020 verdeutlicht, dass gerade die Abwicklung von Insolvenzverfahren von großen, verbundenen Unternehmen eine der Hauptherausforderungen darstellt und dass es nicht zuletzt durch die Covid-19 Pandemie zu einem starken Anstieg an Insolvenzanträgen von großen Unternehmen gekommen ist.[334] Das United States Trustee Program hat sich damit angesichts der strikten Trennung zwischen Gericht und Insolvenzverwaltung zu einem elementaren Bestandteil der effizienten und gerechten Abwicklung von Konzerninsolvenzen im U.S.-amerikanischen Insolvenzrecht etabliert.

II. Bankrupcy Rule 2009

Bankruptcy Rule 2009 regelt die Möglichkeit der Bestellung eines gemeinsamen Insolvenzverwalters für mehrere Verfahren. Der Gesetzgeber erkannte mit der Norm an, dass die Bestellung eines gemeinsamen Insolvenzverwalters eine effiziente und kostensparende Verwaltung von zwei oder mehr Insolvenzmassen ermöglicht und eine solche Bestellung regelmäßig angezeigt ist, wenn

330 So konnte das United States Trustee Program von 1989 bis 2016 jährlich vollständig gegen die vom U.S.-amerikanischen Kongress bewilligten Mittel mit den durch die Insolvenzverfahren eingenommenen Gebühren aufrechnen. Die meisten Gelder werden durch die Gebühren zu Beginn eines Insolvenzverfahrens und die vierteljährlichen Gebühren im Chapter 11 Verfahren eingenommen. Diese fließen zunächst in den United States Trustee System Fund.

331 U.S. Dep't of Justice, U.S. Tr. Program, FY 2020 Performance Budget 9, https://www.justice.gov/jmd/page/file/1144191/download (zuletzt abgerufen am 10.04.2024).

332 U.S. Dep't of Justice, U.S. Tr. Program, U.S. Trustee Program Annual Report Fiscal Year 2020 3, https://www.justice.gov/ust/page/file/1384576/download (zuletzt abgerufen am 10.04.2024).

333 U.S. Dep't of Justice, U.S. Tr. Program, FY 2020 Performance Budget 1, https://www.justice.gov/jmd/page/file/1144191/download (zuletzt abgerufen am 10.04.2024).

334 U.S. Dep't of Justice, U.S. Tr. Program, U.S. Trustee Program Annual Report Fiscal Year 2020 1, https://www.justice.gov/ust/page/file/1384576/download (zuletzt abgerufen am 10.04.2024).

Insolvenzmassen mittels „joint administration" der Bankruptcy Rule 1015(b) verwaltet werden.[335]

Bankruptcy Rule 2009 lautet: „

Rule 2009. Trustees for Estates When Joint Administration Ordered

(a) Election of Single Trustee for Estates Being Jointly Administered. If the court orders a joint administration of two or more estates under Rule 1015(b), creditors may elect a single trustee for the estates being jointly administered, unless the case is under subchapter V of chapter 7 of the Code.
(b) Right of Creditors to Elect Separate Trustee. Notwithstanding entry of an order for joint administration under Rule 1015(b), the creditors of any debtor may elect a separate trustee for the estate of the debtor as provided in §702 of the Code, unless the case is under subchapter V of chapter 7.
(c) Appointment of Trustees for Estates Being Jointly Administered.

(1) Chapter 7 Liquidation Cases. Except in a case governed by subchapter V of chapter 7, the United States trustee may appoint one or more interim trustees for estates being jointly administered in chapter 7 cases.
(2) Chapter 11 Reorganization Cases. If the appointment of a trustee is ordered, the United States trustee may appoint one or more trustees for estates being jointly administered in chapter 11 cases.
[...]

(d) Potential Conflicts of Interest. On a showing that creditors or equity security holders of the different estates will be prejudiced by conflicts of interest of a common trustee who has been elected or appointed, the court shall order the selection of separate trustees for estates being jointly administered.
(e) Separate Accounts. The trustee or trustees of estates being jointly administered shall keep separate accounts of the property and distribution of each estate."

Bankruptcy Rule 2009 unterscheidet bei der Auswahl des „Trustee" zwischen dem Chapter 7 Liquidationsverfahren und dem Chapter 11 Reorganisationsverfahren. Anhand des Wortlauts der Norm lässt sich erkennen, dass verschiedene Teile der Norm auf die verschiedenen Arten der Insolvenzverfahren Anwendung finden.[336]

1. *Bestellung und Wahl eines „Trustee" in Chapter 7 Verfahren*

Die ausschlaggebende Eigenschaft für eine Anwendung von Bankruptcy Rule 2009 auf Chapter 7 Verfahren ist die Möglichkeit, eine Wahl des „Trustee" durch die

335 Advisory Committee on Rules Note to Rule 2009 – 1983, 9 Collier on Bankruptcy App. 2009 [1].

336 5 Fed. Proc., L. Ed. § 9:219; siehe dazu auch *Scheel*, Konzerninsolvenzrecht, 26–27.

Gläubiger abzuhalten. Dies geht auf § 702 B.C. zurück, wonach es den Gläubigern unter bestimmten Voraussetzungen ermöglicht wird, den „Trustee" wählen. Bankruptcy Rule 2009(a) und 2009(b) ermöglichen den Gläubigern dem Wortlaut nach, „may elect", einen Insolvenzverwalter zu wählen. Sie sind auf Chapter 7 Verfahren anwendbar. Darüber hinaus findet Bankruptcy Rule 2009(c)(1) ausdrücklich auf Chapter 7 Verfahren Anwendung.

In Chapter 7 Verfahren bestellt der „U.S. Trustee" nach der Verfahrenseröffnung gem. § 701(a)(1) B.C. einen vorläufigen „Trustee". Im Anschluss ermöglicht § 702 B.C. unter bestimmten Voraussetzungen, den Gläubigern bei der ersten Gläubigerversammlung eine Wahl über den „Trustee" des Verfahrens zu beantragen.[337] Die Voraussetzungen hierfür sind jedoch nicht leicht zu erreichen. Der Antrag muss von wahlberechtigten Gläubigern im Sinne von § 702(a) B.C. gestellt werden, die zudem mindestens 20 % der besonderen, ungesicherten Forderungen im Sinne von § 702(a)(1) B.C. aller Wahlberechtigten halten.[338] Dies dient dazu, den Gläubigern Kontrolle über das Verfahren zu ermöglichen.[339] Der Ausschluss von Gläubigern mit gesicherten Forderungen stärkt die Stellung der schwächeren, ungesicherten Gläubiger und erhöht so die Chancen eines „Trustee", der auf die Interessen aller Gläubiger achtet.[340] Der „Trustee" ist gewählt, wenn mindestens 20 % der besagten Gläubiger wählen und der „Trustee" die Stimmen derjenigen wahlberechtigten Gläubiger auf sich vereint, welche eine Mehrheit der Forderungen im Sinne von § 702(a) B.C. halten.[341] Im Regelfall kommt es zu einer solchen Wahl jedoch nicht und der vom „U.S. Trustee" bestellte, vorläufige „Trustee" wird aufgrund dessen gem. § 702(d) B.C. zum dauerhaften „Trustee".[342] Für verbundene Chapter 7 Verfahren stellt Bankruptcy Rule 2009(c)(1) klar, dass der „U.S. Trustee" einen vorläufigen Insolvenzverwalter auch für mehrere Insolvenzverfahren bestellen kann. Bei der Entscheidung über einen einheitlichen Insolvenzverwalter bietet das Gesetz somit den Gläubigern durch die Möglichkeit einer Wahl die

---

337 11 U.S.C. § 702(b); 5 Fed. Proc., L. Ed. § 9:224.

338 Siehe 11 U.S.C. § 702(b).

339 In the Matter of Blanchard Management Corp., 10 B.R. 186, 189 (Bankr. S.D.N.Y. 1981).

340 Amy Goldman & Brad Krasnoff, *Case Control? Electing a Chapter 7 Trustee: The Trustee's Viewpoint*, 26 Cal. Bankr. J. 258, 263 (2002).

341 11 U.S.C. § 702(c); siehe zum Ablauf der Wahl auch Amy Goldman & Brad Krasnoff, *Case Control? Electing a Chapter 7 Trustee: The Trustee's Viewpoint*, 26 Cal. Bankr. J. 258, 258–260 (2002).

342 2 Bankruptcy Law Manual § 10:10 (5th ed.); 2 Bankruptcy Law Manual § 10:11 (5th ed.); beispielhaft dazu In re A & E 128 North Corp., 528 B.R. 190 (1st Cir. 2015).

Chance auf Einflussnahme. In der Regel ist es jedoch der „U.S. Trustee“, der über die Bestellung des „Trustee“ entscheidet.

2. *Bestellung eines „Trustee“ in Chapter 11 Verfahren*

Bankruptcy Rule 2009(c)(2) ermöglicht dem „U.S. Trustee“ in den durch „joint administration“ verbundenen Chapter 11 Verfahren einen einzigen „Trustee“ für mehrere Insolvenzverfahren zu bestellen. In Chapter 11 Reorganisationsverfahren treffen grundsätzlich die Insolvenzgerichte die Anordnung über die Bestellung eines „Bankruptcy Trustees“.[343] Prinzipiell soll im Reorganisationsverfahren die mit dem Unternehmen vertraute Geschäftsführung die Kontrolle über das Unternehmen behalten.[344] Aufgrund ihrer Vertrautheit mit dem Unternehmen kann sie die nötigen Veränderungen tendenziell schneller umsetzen als ein unternehmensfremder Insolvenzverwalter und damit für ein effizientes Chapter 11 Verfahren sorgen. In Reorganisationsfällen des Chapter 11 stellt die Bestellung eines Insolvenzverwalters in den USA deshalb eher die Ausnahme als die Regel dar.[345]

a) § 1104(a) B.C.

Die Bestellung eines „Trustee“ in Chapter 11 Verfahren regelt § 1104 B.C. Die Norm enthält dazu im Wesentlichen zwei Möglichkeiten: Nach § 1104(a)(1) B.C. soll das Gericht die Bestellung eines „Trustee“ anordnen, wenn besondere Gründe dazu vorliegen. Dazu gehören etwa Betrug, Unehrlichkeit, Inkompetenz oder grobes Missmanagement durch die aktuelle Geschäftsführung. Allerdings gilt auch hier, dass die Geschäftsführung grundsätzlich die Kontrolle behalten soll, bis das Gericht aufgrund der Beweise das Fehlverhalten als gegeben erachtet.[346] Bei groben Verfehlungen der Geschäftsführung ist die Installation eines Insolvenzverwalters unausweichlich.

Nach § 1104(a)(2) B.C. soll das Insolvenzgericht die Bestellung eines „Trustee“ anordnen, wenn dies u.a. im Interesse der Gläubiger, Anteilseigner und der Insolvenzmasse liegt. Um dies anzuordnen, muss das Gericht zu dem Ergebnis kommen, dass die Bestellung eines „Trustee“ einen bedeutenden Vorteil für das Verfahren darstellt und im Interesse aller Parteien Vorteile für die der Insolvenzmasse verspricht.[347] Von beiden Möglichkeiten kann jederzeit nach

---

343 5 Fed. Proc., L. Ed. § 9:232.
344 7 Collier on Bankruptcy P 1104.02 [1] (16th ed.).
345 7 Collier on Bankruptcy P 1104.02 [1] (16th ed.); 5 Fed. Proc., L. Ed. § 9:232.
346 7 Collier on Bankruptcy P 1104.02 [3] [b] [i] (16th ed.).
347 7 Collier on Bankruptcy P 1104.02 [3] [d] [i] (16th ed.).

Verfahrenseröffnung Gebrauch gemacht werden, sofern die formellen Voraussetzungen, namentlich der Antrag einer Verfahrenspartei oder des United States Trustee, vorliegen.[348]

b) Grenzen des gerichtlichen Einflusses

Im Rahmen des § 1104(a) B.C. wird die Bestellung des „Trustee" als Insolvenzverwalter von dem Gericht angeordnet. Die konkrete Auswahl des „Trustee" wird jedoch, im Einklang mit dem Gedanken, die Insolvenzrichter von der Insolvenzverwaltung bestmöglich zu trennen,[349] den Gläubigern oder dem „United States Trustee" überlassen. Nach der Anordnung der Bestellung eines „Trustee" durch das Gericht wählen entweder die Gläubiger einen „Trustee" oder der „United States Trustee" wird beauftragt, einen solchen zu bestellen.[350] Das „letzte Wort" hat dennoch das Gericht, da dieses die Auswahl der Gläubiger oder des „U.S. Trustees" noch bestätigen muss.[351]

3. Interessenkonflikt als Grenze

Bankruptcy Rule 2009 setzt der Möglichkeit der Bestellung eines gemeinsamen „Trustee" auch Grenzen. Sollte die Bestellung eines einzigen „Trustee" für mehrere Insolvenzverfahren die Gläubiger oder Anteilseigner der verschiedenen Insolvenzmassen aufgrund eines Interessenkonflikts des „Trustee" gefährden, sollen gem. Bankruptcy Rule 2009(d) verschiedene „Trustees" ausgewählt werden. Ob eine solche Gefährdung vorliegt, wird durch das Gericht anhand einer Prüfung der Vorgänge und Umstände des Einzelfalls festgestellt.[352] Ein ähnlicher Gedanke ist in § 324 B.C. verankert. Dieser Norm nach kann das Gericht einen Insolvenzverwalter aus wichtigem Grund entlassen. Während der wichtige Grund nicht explizit definiert ist, wird anerkannt, dass dazu auch ein Mangel an Neutralität zählt.[353] Die Definition einer „Disinterested Person" als neutralen Person findet

348 Siehe 11 U.S.C. § 1104(a).

349 Siehe dazu auch Teil 3 A. I. 2.

350 7 Collier on Bankruptcy P 1104.02 [5] [a] (16th ed.); siehe auch In re Plaza de Diego Shopping Center, Inc., 911 F.2d 820 (1st Cir. 1990).

351 Die Möglichkeit der Ablehung des „Trustee" steht dem Gericht zwar zu, sollte allerdings mit gebotener Vorsicht und Seltenheit zur Anwendung kommen, um die Unabhängigkeit von Richtern und „Trustees" nicht zu gefährden, siehe 7 Collier on Bankruptcy P 1104.02 [6] (16th ed.); 5 Fed. Proc., L. Ed. § 9:232.

352 5 Fed. Proc., L. Ed. § 9:219; In re BH & P, Inc., 949 F.2d 1300, 1313 (3rd Cir. 1991); In re Petters Co., Inc., 401 B.R. 391, 411 (Bankr. D. Minn. 2009).

353 Siehe In re O. P. M. Leasing Services, Inc., 16 B.R. 932, 937 (Bankr. S.D.N.Y. 1982).

sich in § 101(14) B.C. und setzt im Kern voraus, dass kein Interessenskonflikt besteht. Ist jemand z.B. Gläubiger des Schuldners oder arbeitet für diesen, so ist er keine neutrale „Disinterested Person“ im Sinne von § 101(14) B.C. Der „Trustee“ muss im Chapter 11 Restrukturierungsverfahren nach § 1104(b)(1) B.C. eine solche neutrale „Disinterested Person“ darstellen. Dies wird von der Rechtsprechung ebenfalls für einen „Trustee“ im Chapter 7 Liquidationsverfahren vorausgesetzt.[354] Wann ein Interessenkonflikt vorliegt, der einen Insolvenzverwalter vom Insolvenzverfahren ausschließt, wird unterschiedlich beurteilt.

a) Früheres Abstellen auf potentiellen Interessenkonflikt und Vermutung

Eine Vielzahl von Umständen kann zu einem Interessenkonflikt für einen „Bankruptcy Trustee“ führen. Ein Interessenkonflikt zeichnet sich dadurch aus, dass eine Person aufgrund eigener Interessen den verschiedenen Parteien eines Insolvenzverfahrens nicht unparteiisch dienen kann. Hierbei treffen zwei widerstreitende Interessen aufeinander, wobei ein Interesse nur auf Kosten des anderen erfüllt werden kann.[355] Bei einem potentiellen Interessenkonflikt ruht dieser Konflikt, kann aber jederzeit durch das Eintreten bestimmter Umstände wieder aktiv werden.[356] Die frühere Rechtsprechung ließ schon einen potentiellen Interessenkonflikt ausreichen, um einen gemeinsamen „Trustee“ und dessen Angestellte zu disqualifizieren. Schließlich könne ein potentieller Interessenkonflikt schon im Vorfeld subtil Einfluss auf die Geschehnisse nehmen und einen tatsächlichen Konflikt herbeiführen.[357]

Die Gefahr eines Interessenkonflikts durch einen einheitlichen „Trustee“ bei gemeinsam verwalteten Insolvenzmassen sah die frühere Rechtsprechung als derart hoch an, dass sie diesbezüglich eine Vermutung aufstellte. Demnach bestehe eine Vermutung dafür, dass die Bestellung eines gemeinsamen „Trustee“ unsachgemäß ist, wenn die Angelegenheiten der Schuldner wesentlich miteinander verflochten sind, Vermögenswerte zwischen den Schuldnern hin- und hergeschoben werden und die Insolvenzmassen untereinander Ansprüche gegeneinander beinhalten.[358] Das Gericht ging so weit festzuhalten, dass die Vermutung

---

354 Ausführlich dazu In re Barkany, 542 B.R. 699, 711–714 (Bankr. E.D.N.Y. 2015); In re Jack Greenberg, Inc., 189 B.R. 906, 911 (E.D. Pa. 1995).

355 So definiert in In re BH & P, Inc., 103 B.R. 556, 563 (3rd Cir. 1989).

356 In re BH & P, Inc., 103 B.R. 556, 563 (3rd Cir. 1989).

357 Siehe dazu In re BH & P, Inc., 103 B.R. 556, 561–565 (3rd Cir. 1989).

358 Siehe In re BH & P, Inc., 103 B.R. 556, 574 (3rd Cir. 1989); In re Parkway Calabasas Ltd., 89 B.R. 832, 834 n.3 (Bankr. C.D. Cal. 1988).

nur widerlegbar sei, wenn kein anderer „Trustee“ zur Verfügung stehe oder eine Realisierung des Interessenkonflikts fernliegend erscheine.[359]

b) Aktuelles Abstellen auf tatsächlichen Interessenkonflikt und Umkehr der Vermutung

Bei den aktuelleren Entscheidungen im Konzerninsolvenzrecht steht nicht ein potentieller Interessenkonflikt, sondern ein tatsächlicher Interessenkonflikt im Fokus. Umstände wie die wesentliche Verflechtung der Angelegenheiten der Schuldner, ein Hin- und Herschieben von Vermögenswerten zwischen den Schuldnern und wechselseitige Ansprüche unter den Insolvenzmassen der Schuldner können zwar einen Interessenkonflikt darstellen. Allerdings ist gem. *Petters Co. Inc.*, die entscheidende Frage, ob die Gläubiger nicht nur potentiell, sondern tatsächlich durch die Bestellung eines gemeinsamen „Trustee“ einer Gefährdung ihrer Interessen in der „joint administration“ ausgesetzt sind.[360] Das Gericht stellte fest, dass aufgrund der Regelungen von Bankruptcy Rule 2009 und der Möglichkeit, einen gemeinsamen „Trustee“ für verschiedene Insolvenzmassen zu bestellen, potentielle Interessenkonflikte von Zeit zu Zeit unvermeidbar seien.[361] Ein tatsächlicher Interessenkonflikt sei jedoch erst bei einer wirklichen Beeinträchtigung der Interessen der Gläubiger gegeben.[362] Das Gericht in *Petters* macht damit eine tatsächliche negative Beeinträchtigung zur Voraussetzung, um einen „Trustee“ wegen eines Interessenkonfliktes zu entlassen.

Für die Vermutung der früheren Rechtsprechung besteht damit kein Platz. Vielmehr unterstreicht die *Petters* Entscheidung eine Umkehr dieser. Die Bestellung eines gemeinsamen „Trustee“ in verbundenen Insolvenzverfahren gilt nach *Petters* als sachgemäß und angezeigt, es sei denn es liegt dadurch eine tatsächliche Beeinträchtigung der Gläubigerinteressen vor.

III. Häufigkeit der Joint Administration

Nach ausgiebiger Auseinandersetzung mit den Voraussetzungen und der Wirkung der „joint administration“ stellt sich die Frage, wie häufig dieses Instrument in der U.S.-amerikanischen Praxis tatsächlich Anwendung findet. Diese Frage stellt sich insbesondere vor dem Hintergrund einer späten Implementierung

---

359 Siehe In re BH & P, Inc., 103 B.R. 556, 574 (3rd Cir. 1989).
360 In re Petters Co., Inc., 401 B.R. 391, 412 (Bankr. D. Minn. 2009).
361 In re Petters Co., Inc., 401 B.R. 391, 412 (Bankr. D. Minn. 2009).
362 In re Petters Co., Inc., 401 B.R. 391, 412 (Bankr. D. Minn. 2009).

der Verfahrenskonzentration im deutschen Konzerninsolvenzrecht und der damit verbundenen zurückhaltenden Anwendung im deutschen Insolvenzrecht.

Die Effizienz und Vergünstigung des Insolvenzverfahrens haben dazu geführt, dass die „joint administration“ im U.S.-amerikanischen Konzerninsolvenzrecht zum Standard geworden ist.[363] Auch das *Enron* Verfahren, das vermutlich größte Insolvenzverfahren der USA, wurde mittels „joint administration“ bewältigt.[364]

Anträge auf Verfahrenskonzentration durch „joint administration“ werden von den Schuldnergesellschaften in der Regel noch am selben Tag zusammen mit dem Insolvenzantrag gestellt oder nur wenige Tage danach.[365] Diese Anträge werden regelmäßig wenige Tage nach Antragstellung bewilligt. Dies zeigt, wie die „joint administration“ zur Routine im Insolvenzverfahren geworden ist.[366] Die U.S.-amerikanischen Gerichte scheinen die Vorteile der „joint administration“ aufgrund ihrer meist kurzen Auseinandersetzung mit dem Antrag als deutlich überwiegend zu betrachten. Einzig die Abgrenzung zur „substantive consolidation“ wird von den U.S.-amerikanischen Insolvenzgerichten im Rahmen der „joint administration“ regelmäßig vertieft und klargestellt.[367] So lässt sich festhalten, dass die Verfahrenskonzentration zum Standard des U.S.-amerikanischen Konzerninsolvenzrechts geworden ist. Die Selbstverständlichkeit, mit der sie angeordnet wird, ist bemerkenswert und sollte dem deutschen Gesetzgeber und den deutschen Insolvenzgerichten als Denkanstoß dienen.

---

363 2 Norton Bankr. L. & Prac. 3d § 21:1.; Hon. John T. Gregg & Elizabeth K. Lamphier, Esq., *Chapter 11 Basics for Debtors' Attorneys*, American Bankruptcy Institute - 2017 Hon. Steven W. Rhodes Consumer Bankruptcy Conference, 8 (2017).

364 Siehe In re Enron Corp., 274 B.R. 349 (Bankr. S.D.N.Y. 2002).

365 Siehe dazu Debra I. Grassgreen, First Day Motions 15 (3d ed. 2012); In re Gianulias, No. 08–13151–CB, 2013 WL 1397430, *1 (9th Cir. Feb. 22, 2013); In re Las Torres Development, L.L.C., 413 B.R. 687, 689 (Bankr. S.D. Tex. 2009).

366 Siehe dazu 2 Norton Bankr. L. & Prac. 3d § 21:1; In re Gianulias, No. 08–13151–CB, 2013 WL 1397430, *1 (9th Cir. Feb. 22, 2013); In re Las Torres Development, L.L.C., 413 B.R. 687, 689 (Bankr. S.D. Tex. 2009); In re American HomePatient, Inc., 301 B.R. 713, 715 (Bankr. M.D. Tenn. 2003); In re Charter Behavioral Health Systems, LLC, 292 B.R. 36, 38 (Bankr. D. Del. 2003); In re Appalachian Fuels, LLC, 493 B.R. 1, 21 (B.A.P. 6th Cir. 2013).

367 Matter of Steury, 94 B.R. 553, 553 (Bankr. N.D. Ind. 1988); In re Appalachian Fuels, LLC, 493 B.R. 1, 21 (2013); In re Bonham, 229 F.3d 750, 762 (9th Cir. 2000); In re Las Torres Development, LLC, 413 B.R. 687, 692–693 (Bankr. S.D. Tex. 2009).

B. Verfahrenskonzentration durch einheitlichen Insolvenzverwalter in Deutschland

Nachdem die Möglichkeit der Bestellung eines gemeinsamen Insolvenzverwalters in den USA ausführlich erläutert wurde, soll nun die rechtliche Lage diesbezüglich in Deutschland dargestellt werden. Hierbei liegt der Schwerpunkt auf der Darlegung und Lösung aktueller Probleme bei der Bestellung der Insolvenzverwalter sowie einer Beleuchtung der neuen Abstimmungspflichten der Richter in § 56b Abs. 1 InsO. Schon kurz nach der Jahrtausendwende hielt das Insolvenzgericht Duisburg die Bedeutung eines einheitlichen Insolvenzverwalters fest: „Eine Koordination der wirtschaftlichen Tätigkeit mehrerer insolventer, früher konzernrechtlich verbundener Unternehmen unter strikter Wahrung des jeweiligen Gläubigerinteresses ist deshalb rechtlich vertretbar nur zu erreichen, wenn die Unternehmen demselben Insolvenzverwalter oder einer ähnlich starken, aber unabhängigen und nicht in konzernrechtlichen Vorstellungen befangenen insolvenzrechtlichen Autorität wie dem mit einem Zustimmungsvorbehalt ausgestatteten Sachwalter unterstellt werden."[368]

Die Bestellung eines einheitlichen Insolvenzverwalters ist mit vielen Vorteilen verbunden. In der Literatur finden sich Stimmen, die darauf verweisen, dass die erfolgreiche Sanierung eines Konzernverbunds ohne einen einheitlichen Insolvenzverwalter „oftmals nahezu unmöglich" sei.[369] Maßgeblich ist die Möglichkeit der reibungslosen Implementierung und Durchführung einer einheitlichen Strategie für den gesamten Konzern, ohne dass es zahlreiche Abstimmungen zwischen verschiedenen Insolvenzverwaltern bedürfe. Die verschiedenen Insolvenzverfahren eines Konzerns lassen sich aus einer Hand am besten aufeinander abstimmen.[370] Bei der Bestellung mehrerer Insolvenzverwalter lassen sich Lücken im Informationsfluss und Abstimmungsschwierigkeiten kaum vermeiden.[371] Die maßgeblichen Informationen werden hingegen bei einem einheitlichen Verwalter auf dessen Person vereint. Der geringere Aufwand bewirkt eine effizientere Verfahrensbewältigung, was sich in einem kostengünstigeren Verfahren widerspiegelt.[372] Für Investoren birgt ein einheitlicher Insolvenzverwalter außerdem den Vorteil, dass sie Verhandlungen mit einem einzigen Ansprechpartner führen

---

368 AG Duisburg, NZI 2002, 556, 559.

369 So *Andres*, in: Andres/Leithaus, § 56 Rn. 4.

370 Gesetzesentwurf der Bundesregierung zum KIG, BT-Drs. 18/407, 30.

371 Gesetzesentwurf der Bundesregierung zum KIG, BT-Drs. 18/407, 30.

372 *Brünkmans*, Koordinierung von Insolvenzverfahren, 129–130.

können.[373] Der Verkauf eines funktionierenden Gesamtkonstrukts führt anschließend in Verkaufsverhandlungen dazu, dass sich ein höherer Verwertungserlös erzielen lässt.[374] Ein einheitlicher Insolvenzverwalter hat sich daher in der Praxis als das effizienteste Mittel zur Sanierung und Verwertung von Konzernen bewährt.[375]

I. Die allgemeine Bestellung eines Insolvenzverwalters

Die Bestellung eines Insolvenzverwalters ist in Deutschland in § 56 InsO geregelt. Die Norm ermöglicht dem Insolvenzgericht die Bestellung einer geeigneten und unabhängigen natürlichen Person zum Insolvenzverwalter. Anders als im U.S.-amerikanischen Recht, muss nicht zwischen den einzelnen Absätzen der Norm je nach Verfahrensart differenziert werden. Die Norm findet unabhängig von der Verfahrensart Anwendung.[376] Im Regelverfahren wird sie direkt angewendet. Im Rahmen der auf Restrukturierung abzielenden Eigenverwaltung findet die Norm zur Bestellung des Sachwalters über die Verweisung in § 274 Abs. 1 InsO entsprechende Anwendung. Für den Sachwalter gelten daher die gleichen Voraussetzungen wie für den Insolvenzverwalter im Regelverfahren. Der gesetzlich neu normierte Gruppen-Gerichtsstand in § 3a InsO bewirkt für die verschiedenen konzernverbundenen Insolvenzverfahren an einem Gericht regelmäßig die Bestellung desselben Insolvenzverwalters.[377]

1. *Geschäftskundigkeit*

Der zu bestellende Insolvenzverwalter muss die nötige persönliche Qualifikation für das bestimmte Insolvenzverfahren mitbringen. Er muss dazu gem. § 56 Abs. 1 InsO geschäftskundig sein. Dazu gehört zunächst eine umfassende Kenntnis des insolvenzrechtlichen Wissens.[378] Der Erwerb dieser Kenntnisse setzt in der Regel eine rechts- oder wirtschaftswissenschaftliche Ausbildung bzw. Studium voraus. In der Praxis sind deshalb überwiegend Rechtsanwälte, Wirtschaftsprüfer, Steuerberater oder Personen mit ähnlichen Kenntnissen als

373 *Thole*, in: K/P/B, § 56b Rn. 20.
374 So *Thole*, in: K/P/B, § 56b Rn. 20.
375 *Brünkmans*, ZIP 2013, 193, 198.
376 *Laroche*, in: Privatinsolvenz, § 56 Rn. 1.
377 *Kübler*, in: HRI, § 16 Rn. 36; Zipperer, ZIP 2013, 1007, 1012; als sinnvoll erachtet dies auch *Graeber*, in: MüKoInsO, § 56b Rn. 7.
378 *Graeber*, in: MüKoInsO, § 56 Rn. 17.

Insolvenzverwalter tätig.[379] Entscheidend ist zudem die praktische Erfahrung im Bereich der Insolvenzverwaltung.[380]

2. *Unabhängigkeit*

Darüber hinaus muss der Insolvenzverwalter das Merkmal der Unabhängigkeit erfüllen. Eine Legaldefinition der in § 56 Abs. 1 Satz 1 InsO vorausgesetzten Unabhängigkeit gibt es nicht. Der Gesetzgeber hat in § 56 Abs. 1 Satz 4 InsO nur klargestellt, dass die Unabhängigkeit einer Person nicht bereits dadurch ausgeschlossen wird, dass sie von einer Verfahrenspartei vorgeschlagen wurde oder den Schuldner vor Stellung des Insolvenzantrags allgemein zum Insolvenzverfahren beraten hat. Zwar werden die konkreten Anforderungen an diese Qualifikation des Insolvenzverwalters je nach Einzelfall variieren, grundsätzlich wird jedoch eine möglichst eigenständige und unbeeinflussbare Person, die dem Schuldner nicht nahe steht, gefordert.[381] Das Merkmal der Unabhängigkeit kann negativ dahingehend definiert werden, dass sie nicht vorliegt, wenn objektive Gründe „vom Standpunkt des Schuldners oder eines Gläubigers bei vernünftiger Betrachtung die Befürchtung wecken können, der Insolvenzverwalter werde seine ihm nach der InsO zugewiesenen Aufgaben nicht in der Weise wahrnehmen, dass die gleichmäßige Gläubigerbefriedigung erreicht wird".[382] Die Bestellung eines Insolvenzverwalters muss unterbleiben, wenn die bloße Gefahr einer Abhängigkeit besteht.[383] Schon ein potentiell nicht unabhängiger Insolvenzverwalter stellt für das Insolvenzverfahren eine derart große Gefahr dar, dass es auf eine Feststellung der tatsächlichen Abhängigkeit nicht ankommt. Gleiches gilt im Falle einer potentiellen Interessenkollision.[384] Eine Interessenkollision ist u.a. dann gegeben, wenn der Insolvenzverwalter aufgrund einer vorherigen anwaltlichen Tätigkeit eine starke, die Objektivität des Insolvenzverfahrens gefährdende Beziehung zu einem der Gläubiger unterhält oder wenn ein einziger Insolvenzverwalter zeitgleich die Insolvenzverwaltung von zwei widerstreitenden Insolvenzverfahren vornimmt. Interessenkollisionen stellen insbesondere bei konzerninsolvenzrechtlichen

---

379 *Blümle*, in: Braun InsO, § 56 Rn. 30.

380 *Delhaes/Römermann*, in: Nerlich/Römermann, § 56 Rn. 16; *Graeber*, in: MüKoInsO, § 56 Rn. 19.

381 Ausführlich zur Frage der Definition der „Unabhängigkeit" in § 56 Abs. 1 InsO *Spiekermann*, NZI 2020, 977.

382 *Graf-Schlicker*, in: Graf-Schlicker, § 56 Rn. 87.

383 *Blümle*, in: Braun InsO, § 56 Rn. 39; *Graeber*, in: MüKoInsO, § 56 Rn. 25.

384 *Andres*, in: Andres/Leithaus, § 56 Rn. 4; *Spiekermann*, NZI 2020, 977, 981–982; *Graeber*, in: MüKoInsO, § 56 Rn. 26.

Sachverhalten eine Gefahr dar. Die unterschiedlichen Unternehmen eines Konzerns können untereinander Ansprüche gegeneinander haben. Gerade in dieser Konstellation muss ein einheitlich bestellter Gruppeninsolvenzverwalter die nötige Unabhängigkeit wahren. Es ist seine Pflicht zu versuchen für jeden einzelnen Gläubiger eines der Schuldnerunternehmen die bestmögliche Masseverwertung zu erzielen.[385] Daher darf er bereits dann nicht im Interesse des gesamten Konzerns handeln, wenn dies zu einer Benachteiligung der Gläubiger einer einzelnen Konzerngesellschaft führt.[386] Treten in solchen konzernrechtlichen Konstellationen Interessenkonflikte auf, wird zur Behebung dieser auf die Bestellung von Sonderinsolvenzverwaltern in beteiligten Einzelverfahren zurückgegriffen.[387] Dieser soll insbesondere bei Insichgeschäften, Schadensersatzansprüchen gegen den Insolvenzverwalter und bei konzerninternen Ansprüchen und Forderungen bestellt werden.[388]

II. Die Vorauswahlliste – Reform nach U.S.-amerikanischem Modell?

Der Insolvenzverwalter ist gem. § 56 Abs. 1 InsO aus dem Kreis aller zur Übernahme von Insolvenzverwaltungen qualifizierten Personen auszuwählen. Früher konnte der Insolvenzrichter diesen im Alleingang bestimmen. Nach Inkrafttreten des ESUG kommen den Gläubigern deutlich mehr Mitwirkungs- und Mitbestimmungsrechte zu.[389] So kann ein vorläufiger Gläubigerausschuss gem. § 56a Abs. 2 Satz 2 InsO die an die Person des Insolvenzverwalters zu stellenden Anforderungen konkretisieren und bei fehlender Anhörung des vorläufigen Gläubigerausschusses sogar gem. § 56a Abs. 3 Satz 2 InsO einen anderen, als den vom Richter bestimmten, Insolvenzverwalter wählen. Zudem können die Gläubiger gem. § 57 Satz 1 InsO spätestens in der ersten Gläubigerversammlung einen anderen, als den vom Richter bestellten, Insolvenzverwalter wählen. Anders als im U.S.-amerikanischen Insolvenzrecht wählt also der Richter zunächst unmittelbar den Insolvenzverwalter aus. Eine zwischen dem Richter und dem Insolvenzverwalter liegende Instanz gibt es nicht. Eine gesonderte und eigenständig mit der Auswahl und Überwachung der Insolvenzverwalter betraute Institution, wie das

385 *Liebscher*, in: MüKoGmbHG, § 13 Anh. Rn. 1336.

386 *Liebscher*, in: MüKoGmbHG, § 13 Anh. Rn. 1336.

387 Gesetzesentwurf der Bundesregierung zum KIG, BT-Drs. 18/407, 30; *Schumann*, Unternehmensgruppe, 93; *Graeber*, in: MüKoInsO, § 56 Rn. 49; *Frind*, in: HK InsO, § 56 Rn. 125; zu den Aufgaben eines Sonderinsolvenzverwalters siehe auch *Graeber*, NZI 2007, 265, 269; *Fölsing*, ZInsO 2013, 413–414.

388 *Thole*, in: K/P/B; § 56b Rn. 44.

389 Dazu ausführlich *Ries*, in: Schmidt, § 56 Rn. 2.

dem U.S.-amerikanischen Justizministerium zugehörige U.S. Trustee Program, gibt es in Deutschland nicht.

1. *Kritik an der aktuellen Struktur des Insolvenzsystems*

Für die Bestimmung des passenden Insolvenzverwalters führen die Insolvenzrichter in der Regel eine Vorauswahlliste. Jeder Insolvenzrichter führt eine solche Liste oder ein Äquivalent. Sie ist nach eigenen Kriterien anzufertigen und persönlich zu führen – die Aufgabe ist nicht zu delegieren.[390] Das Aufstellen dieser Liste ist von zentraler Bedeutung. Sie dient im Fall der Insolvenz einer raschen Auswahl der zum Insolvenzverwalter geeigneten Person und kann dabei die Grundlage der Ermessensausübung bilden.[391] Außerdem soll über die Aufnahme in die Vorauswahlliste jedem Bewerber der gleiche Zugang zur Aufgabe als Insolvenzverwalter ermöglicht werden.[392] Dieses Verfahren zur Insolvenzverwalterbestellung sieht sich in letzter Zeit jedoch vermehrt Kritik aus der Rechtsprechung und der Literatur ausgesetzt. Einer der Hauptkritikpunkte ist, dass es dem System an Einheitlichkeit fehle.[393] In der Literatur wird teilweise konstatiert, das dezentrale System der Auswahl der Insolvenzverwalter wirke sich negativ auf zahlreiche Aspekte aus. So wird u.a. moniert, das derzeitige System gewährleiste keinen bundeseinheitlichen Qualitätsstandard.[394] Die spezielle Ausgestaltung des Systems erschwere außerdem die Aufsicht über die Insolvenzverwalter.[395] Zudem sei die aktuelle Regelung aufgrund arbeitsintensiver Doppelstrukturen ineffizient konstruiert.[396]

2. *Schwierigkeiten des aktuellen Insolvenzsystems*

Tatsächlich gibt das Modell der Insolvenzverwalterbestellung über eine Vorauswahlliste in Deutschland ein sehr uneinheitliches Bild ab. Das Bundesverfassungsgericht hat in Bezug auf die Vorauswahl nur grobe Leitlinien geschaffen. Es hielt in seiner Entscheidung vom 03.08.2004 grundsätzlich das Konzept eines justiziablen Vorauswahlverfahrens für „verfassungsrechtlich geboten".[397]

---

390 BVerfG, NZI 2009, 641, 642; *Ries*, in: Schmidt, § 56 Rn. 48; *Göcke*, in: BeckOK InsO, § 56 Rn. 9.

391 BVerfG, NZI 2006, 453, 455.

392 BVerfG, NZI 2006, 453, 455; *Göcke*, in: BeckOK InsO, § 56 Rn. 9.

393 *Henssler*, NZI 2020, 193, 197; *Göcke*, in: BeckOK InsO, § 56 Rn. 8.

394 So *Vallender*, NZI 2017, 641, 645.

395 So *Göcke*, in BeckOK, § 56 Rn. 8, *Pollmächer/Siemon*, NZI 2017, 93, 95.

396 So *Brzoza*, NZI 2021, 513, 513.

397 BVerfG, NZI 2004, 574, 576.

Das Bundesverfassungsgericht unterstrich dabei die besondere Bedeutung eines transparenten Vorauswahlverfahrens.[398] Es ermöglicht einen chancengleichen Zugang zur Insolvenzverwalterbestellung und dient dem Insolvenzrichter als Hilfestellung bei der unter Zeitdruck erfolgenden Auswahl des konkreten Insolvenzverwalters für ein bestimmtes Verfahren. 2006 ergänzte das Bundesverfassungsgericht in seiner Entscheidung[399] grundsätzliche Elemente der Vorauswahlliste. So darf sich ein „allgemeines Vorauswahlverfahren nicht nur auf das Erstellen einer Liste mit Namen und Anschriften interessierter Bewerber beschränken. Es muss vielmehr auch die Erhebung, Verifizierung und Strukturierung der Daten gewährleisten, die nach der Einschätzung des jeweiligen Insolvenzrichters nicht nur für die Feststellung der Eignung eines Bewerbers im konkreten Fall maßgebend sind, sondern vor allem auch eine sachgerechte Ermessensausübung bei der Auswahl des Insolvenzverwalters aus dem Kreis der geeigneten Bewerber ermöglichen".[400] Darüber hinaus hat das Bundesverfassungsgericht zwei mögliche Gestaltungen der Vorauswahlliste explizit ausgeschlossen. Eine „geschlossene Liste" dahingehend, dass neue Bewerber in die zahlenmäßig begrenzte Liste erst bei Ausscheiden eines anderen Insolvenzverwalters in diese aufgenommen werden, genügt ebenso wenig den höchstrichterlichen Anforderungen wie ein bloßes Verwenden der Liste, um allein nach der Reihenfolge der Anmeldungen die Insolvenzverwalter zu bestellen.[401]

Unter Zugrundelegung dieser Grundsatzentscheidungen haben die Richter an den 191[402] Insolvenzgerichten Deutschlands ihre eigenen Vorgehensweisen etabliert. Abgesehen von den Leitlinien des Bundesverfassungsgerichts gibt es dabei aber keinen einheitlichen Standard. Zahlreiche Vorgehensweisen sehen sich außerdem Kritik ausgesetzt. So wird insbesondere das „Hannoveraner Modell" von der Literatur wegen des großen Einflusses subjektiver Faktoren kritisiert.[403] Bei dem Modell wird den Insolvenzverwaltern u.a. anhand subjektiver Kriterien wie dem Merkmal der „kommunikativen Kompetenz" eine Punktzahl erteilt. Dieses konkrete Merkmal hat der Bundesgerichtshof vor Kurzem für unzulässig befunden.[404] Eine an das „Hannoveraner Modell" angelehnte Vorgehensweise in

398 BVerfG, NZI 2004, 574, 576.
399 BVerfG, NZI 2006, 453.
400 BVerfG, NZI 2006, 453, 455.
401 BVerfG, NZI 2006, 453, 455.
402 Vgl. den Gesetzesentwurf der Bundesregierung zum Gesetz zur weiteren Verkürzung des Restschuldbefreiungsverfahrens, BT-Drs. 19/21981, 17.
403 So u.a. *Moderegger*, NZI 2017, 241; kritisch dazu auch *Pape*, ZInsO 2017, 1341.
404 BGH, NJW 2022, 1461, 1464.

Berlin wird von der Rechtsprechung wegen der Bevorzugung alteingesessener Insolvenzverwalter stark kritisiert.[405] Die von den Insolvenzrichtern ausgewählten Kriterien zur Aufnahme in die Vorauswahlliste werden außerdem häufig durch die Rechtsprechung abgelehnt.[406]

Die Vielfalt an Systemen ist zum einen unübersichtlich und zum anderen der Qualität der Vorauswahllisten sowie der damit verbundenen Insolvenzverwalterbestellung abträglich. Die jeweils aufgestellten Kriterien der Vorauswahllisten sind beispielsweise nur schwer erkennbar und überprüfbar.[407] Diese unterschiedlichen Standards führen dazu, dass bei der Bestellung der Insolvenzverwalter über die Vorauswahlliste kein bundeseinheitlicher Qualitätsstandard gewahrt werden kann.[408] Die gesondert geführten Listen bedeuten insbesondere für kleinere Insolvenzgerichte einen unnötigen, parallel zur Listenführung an anderen Insolvenzgerichten laufenden Arbeitsaufwand.[409] Vielen kleineren Insolvenzgerichten fehlen die finanziellen und strukturellen Möglichkeiten, um die Vorauswahllisten ordnungsgemäß und damit dem Zweck der Liste entsprechend zu führen.[410] Ebenso fehlen den Insolvenzgerichten die Möglichkeiten für eine ordnungsgemäße Aufsicht und Überwachung der Insolvenzverwalter. Zu dieser verpflichtet sie die Insolvenzordnung gem. § 58 Abs. 1 InsO. Dennoch ermöglicht die aktuelle Struktur nur eine begrenzte Überwachung. Das Bundesverfassungsgericht hat dazu festgestellt, dass eine „engmaschige Überwachung" bereits „aus Kapazitätsgründen nicht geleistet werden" kann.[411] Für die Insolvenzverwalter bedeuten die verschiedenen Bewerbungen an verschiedenen Gerichten ebenfalls einen überflüssigen Mehraufwand an Zeit und Ressourcen. Damit führt das aktuelle dezentrale System ohne einheitliches Vorauswahlverfahren für die Beteiligten zu einer unnötigen Vervielfachung ihrer Arbeit sowie einer unzureichenden Aufsicht über die Insolvenzverwalter. In Anbetracht dieser Zustände wurde das Vorauswahlwesen in der Literatur bereits als „Vorauswahlunwesen" bezeichnet.[412]

---

405 KG, NZI 2020, 753.

406 So zuletzt das Kriterium der Ortsnähe, BGH, BeckRS 2016, 7799.

407 So *Vallender*, NZI 2017, 641, 645.

408 *Vallender*, NZI 2017, 641, 646, so im Ergebnis auch *Pollmächer/Siemon*, NZI 2017, 93.

409 *Henssler*, NZI 2020, 193, 197; *Brzoza*, NZI 2021, 513, 513.

410 *Brzoza*, NZI 2021, 513, 516; *Pollmächer/Siemon*, NZI 2017, 93, 94.

411 BVerfG, NZI 2016, 163, 166.

412 So *Thole*, AnwBl Online 2021, 111,115, abrufbar unter: https://anwaltsblatt.anwaltverein.de/files/anwaltsblatt.de/anwaltsblatt-online/2021-111.pdf (zuletzt abgerufen am 10.04.2024).

3. *Ausgestaltung einer möglichen Reform des Insolvenzsystems*

Damit stellt sich die Frage, wie an dieser Stelle Abhilfe geschaffen werden kann. Die Politik hat die Reformbedürftigkeit der aktuellen Rechtslage ebenfalls erkannt. Bereits 2018 hielten die gewählten Parteien im Koalitionsvertrag fest, sie würden „gesetzliche Rahmenbedingungen für die Berufszulassung und -ausübung von Insolvenzverwalterinnen und Insolvenzverwaltern sowie Sachwalterinnen und Sachwaltern regeln, um im Interesse der Verfahrensbeteiligten eine qualifizierte und zuverlässige Wahrnehmung der Aufgaben sowie effektive Aufsicht zu gewährleisten".[413] Dies lies u.a. auf positive Neuregelungen in Bezug auf das Konstrukt der Vorauswahl und der Überwachung hoffen. Wesentliche Fortschritte diesbezüglich folgten jedoch nicht. Der Koalitionsvertrag von 2021[414] enthält keinen dementsprechenden Passus. Die Aktualität des Problems wird dadurch unterstrichen, dass sich die Herbstkonferenz der Justizministerinnen und Justizminister im November 2021 dem Problem widmete. Die Justizminister und Justizministerinnen kamen in ihrem Beschluss ebenfalls zu dem Ergebnis, dass die derzeitige Rechtslage „zu einem unbefriedigenden, durch Uneinheitlichkeit geprägten Zustand geführt hat".[415] Sie einigten sich zur Behebung dieser Probleme darauf, dass eine „zentrale (nach bundeseinheitlichen Kriterien geführte) Vorauswahlliste geschaffen und durch eine behördliche Stelle geführt werden sollte".[416] Eine solche bundeseinheitliche Lösung wurde in der Literatur bereits mehrfach vorgeschlagen.[417] Der Beschluss enthält schließlich die Bitte an den

413 Koalitionsvertrag der 19. Legislaturperiode vom 04.03.2018, Z. 6194–6200, abrufbar unter: https://archiv.cdu.de/system/tdf/media/dokumente/koalitionsvertrag_2018.pdf?file=1 (zuletzt abgerufen am 10.04.2024).

414 Abrufbar unter: https://www.bundesregierung.de/resource/blob/974430/1990812/04221173eef9a6720059cc353d759a2b/2021-12-10-koav2021-data.pdf?download=1 (zuletzt abgerufen am 10.04.2024).

415 92. Konferenz der Justizministerinnen und Justizminister, Beschluss zu TOP I.6, abrufbar unter: https://www.justiz.nrw/JM/jumiko/beschluesse/2021/Herbstkonferenz_2021/TOP-I_-6---Bericht-AG-Vorauswahlliste-Insolvenzverwalter.pdf (zuletzt abgerufen am 10.04.2024).

416 92. Konferenz der Justizministerinnen und Justizminister, Beschluss zu TOP I.6, abrufbar unter: https://www.justiz.nrw/JM/jumiko/beschluesse/2021/Herbstkonferenz_2021/TOP-I_-6---Bericht-AG-Vorauswahlliste-Insolvenzverwalter.pdf (zuletzt abgerufen am 10.04.2024).

417 So u.a. *Brzoza*, NZI 2021, 513; *Pollmächer/Siemon*, NZI 2017, 93; *Vallender*, NZI 2017, 641; *Henssler*, NZI 2020, 193.

Bundesminister der Justiz, einen Gesetzesentwurf für eine bundeseinheitliche Vorauswahlliste vorzulegen.

Wie ein solches Gesetz schließlich aussehen könnte, bleibt offen. Zunächst ist jedoch der Weg über eine bundeseinheitliche Lösung ausdrücklich zu begrüßen. Die Aufstellung einheitlicher Kriterien für die Aufnahme in die Liste sowie eine zentralisierte Führung wären für viele Insolvenzgerichte eine enorme Erleichterung. Die Insolvenzgerichte wären die Belastung der Listenführung und die Suche nach angemessenen Kriterien los. Überflüssige Parallelstrukturen an den jeweiligen Insolvenzgerichten würden zu Gunsten einer bundeseinheitlichen Struktur aufgehoben. Ebenso könnte über die Einführung bundeseinheitlicher Kriterien ein bundesweiter Qualitätsstandard aufgestellt werden. Dem digitalen Zeitalter gerecht werdend, bietet es sich außerdem an, diese Lösung elektronisch zu gestalten und die Daten aus Transparenzgründen öffentlich einsehbar zu halten.

Bei der konkreten Ausgestaltung dieser neuen, konzentrierteren Struktur bietet sich ein rechtsvergleichender Blick auf die Regelungen im U.S.-amerikanischen Insolvenzrecht an. Eine Trennung von Verwaltungsaufgaben und richterlichen Funktionen nach U.S.-amerikanischem Vorbild könnte als Lösung dienen.[418] In Deutschland ist im Gegensatz zu den früheren Verhältnissen in den USA eine Bedrohung der Unabhängigkeit des Verfahrens durch eine zu enge Beziehung zwischen Richtern und Insolvenzverwaltern zwar nicht ersichtlich. Ein entscheidender Grund hierfür ist die Ernennung deutscher Richter auf Lebenszeit.[419] Eine Trennung der Aufgaben bietet jedoch Vorteile in Bezug auf die strukturelle Ausgestaltung des Systems sowie der Vorauswahllisten. In Anlehnung an das U.S. Trustee Program könnte ein Bundesinsolvenzverwalter etabliert werden.[420] Dieser würde dem Bundesministerium der Justiz unterstehen und damit beauftragt sein, die Aufsicht über die Insolvenzverfahren, die Vorauswahllisten und die Insolvenzverwalter zu führen. Die Bestellung der Insolvenzverwalter würde weiterhin Sache der Richter bleiben. Mit entsprechenden Mitteln ausgestattet, könnte der Bundesinsolvenzverwalter im Gegensatz zu vielen überlasteten Insolvenzgerichten eine effektive Überwachung der Insolvenzverwalter und der Verfahren gewährleisten.

---

418 Zu diesem Entschluss kommt auch *Pollmächer/Siemon*, NZI 2017, 93.

419 Siehe dazu auch die Ausführungen zum Forum Shopping unter Teil 6.

420 Ebenfalls einen Bundesinsolvenzverwalter fordernd *Pollmächer/Siemon*, NZI 2017, 93; hingegen die Einrichtung einer Kammer für Insolvenzverwalter bevorzugend *Vallender*, NZI 2017, 777; kritisch gegenüber der Führung einer bundesweiten Liste durch eine Behörde auch *Thole*, AnwBl Online 2021, 111, abrufbar unter: https://anwaltsblatt.anwaltverein.de/files/anwaltsblatt.de/anwaltsblatt-online/2021-111.pdf (zuletzt abgerufen am 10.04.2024).

Eine Finanzierung über Gebühren könnte sich an dem auf eine Selbstfinanzierung hinauslaufenden U.S. Trustee Program orientieren.

Zur Vorauswahl der Insolvenzverwalter könnte der Bundesinsolvenzverwalter einheitliche Kriterien festlegen und so einen bundesweiten Qualitätsstandard etablieren. Eine bundeseinheitliche Lösung zur Vorauswahl ist vielversprechend, eine bundeseinheitliche Vorauswahlliste birgt jedoch Gefahren. Wird eine einzige bundeseinheitliche Liste zur Vorauswahl der Insolvenzverwalter geschaffen, droht diese auszuufern. Eine einzige Liste mit allen ca. 2.000[421] Insolvenzverwaltern würde den Richtern die rechtmäßige Ausübung ihres Auswahlermessens im Zweifel erschweren, statt ihnen die Auswahl zu erleichtern. Ähnlich dem in 21 Regionen gegliederten U.S. Trustee Program, bietet es sich daher an, in jedem der 24 Oberlandesgerichtsbezirke jeweils eine Vorauswahlliste nach bundeseinheitlichen Kriterien zu führen. So erfüllt die Liste am besten ihren Zweck, den Richtern einen raschen Überblick und eine tatsächliche Hilfestellung bei der Auswahl zu verschaffen. Diese Listen sollten jeweils an dem Gericht geführt werden, welches gem. § 2 Abs. 3 InsO und den Rechtsverordnungen der Länder als Gruppen-Gericht des Oberlandesgerichtsbezirks bestimmt ist.[422] Ein für Gruppen-Insolvenzverfahren ausgestattetes Schwerpunktgericht dürfte durch die Bündelung von finanziellen und personellen Ressourcen die notwendigen Kapazitäten zur Führung der bezirksweiten Vorauswahlliste mitbringen. Darüber hinaus sollte eine mit den 24 Listen verknüpfte bundesweite Datenbank über alle Insolvenzverwalter angelegt werden. Diese Datenbank sollte aus Transparenzgründen digital und für Jedermann einsehbar sein.[423] Eine solche würde dem Bundesinsolvenzverwalter zu jeder Zeit einen grundsätzlichen Überblick verschaffen und seine Aufsicht über die Insolvenzverwalter erleichtern. Insgesamt lässt sich damit festhalten, dass das U.S.-amerikanische Insolvenzrecht gewinnbringende Anregungen für die Reform des Insolvenzrechts bietet.

III. § 56b InsO und die Bestellung eines einheitlichen Verwalters für konzernverbundene Insolvenzverfahren an verschiedenen Gerichten

Sind verschiedene konzernverbundene Insolvenzverfahren bei einem Gruppen-Gerichtsstand anhängig, ist die Bestellung eines einheitlichen Verwalters relativ

421 So mit Verweis auf INDat Zahlen sowie Schätzungen des Schätzungen des Berufsverbandes der deutschen Insolvenzverwalter *Henssler*, NZI 2020, 193, 194.

422 Ein solches Modell ebenfalls präferierend *Brzoza*, NZI 2021, 513.

423 Dies fordert auch *Vallender*, NZI 2017, 641, 647.

einfach.[424] Eine Regelung für den Fall, dass die verschiedenen Insolvenzverfahren eines Konzerns nicht an einem Gruppen-Gerichtsstand konzentriert sind, ist mit dem KIG in § 56b InsO in Kraft getreten. Die Verweisung in § 21 Abs. 2 Nr. 1 InsO führt zu einer entsprechenden Anwendung der Norm für die Bestellung des vorläufigen Insolvenzverwalters. Ebenso kann in der Eigenverwaltung ein Gruppensachwalter für die Konzernunternehmen über die Verweisung in § 274 Abs. 1 InsO bestellt werden.[425]

§ 56b InsO lautet:

> *„(1) Wird über das Vermögen von gruppenangehörigen Schuldnern die Eröffnung eines Insolvenzverfahrens beantragt, so haben die angegangenen Insolvenzgerichte sich darüber abzustimmen, ob es im Interesse der Gläubiger liegt, lediglich eine Person zum Insolvenzverwalter zu bestellen. Bei der Abstimmung ist insbesondere zu erörtern, ob diese Person alle Verfahren über die gruppenangehörigen Schuldner mit der gebotenen Unabhängigkeit wahrnehmen kann und ob mögliche Interessenkonflikte durch die Bestellung von Sonderinsolvenzverwaltern ausgeräumt werden können.*
>
> *(2) Von dem Vorschlag oder den Vorgaben eines vorläufigen Gläubigerausschusses nach § 56a kann das Gericht abweichen, wenn der für einen anderen gruppenangehörigen Schuldner bestellte vorläufige Gläubigerausschuss eine andere Person einstimmig vorschlägt, die sich für eine Tätigkeit nach Absatz 1 Satz 1 eignet. Vor der Bestellung dieser Person ist der vorläufige Gläubigerausschuss anzuhören. Ist zur Auflösung von Interessenkonflikten ein Sonderinsolvenzverwalter zu bestellen, findet § 56a entsprechende Anwendung.“*

1. Abstimmung unter den Gerichten

Eine Vorteilsmaximierung für die Gläubiger und eine effiziente Abwicklung von Konzerninsolvenzen soll durch Abstimmung der verschiedenen Insolvenzgerichte bei der Bestellung eines gemeinsamen Insolvenzverwalters erreicht werden. Trotz Insolvenzverfahren an verschiedenen Gerichten, soll so der den wirtschaftlichen Verflechtungen innewohnende Mehrwert des Konzerns realisiert werden.[426] § 56b Abs. 1 InsO stärkt die Position der Richter in Konzerninsolvenzen, indem sie befugt sind darüber zu entscheiden, ob ein Einheitsverwalter bestellt werden soll und wer diese Position bekleiden soll.[427] Die Norm statuiert für die Richter

424 So *Zipperer*, ZIP 2013, 1007, 1012.

425 *Thole*, in: K/P/B, § 56b Rn. 15; *Graeber*, in: MüKoInsO, § 56b Rn. 5; a.A. hingegen *Streit*, NZI-Beil. 2018, 14.

426 *Blümle*, in: Braun InsO, § 56b Rn. 7.

427 So auch *d'Avoine*, Gläubigerbeteiligung im Konzerninsolvenzverfahren, 50.

hierbei eine Abstimmungspflicht.[428] Den Einflussmöglichkeiten der Gläubiger wird mit § 56b Abs. 2 InsO Rechnung getragen. In § 269b InsO verpflichtet der Gesetzgeber die Insolvenzgerichte in dieser Konstellation der auseinanderfallenden Insolvenzgerichte allgemein zum Informationsaustausch und zur Zusammenarbeit. Die Abstimmungspflicht aus § 56b InsO betrifft nur eine Abstimmung der Gerichte und ist keine Pflicht dahingehend unbedingt einen gemeinsamen Insolvenzverwalter zu bestellen.[429] Wen der Richter in dem ihm zugewiesenen Insolvenzverfahren konkret zum Insolvenzverwalter bestellt, entscheidet dieser weiterhin alleine. Es muss keine gemeinsame Entscheidung getroffen werden und ein einzelner Richter muss sich nicht der Mehrheit beugen, um eine solche herbeizuführen. Ebenso ist es möglich, dass ein gemeinsamer Insolvenzverwalter nur für den Teil der Unternehmensgruppe bestellt wird, dessen Insolvenzrichter sich auf einen gemeinsamen Insolvenzverwalter einigen konnten.[430]

Der Gesetzgeber hat nicht geregelt, wie die von ihm geforderte Abstimmung unter den Insolvenzrichtern auszusehen hat. Den Inhalt gibt das Gesetz in § 56b Abs. 1 InsO jedoch vor. Die Abstimmung soll sich darum drehen, ob es im Interesse der Gläubiger liegt, nur einen einzigen Insolvenzverwalter zu bestellen. Besonderes Augenmerk soll dabei der Frage gewidmet werden, ob dieser Insolvenzverwalter die notwendige Unabhängigkeit wahren kann und ob mögliche Interessenkonflikte durch Sonderinsolvenzverwalter gelöst werden können. Das Merkmal der Unabhängigkeit ist bei § 56b InsO mit besonderem Fokus auf die konzernrechtliche Konstellation zu beurteilen.[431] Hierbei ist insbesondere nach Interessenkonflikten zwischen den verschiedenen Insolvenzverfahren Ausschau zu halten. Zwischen den Unternehmen bestehende wechselseitige Forderungen und Ansprüche können solche begründen. Die vielfach stark ausgeprägten Beziehungen der Konzernunternehmen untereinander führen dazu, dass hier die bloße Möglichkeit eines Interessenkonflikts nicht ausreicht, um die Unabhängigkeit zu verneinen.[432] Vielmehr ist diese Eigenschaft nur dann in Frage zu stellen, wenn die Konzernstrukturen konkrete Interessenkonflikte aufzeigen oder handfeste personenbezogene Umstände in der Person des möglichen Verwalters diese Sorge begründen. Es bedarf einer Prognose über das Vorhandensein und die

428 *Zipperer*, in: Uhlenbruck, § 56b Rn. 5; *Göcke*, in: BeckOK, § 56b Rn. 13.

429 Gesetzesentwurf der Bundesregierung zum KIG, BT-Drs. 18/407, 20–21; *Göcke*, in: BeckOK, § 56b Rn. 13; *Thole*, in: K/P/B, § 56b Rn. 16.

430 *Thole*, in: K/P/B, § 56b Rn. 35; *Göcke*, in: BeckOK, § 56b Rn. 14.

431 *Göcke*, in: BeckOK, § 56b Rn. 17–18; ähnlich auch *Blümle*, in: Braun InsO, § 56b Rn. 17.

432 So *Thole*, in: K/P/B, § 56b Rn. 24–26.

Lösbarkeit möglicher Interessenkonflikte. In diese sind auch solche gruppenangehörige Schuldnerunternehmen einzubeziehen, die noch liquide sind, jedoch ebenfalls bald einen Insolvenzantrag stellen könnten.[433] Die Bestellung eines einheitlichen Verwalters bietet sich insbesondere dann im Interesse der Gläubiger an, wenn zur Abwicklung der Gruppen-Insolvenz eine Gesamtstrategie gefragt ist.[434] So kann der Mehrwert der konzerninternen Beziehungen realisiert werden und die Verluste der Gläubiger abgefedert werden. Je enger die konzernangehörigen Unternehmen miteinander verbunden sind, desto mehr erscheint eine Gesamtstrategie im Interesse der Gläubiger.[435] Umgekehrt gilt, dass bei einem auf unterschiedlichen Geschäftsfeldern tätigen Konzern vieles für die Bestellung verschiedener Insolvenzverwalter für die jeweiligen Bereiche spricht.[436] Obgleich die Vorteile eines einheitlichen Insolvenzverwalters auf der Hand liegen, muss die Entscheidung, ob eine solche im Interesse der Gläubiger liegt je nach Konzernkonstellation im Einzelfall entschieden werden.[437]

2. *Kritik*

An der Ausgestaltung des § 56b InsO wird von Seiten der Literatur vielfach kritisiert, dass sich die Pflicht der Gerichte bloß auf die Abstimmung beschränkt. Es wird moniert, dass die Pflicht eigentlich eine Pflicht zur Bestellung eines einheitlichen Verwalters sein sollte.[438] Mangels Strafen oder Konsequenzen für gescheiterte Abstimmungen, sei die Norm zudem „zahnlos" ausgestaltet. Zwar ist dem zuzugestehen, dass in Anbetracht der mit einem einheitlichen Insolvenzverwalter einhergehenden Vorteile, eine möglichst häufige Bestellung eines solchen wünschenswert ist und regelmäßig dort erfolgen sollte, wo sie angezeigt ist. Die Forderung nach einer Pflicht zur einheitlichen Bestellung verkennt jedoch, dass es ebenso Konstellationen gibt, in denen eine solche Bestellung nicht vorteilhaft und damit nicht angezeigt ist. Bei sehr unabhängigen und außerdem räumlich weit voneinander entfernten Konzerngesellschaften, die nur eine lose Verbundenheit aufweisen, ist die Bestellung verschiedener Insolvenzverwalter

433 *Göcke*, in: BeckOK, § 56b Rn. 19.
434 *Zipperer*, in: Uhlenbruck, § 56b Rn. 6.
435 *Zipperer*, in: Uhlenbruck, § 56b Rn. 6.
436 Als Beispiel dafür, das Insolvenzverfahren des Arcandor-Konzerns anführend *Brünkmans*, ZIP 2013, 193, 202; *Zipperer*, in: Uhlenbruck, § 56b Rn. 6; Gesetzesentwurf der Bundesregierung zum KIG, BT-Drs. 18/407, 30.
437 *Graeber*, in: MüKoInsO, § 56b Rn. 7; *Zipperer*, in: Uhlenbruck, § 56b Rn. 7.
438 So *Hirte*, ZIP 2008, 444, 446; *Brünkmans*, ZIP 2013, 193, 198.

vielversprechender.[439] Führen mögliche Interessenkonflikte in konzernrechtlichen Situationen dazu, dass die Vorteile eines Einheitsverwalters durch die Vielzahl benötigter Sonderinsolvenzverwalter zu Nichte gemacht werden, ist die Bestellung eines Einheitsverwalters ebenfalls zweckwidrig.[440] Der Gesetzgeber hat demnach erkannt, dass die Bestellung eines Einheitsverwalters in den überwiegenden Konstellationen des Konzerninsolvenzrechts angezeigt ist. Die Abstimmungspflicht der Insolvenzrichter lenkt deren Entscheidung bereits in Richtung eines Einheitsverwalters. Dennoch hat der Gesetzgeber richtigerweise keine pauschale Pflicht zur Bestellung eines Einheitsverwalters etabliert, um so die individuellen Konstellationen und Ausgestaltungen der Konzerne berücksichtigen zu können.

C. Bewertung der Befunde zu Teil 3

Sowohl das deutsche als auch das U.S.-amerikanische Insolvenzrecht ermöglichen in konzernrechtlichen Konstellationen die Bestellung eines einheitlichen Verwalters. Damit haben beide Rechtsordnungen eines der effektivsten Mittel zur Bewältigung von Konzerninsolvenzen umgesetzt. Den kritischen Stimmen, denen die in § 56b InsO enthaltene Abstimmungspflicht für Richter nicht weit genug geht, ist die Unterschiedlichkeit konzernrechtlicher Konstellationen entgegenzuhalten. Die Verfahrensbündelung durch einen einzigen Insolvenzverwalter bietet sich zwar regelmäßig an, es gibt allerdings weiterhin Konstellationen, in denen die Bestellung mehrerer Insolvenzverwalter angezeigt ist. Indem der Gesetzgeber bloß eine Pflicht zur Abstimmung der Richter normiert hat und nicht zwingend die Bestellung eines einzigen Insolvenzverwalters vorschreibt, trägt er diesen unterschiedlich gestalteten konzernrechtlichen Konstellationen Rechnung.

Die Kritik an der allgemeinen Insolvenzverwalterbestellung in Deutschland ist hingegen berechtigt. In Bezug auf die Vorauswahl der Insolvenzverwalter und deren Überwachung, haben sich im deutschen Insolvenzrecht schwerwiegende Mängel aufgetan. Grund dafür ist unter anderem die dezentrale Struktur des Insolvenzsystems. Eine zentralere Struktur mit der Bündelung von Verfahren bei Schwerpunktgerichten könnte hier, wie schon bei der Verfahrenskonzentration durch einen einheitlichen Gerichtsstand, zielführend sein. Darüber hinaus bietet sich eine Trennung von Verwaltung und Rechtsprechung nach U.S.-amerikanischem Modell an. Während in Deutschland Richter die Insolvenzverwalter auswählen, fällt dies in den USA in den Aufgabenbereich staatlicher „U.S. Trustees". Die Etablierung eines behördlichen Bundesinsolvenzverwalters in Anlehnung

439 *Thole*, in: K/P/B, § 56b Rn. 20; So auch *Schumann*, Unternehmensgruppe, 247.
440 Gesetzesentwurf der Bundesregierung zum KIG, BT-Drs. 18/407, 30.

an das U.S. Trustee Program, würde kleinere Gerichte entlasten und könnte eine effektive Überwachung bewirken. Er könnte ebenfalls für bundeseinheitliche Qualitätsstandards bei der Vorauswahl sorgen und das System durch ein bundeseinheitliches Verzeichnis transparenter machen. Die Etablierung von 24 Vorauswahllisten an je einem Schwerpunktgericht pro Oberlandesgerichtsbezirk würde alle anderen Richter entlasten und die Listenlänge im Gegensatz zu einer einzigen bundeseinheitlichen Liste nicht ausufern lassen. Die Vorauswahlliste wäre so für die Richter an den Schwerpunktgerichten endlich das vom Gesetzgeber ursprünglich vorgesehene effektive Hilfsmittel für die Ausübung ihres Auswahlermessens.

Teil 4 – Örtliche Zuständigkeit

A. Örtliche Zuständigkeit von Konzerninsolvenzen in den USA

Zu einem Konzern gehören in der Regel eine Vielzahl von konzernangehörigen Gesellschaften.[441] Diese haben häufig ihren Sitz an unterschiedlichen Orten. Damit stellt sich die Frage, wie der U.S.-amerikanische Gesetzgeber im Insolvenzrecht die örtliche Zuständigkeit der Gerichte geregelt hat. Diese spielt bei der Ermöglichung einer effektiven Abwicklung der Insolvenzverfahren in den USA eine ausschlaggebende Rolle.[442]

I. Zuständigkeit des Insolvenzgerichts als Teil des District Court

Gesetzlich geregelt ist die örtliche Zuständigkeit[443] für Insolvenzverfahren in 28 U.S.C. § 1408.[444] Zuständig ist danach der District Court, also das Bezirksgericht. Die Zuständigkeit der District Courts ergibt sich daraus, dass Insolvenzgerichte in den USA als Teil in die U.S.-amerikanischen District Courts eingegliedert sind.[445] Von dort können Sachen des Insolvenzrechts gem. 28 U.S.C. § 157(a) an die Insolvenzrichter verwiesen werden. Dieses Verfahren stellt in der Praxis den

---

441 Siehe dazu auch die Ausführungen zur Ubiquität konzernverbundener Unternehmen in der Einleitung.

442 Vgl. die Ausführungen dazu in In re Blixseth, 484 B.R. 360, 365 (B.A.P. 9th Cir. 2012).

443 Eine übersichtliche Besprechung der Norm findet sich bei *Splittgerber*, Örtliche Zuständigkeit, 224–225.

444 28 U.S.C. § 1408 lautet:
"Except as provided in section 1410 of this title, a case under title 11 may be commenced in the district court for the district--
(1) in which the domicile, residence, principal place of business in the United States, or principal assets in the United States, of the person or entity that is the subject of such case have been located for the one hundred and eighty days immediately preceding such commencement, or for a longer portion of such one-hundred-and-eighty-day period than the domicile, residence, or principal place of business, in the United States, or principal assets in the United States, of such person were located in any other district; or
(2) in which there is pending a case under title 11 concerning such person's affiliate, general partner, or partnership."

445 Siehe dazu David G. Epstein, Bankruptcy and Related Law 23 (9th ed. 2017).

Regelfall dar, da alle U.S.-amerikanischen District Courts die Möglichkeit einer solchen Verweisung dauerhaft implementiert haben.[446]

II. Zuständigkeit nach 28 U.S.C. § 1408(1)

Nach 28 U.S.C. § 1408(1) bestimmt sich die örtliche Zuständigkeit nach der 180-Tage Regelung. Diese erklärt im Insolvenzverfahren grundsätzlich jenen District Court für örtlich zuständig, in dessen Bezirk der Wohnsitz („domicile"), Aufenthaltsort („residence"), der Hauptgeschäftssitz („principal place of business") oder die wesentlichen Vermögenswerte („principal assets") des Schuldners in Form einer natürlichen oder juristischen Person in den 180 Tagen vor Stellung des Insolvenzantrags lag. In der Praxis führt die Regelung in 28 U.S.C. § 1408(1) dazu, dass Gesellschaften üblicherweise den Insolvenzantrag bei dem Gericht stellen, in dessen Bezirk sich ihr Hauptgeschäftssitz befindet.[447]

1. Historischer Ursprung des Gedankens aus 28 U.S.C. 1408(1)

Die Frage, ob sich der Gerichtsstand im U.S.-amerikanischen Insolvenzrecht nach dem Bezugsort des Schuldners oder des Gläubigers richtet, ist durch die Kolonialgeschichte geprägt. Im mittelalterlichen England ließen die zentralisierten Gerichtsstände an dem Aufenthaltsort des Königs und in Westminster die Belange anderer Verfahrensparteien weitgehend unberücksichtigt.[448] Diese Schwerpunktsetzung wurde auf der anderen Seite des Atlantiks von den ehemaligen Kolonien nicht ins U.S.-amerikanische Recht übertragen. Vielmehr genoss dort eine Stärkung der Rechte des Beklagten Priorität. Schließlich gehörten die englischen Drohungen, den Kolonisten weite Wege aufzubürden, um sie fernab der Heimat vor Gericht zu stellen, zu den Beweggründen der Unabhängigkeitsbestrebung.[449] Der hohe Stellenwert des Gerichtsstandortes setzte sich auch unmittelbar nach der Unabhängigkeit fort. Um der Bevölkerung die weiten Entfernungen zu den Gerichten zu ersparen, drohten manche Regionen sogar damit, den jungen Staatenbund zu verlassen, sollten die Bundesgesetzgeber ihnen keine eigenen, lokalen

---

446 1 Norton Bankr. L. & Prac. 3d § 6:1; Allen R. Kamp, *Court Structure Under the Bankruptcy Code*, 90 Com. Law J. 203, 208 (1985); 7 Norton Bankr. L. & Prac. 3d § 124:3.

447 3 Bankruptcy Practice Handbook § 18:17 (2d ed.).

448 William W. Blume, *Place of Trial of Civil Cases—Early English and Modern Federal*, 48 Mich. L. Rev. 1, 2 (1949).

449 William W. Blume, *Place of Trial of Civil Cases—Early English and Modern Federal*, 48 Mich. L. Rev. 1, 36–37 (1949).

Gerichte bewilligen.[450] Ohne Zugeständnisse bezüglich des Schutzes des Beklagten hätten die einzelnen Staaten einer bundesweiten Gerichtsorganisation in den USA wohl nicht zugestimmt.[451] Daher wurden durch den Federal Judiciary Act of 1789[452] auch auf lokaler Ebene mehr Bundesgerichte geschaffen und die örtliche Zuständigkeit richtete sich grundsätzlich nach dem Sitz des Beklagten.[453] Einige, bis heute im U.S.-amerikanischen Rechtssystem für die örtliche Zuständigkeit relevante Faktoren, wie die Praktikabilität für Parteien und Zeugen sowie der Standort des Beklagten, lassen sich daher anhand ihres geschichtlichen Ursprungs erklären.[454]

2. Alternatives Verhältnis der Merkmale des 28 U.S.C. § 1408(1)

Die vier ausschlaggebenden Merkmale der 180-Tage Regelung aus 28 U.S.C. § 1408(1) stehen in einem alternativen Verhältnis zueinander, sodass bereits das Vorliegen eines der Kriterien für die Stellung des Insolvenzantrags bei dem entsprechenden Gericht genügt.[455] Zur Bestimmung der örtlichen Zuständigkeit wird daher jener, der Insolvenzantragsstellung unmittelbar vorausgehende, Zeitraum von 180 Tagen auf das Vorliegen der Merkmale geprüft.[456] Ist ein Merkmal in diesem Zeitraum von 180 Tagen in verschiedenen Bezirken erfüllt, so wird in der Regel auf den Bezirk abgestellt, in dem das Merkmale für die Mehrzahl der

450 Charles Warren, *New Light on the History of the Federal Judiciary Act of 1789*, 37 Harv. L. Rev. 49, 71–72 (1923); William W. Blume, *Place of Trial of Civil Cases—Early English and Modern Federal*, 48 Mich. L. Rev. 1, 36 (1949).

451 William W. Blume, *Place of Trial of Civil Cases—Early English and Modern Federal*, 48 Mich. L. Rev. 1, 37 (1949).

452 Federal Judiciary Act of 1789, ch. 20, 1 Stat. 73.

453 In re Patriot Coal Corp., 482 B.R. 718, 738 (Bankr. S.D.N.Y. 2012).

454 In re Patriot Coal Corp., 482 B.R. 718, 737–738 (Bankr. S.D.N.Y. 2012).

455 1 Bankruptcy Law Manual § 2:35 (5th ed.); Bankr. Proc. Manual § 1014:1 (2022 ed.); In re Honeycutt, No. 12–06921–8–JRL, 2012 WL 6681833, *2 (Bankr. E.D.N.C. Dec. 21, 2012); In re Broady, 247 B.R. 470, 472 (B.A.P. 8th Cir. 2000); In re First Fruits Holdings, No. 18–02135–5–DMW, 2018 WL 2759384, *2 (Bankr. E.D.N.C. June 6, 2018).

456 In re Broady, 247 B.R. 470, 472 (B.A.P. 8th Cir. 2000); 1 Bankruptcy Law Manual § 2:35 (5th ed.); zum beispielhaften Umfang einer solchen Prüfung siehe In re Honeycutt, No. 12–06921–8–JRL, 2012 WL 6681833, *2–3, (Bankr. E.D.N.C. Dec. 21, 2012); In re DDMD Trucking, Inc., No. 14–12511–ta11, 2015 WL 381299, *3 (Bankr. D. N.M. 2015).

180 Tage erfüllt war.[457] Den verschiedenen Merkmalen kommt somit eine hohe Bedeutung zu.

a) Merkmale des Wohnsitzes und des Aufenthaltsortes

Zwischen den Merkmalen des Wohnsitzes („domicile") und des Aufenthaltsorts („residence") wird für natürliche Personen nach zeitlicher Dauer differenziert.[458] In Bezug auf Unternehmen wird dies jedoch anders beurteilt. Hier ist zunächst die Definition des Aufenthaltsorts unklar, da das Gesetz keine konkreten Anhaltspunkte bietet und die Rechtsprechung nicht einheitlich ist. Während für den Aufenthaltsort eines Unternehmens teilweise auf den Ort der Gründung[459] abgestellt wird, sind andere Gerichte und Teile der Literatur der Überzeugung, dass der Begriff des Aufenthaltsorts nur für natürliche Personen gelte[460] und dieser daher bezogen auf Unternehmen gar nicht anwendbar sei.[461]

Die rechtliche Unklarheit an dieser Stelle ist jedoch in der Praxis nicht erheblich. Aufgrund des alternativen Verhältnisses der Merkmale zueinander, lässt sich für die meisten Unternehmen die örtliche Zuständigkeit jedenfalls durch das Merkmal des Wohnsitzes begründen. Der Wohnsitz eines Unternehmens liegt nach der überwiegenden Rechtsprechung der U.S.-amerikanischen Gerichte

457 1 Norton Bankr. L. & Prac. 3d § 6:1; siehe auch In re Bestwall LLC, 605 B.R. 43 (Bankr. W.D.N.C. 2019).

458 Siehe dazu 1 Bankruptcy Law Manual § 2:35 (5th ed.).

459 In re EDP Medical Computer Systems, Inc., 178 B.R. 57, 62 (M.D. Pa. 1995); In re Perry, 425 B.R. 323, 392 (Bankr. S.D. Tex. 2010); In re Crosby National Golf Club, LLC, 534 B.R. 888, 890 (Bankr. N.D. Tex. 2015).

460 Mitverantwortlich für die rechtlichen Unklarheiten an dieser Stelle ist eine historische Betrachtungsweise der Norm. Die bis 1978 geltende Vorgängerregelung zur örtlichen Zuständigkeit, Bankruptcy Rule 116 a.F., differenzierte strikt zwischen solchen Merkmalen, die auf Unternehmen anwendbar waren und denen, die auf natürliche Personen anzuwenden waren.

461 In re Suzanne de Lyon, Inc., 125 B.R. 863, 867 (Bankr. S.D.N.Y. 1991); In re Houghton Mifflin Harcourt Pub. Co., 474 B.R. 122, 134–135 (Bankr. S.D.N.Y. 2012); 1 Norton Bankr. L. & Prac. 3d § 6:1.

an dem Ort, an dem es gegründet wurde.[462] Insbesondere große Unternehmen wählen häufig das Insolvenzgericht am Ort der Gründung, um dort ihren Insolvenzantrag zu stellen.[463] Somit lässt sich jedenfalls anhand dieses Merkmals die örtliche Zuständigkeit im Insolvenzverfahren unproblematisch begründen.

b) Merkmal des Hauptgeschäftssitzes

Als nächstes Merkmal zur Bestimmung der örtlichen Zuständigkeit nach 28 U.S.C. § 1408(1) kommt der Hauptgeschäftssitz („principal place of business") in Betracht. Hierbei wird auf den Ort abgestellt, an dem die wichtigsten unternehmerischen Entscheidungen getroffen werden.[464] Diesem Gedanken schloss sich 2010 auch der United States Supreme Court an, als das Gericht sich außerhalb des Insolvenzrechts mit dem Begriff des Hauptgeschäftssitzes beschäftigte. In *Hertz Corp. v. Friend* definierte der United States Supreme Court den Begriff dahingehend, dass bei einem Unternehmen der Hauptgeschäftssitz an dem Ort liegt, an dem die leitenden Angestellten einer Gesellschaft die Aktivitäten der Gesellschaft leiten, koordinieren und kontrollieren.[465] Diesen Ort verbildlichte der United States Supreme Court als das Nervenzentrum eines Unternehmens.[466] Obgleich diese Definition nicht in Bezug zum Insolvenzrecht etabliert wurde, wird sie seitdem auch von Insolvenzgerichten zur Bestimmung der örtlichen

---

462 In re FRG, Inc., 107 B.R. 461, 471 (Bankr. S.D.N.Y. 1989); In re Dunmore Homes, Inc., 380 B.R. 663, 670 (Bankr. S.D.N.Y. 2008); Matter of Ocean Properties of Delaware, Inc., 95 B.R. 304, 305 (Bankr. D. Del. 1988); In re Shorts Auto Parts of Warren, Inc., 136 B.R. 30, 35 (Bankr. N.D.N.Y. 1991); In re Segno Communications, Inc., 264 B.R. 501, 506 (Bankr. N.D. Ill. 2001); 1 Bankruptcy Law Manual § 2:35 (5th ed.); In re Silicon Valley Innovation Co., No. 12–52706–ASW, 2012 WL 3778853, at*2 (Bankr. N.D. Cal. Aug. 30, 2012); In re Amazing Energy MS, LLC, No. 20-01245-NPO, 2020 WL 4730890, *6 (Bankr. S.D. Miss. June 25, 2020).

463 Samir D. Parikh, *Modern Forum Shopping in Bankruptcy*, 46 Conn. L. Rev. 159, 185 (2013); 1 Bankruptcy Law Manual § 2:35 (5th ed.).

464 Matter of Peachtree Lane Associates, Ltd., 150 F.3d 788, 795 (7th Cir. 1998); 1 Bankruptcy Law Manual § 2:35 (5th ed.); In re Eagle Pointe Ltd. Dividend Housing Ass'n Ltd. Partnership, 350 B.R. 84, 88 (Bankr. N.D. Ind. 2006); 1 Norton Bankr. L. & Prac. 3d § 6:1.

465 Hertz Corp. v. Friend, 559 U.S. 77, 92–93 (U.S. 2010).

466 Hertz Corp. v. Friend, 559 U.S. 77, 93 (U.S. 2010).

Zuständigkeit nach 28 U.S.C. § 1408(1) herangezogen.[467] In Gesamtschau lässt sich damit festhalten, dass im Insolvenzrecht der Hauptgeschäftssitz der Ort ist, an dem die wesentlichen unternehmerischen Entscheidungen zur Steuerung des Unternehmens getroffen werden.

c) Merkmal der Hauptvermögenswerte

Die letzte Möglichkeit gem. 28 U.S.C. § 1408(1) die örtliche Zuständigkeit eines Insolvenzgerichts zu begründen, ist mithilfe des Merkmals der Hauptvermögenswerte („principal assets"). Die Definition dieses Merkmals umfasst das hauptsächlich verwendete Vermögen eines Unternehmens.[468] Relevanter Zeitpunkt ist hierbei der Zeitpunkt der Insolvenzantragsstellung.[469] Zukünftige Einnahmen sind von dem Merkmal nicht umfasst.[470] Damit ist für ein Insolvenzverfahren in den USA also auch das Insolvenzgericht örtlich zuständig, in dessen Bezirk sich die wesentlichen Vermögenswerte eines Unternehmens im Zeitpunkt der Insolvenzantragsstellung befinden.

III. Zuständigkeit nach 28 U.S.C. § 1408(2)

Über 28 U.S.C. § 1408(1) hinaus, ermöglicht auch 28 U.S.C. § 1408(2) die Begründung der örtlichen Zuständigkeit eines Insolvenzgerichts. Nach 28 U.S.C. § 1408(2) kann ein Insolvenzantrag unter anderem bei dem Gericht gestellt werden, bei dem ein Verfahren gegen einen „affiliate",[471] also gegen ein verbundenes Unternehmen, anhängig ist. Während diese Regelung inhaltlich eindeutig und unstrittig ist, sind die Folgen erheblich. So führt 28 U.S.C. § 1408(2) dazu, dass Unternehmen in einem Bezirk einen Insolvenzantrag stellen können, zu dem sie auf den ersten Blick keinerlei engen Bezug haben. Ein an der U.S.-amerikanischen Ostküste gegründetes Unternehmen und dessen Tochtergesellschaften könnte

467 Siehe In re Silicon Valley Innovation Co., No. 12–52706–ASW, 2012 WL 3778853, at*3 (Bankr. N.D. Cal. Aug. 30, 2012); In re Crosby National Golf Club, LLC, 534 B.R. 888, 890 (Bankr. N.D. Tex. 2015); In re Amazing Energy MS, LLC, No. 20-01245-NPO, 2020 WL 4730890, *9 (Bankr. S.D. Miss. June 25, 2020).

468 1 Norton Bankr. L. & Prac. 3d § 6:1; Barnes v. Whelan, 689 F.2d 193, 205 (D.C. Cir. 1982); In re EquiMed, Inc., 253 B.R. 391, 394 (D. M.D. 2000).

469 1 Bankruptcy Law Manual § 2:35 (5th ed.); Barnes v. Whelan, 689 F.2d 193, 205 (D.C. Cir. 1982).

470 In re Vann, 3 B.R. 192, 194 (Bankr. E.D. Pa. 1980); 1 Norton Bankr. L. & Prac. 3d § 6:1; 1 Bankruptcy Law Manual § 2:35 (5th ed.); In re Petrie, 142 B.R. 404, 405 (Bankr. D. NV. 1992).

471 Zur Definition eines „affiliate" siehe Teil 2 A. II. 4. b) bb).

also bei einem Gericht an der U.S.-amerikanischen Westküste einen Insolvenzantrag stellen. Voraussetzung dafür ist lediglich, dass bei dem ausgewählten Gericht an der Westküste gerade ein Verfahren gegen irgendein verbundenes Unternehmen anhängig ist. Weitere, einschränkende Voraussetzungen hat das den Insolvenzantrag stellende Unternehmen hierbei nicht zu beachten.[472] Das Gesetz gesteht damit insbesondere großen Konzernen mit geografisch weit verbreiteten konzernangehörigen Unternehmen eine große Wahlfreiheit zu.

Der U.S.-amerikanische Gesetzgeber ermöglicht so die Entstehung eines Gruppen-Gerichtsstands. Hierbei setzt er auf eine Form des Prioritätsprinzips. Entscheidend ist nicht der Ort, an dem etwa die Muttergesellschaft ihren Sitz hat. Vielmehr kann ein Konzern das Insolvenzverfahren anhand von 28 U.S.C. § 1408(2) an jedes beliebige Gericht lenken, an dem ein Insolvenzverfahren gegen ein verbundenes Unternehmen anhängig ist. Ausschlaggebend ist damit das Gericht, an dem als erstes die (mindestens zwei) gruppenangehörigen Gesellschaften ihren Insolvenzantrag stellen und damit die Möglichkeit haben, dort gem. Bankruptcy Rule 1015(b) die „joint administration" über die Insolvenzverfahren zu beantragen.

IV. Kritik an 28 U.S.C. § 1408(2)

Diese enorme Tragweite der Norm führte zu viel Aufmerksamkeit und auch in jüngerer Vergangenheit zu Kritik von Seiten der Literatur.[473] Bemängelt wird insbesondere, dass die Norm großen Konzernen erlaube, sich das zuständige Gericht anhand taktischer Erwägungen auszusuchen und so Forum Shopping im großen Stil ermögliche.[474] Dies entfache zwischen den Insolvenzrichtern einen Konkurrenzkampf um die größten Insolvenzfälle und mache sie anfälliger für Korruption.[475] Auch die 1994 durch U.S.-amerikanisches Bundesgesetz[476] ins Leben gerufene National Bankruptcy Review Commission empfahl in ihrem Abschlussbericht dem U.S.-Kongress eine deutlich engere Neugestaltung der

472 1 Bankruptcy Law Manual § 2:35 (5th ed.).

473 Siehe Michael P. Cooley, *Will Hertz Hurt*, 29–5 American Bankruptcy Institute Journal 28, 28 (2013); Martin E. Beeler & Gabriella Zahn-Bielski, *Recent Developments in Bankruptcy Jurisdiction*, 2020 Ann. Surv. of Bankr. Law, VI.; konkrete Änderungsvorschläge unterbreitend Lynn M. LoPucki, Courting Failure 252 -253 (2005).

474 Zur Problematik des Forum Shopping ausführlich Lynn M. LoPucki, Courting Failure (2005).

475 Lynn M. LoPucki, Courting Failure 257–2588 (2005).

476 National Bankruptcy Review Commission Act, Pub. L. No. 103–394, 108 Stat. 4107 (1994).

örtlichen Zuständigkeit nach 28 U.S.C. § 1408(2).[477] Mit dem gleichen Hintergedanken entwarf 2005 der republikanische Senator *John Cornyn* ein Gesetz, welches der Wahlfreiheit der Großkonzerne ein Ende setzen sollte, indem es das Stellen des Insolvenzantrags auf die Gerichte des Hauptgeschäftssitzes des Unternehmens selbst und der Muttergesellschaft beschränkte.[478] Das Gesetz scheiterte jedoch im Rechtsausschuss des U.S.-Senats, sodass auch heute im Insolvenzrecht der USA der breite Spielraum bezüglich des örtlich zuständigen Gerichts gemäß 28 U.S.C. § 1408(2) fortbesteht.

V. Verweisung von Konzerninsolvenzen

Wie bereits dargestellt, führt in den USA die örtliche Zuständigkeit dazu, dass ein bestimmter Insolvenzfall vor einem Insolvenzgericht landet. Diese Zuordnung eines konkreten Falls zu einem Gericht ist jedoch nicht endgültig. Vielmehr ist in jüngerer Vergangenheit, insbesondere in Bezug auf Konzerninsolvenzen, ein weiteres Instrument in den Vordergrund gerückt. Hierbei handelt es sich um die Verweisung. Die Verweisung einer Rechtssache von einem Gericht an ein anderes ist im U.S.-amerikanischen Recht sowohl in 28 U.S.C § 1404 als auch in 28 U.S.C. § 1412 geregelt.

1. Streit um die Grundlage einer Verweisung

28 U.S.C. § 1404(a) ist die allgemeine Norm für eine Verweisung im U.S.-amerikanischen Zivilprozessrecht. 28 U.S.C. § 1412 hingegen ist eine Spezialnorm für eine Verweisung im U.S.-amerikanischen Insolvenzrecht. Daher ermöglicht 28 U.S.C. § 1412[479] dem Wortlaut entsprechend die Verweisung eines Falls oder eines Verfahrens des Title 11 U.S.C.[480] Nicht eindeutig ist jedoch, welche der beiden Normen die richtige Rechtsgrundlage für die Verweisung einer bloß mit einem Insolvenzverfahren verwandten Rechtssache („civil proceedings arising in or related to such a case“) darstellt. Die Unterscheidung ist deshalb relevant, da

---

477 National Bankruptcy Review Commission, Bankruptcy: The Next Twenty Years 37 (1997) (Recommendation 3.1.5), https://govinfo.library.unt.edu/nbrc/report/03recomm.pdf (zuletzt abgerufen am 10.04.2024).

478 § 2 Fairness in Litigation Bankruptcy Act of 2005, S. 314, 109th Cong., 1st Sess.

479 28 U.S.C. § 1412 lautet:
"*A district court may transfer a case or proceeding under title 11 to a district court for another district, in the interest of justice or for the convenience of the parties*".

480 In Title 11 des United States Code ist das Insolvenzrecht des U.S. Bankruptcy Code kodifiziert.

die Verweisungsmöglichkeiten des 28 U.S.C. § 1404(a)[481] eingeschränkter sind als die des 28 U.S.C. § 1412. Die Frage, ob 28 U.S.C. § 1404(a) oder 28 U.S.C. § 1412 einschlägig ist, spaltet seit längerem die U.S.-amerikanischen District Courts und ist weiterhin Streitgegenstand aktueller Rechtsprechung.[482]

a) *Verweisung eines mit der Insolvenz verwandten Verfahrens*

Strittig ist der Umgang mit Verfahren, die selbst kein Insolvenzverfahren darstellen, jedoch eng mit einem Insolvenzverfahren verwandt sind. Wenn beispielsweise ein im U.S.-Bundesstaat Minnesota ansässiger Gläubiger dort gegen einen im U.S.-Bundesstaat Louisiana ansässigen Schuldner auf Zahlung klagt und kurz darauf das Insolvenzverfahren des Schuldners am Insolvenzgericht in Louisiana eröffnet wird, stellt sich die Frage, nach welcher Norm der Rechtsstreit aus Minnesota an das Gericht in Louisiana zur Bündelung aller Verfahren verwiesen werden kann.[483] Schließlich ist die ursprüngliche Klage auf Zahlung des Gläubigers kein Verfahren des Insolvenzrechts, durch ihren Einfluss auf das Insolvenzverfahren des Schuldners ist sie jedoch eng mit diesem verwandt. Darüber, wann eine Rechtssache mit einem Insolvenzverfahren verwandt ist, besteht in der Rechtsprechung weitestgehend Einigkeit. Eine solche Nähe liegt nach überwiegender Rechtsprechung vor, wenn es denkbar ist, dass der Ausgang des Zivilverfahrens Auswirkungen auf die verwaltete Insolvenzmasse hat.[484] Eine Gewissheit oder eine erhöhte Wahrscheinlichkeit der Auswirkungen muss nicht vorliegen, sodass allein die Vorstellbarkeit möglicher Auswirkungen auf die Insolvenzmasse Voraussetzung ist.[485] Bei diesen Fällen stellt sich daher die Frage, ob der speziellere

---

481 28 U.S.C. § 1404(a) lautet:
"For the convenience of parties and witnesses, in the interest of justice, a district court may transfer any civil action to any other district or division where it might have been brought or to any district or division to which all parties have consented".

482 Siehe dazu Arora v. Diversified Consultants, Inc., No. 20 C 4113, 2021 WL 2399978, *8 (N.D. Ill. June 11, 2021).

483 So lag der Sachverhalt in Creekridge Capital, LLC v. Louisiana Hosp. Center, LLC, 410 B.R. 623 (D. Minn. 2009).

484 Hilton Worldwide, Inc. Global Benefits Admin. Comm. v. Caesars Entm't Corp., 532 B.R. 259, 272 (E.D. Va. 2015); Arora v. Diversified Consultants, Inc., No. 20 C 4113, 2021 WL 2399978, *8 (N.D. Ill. June 11, 2021); In re Farmland Industries, Inc., 567 F.3d 1010, 1019 (8th Cir. 2009); In re Marcus Hook Development Park, Inc., 943 F.2d 261, 264 (3d Cir. 1991); Krystal Cadillac-Oldsmobile-GMC Truck, Inc. v. General Motors, 232 B.R. 622, 626 (E.D. Pa. 1999).

485 In re Marcus Hook Development Park, Inc., 943 F.2d 261, 264 (3d Cir. 1991).

28 U.S.C. § 1412 über seinen Wortlaut hinaus die richtige Rechtsgrundlage ist oder der allgemeine 28 U.S.C. § 1404(a).

b) 28 U.S.C. § 1404(a) oder 28 U.S.C. § 1412

Ein Teil der Rechtsprechung wendet für eine Verweisung von mit Insolvenzverfahren verwandten Rechtssachen die allgemeine zivilprozessrechtliche Verweisungsnorm des 28 U.S.C. § 1404(a) an.[486] Als Begründung für diese Ansicht wird unter anderem auf den Wortlaut des 28 U.S.C. § 1412 verwiesen.[487] Während die Vorgängerregelung noch ausdrücklich die Verweisung von verwandten Rechtssachen mitumfasste,[488] finden diese im Wortlaut der aktuellen Fassung keine Erwähnung. Ein anderer Teil der Rechtsprechung sieht 28 U.S.C. § 1412 als die richtige Rechtsgrundlage für eine Verweisung der mit Insolvenzverfahren verwandten Rechtssachen an.[489] Begründet wird dies teilweise mit dem Wortlaut des 28 U.S.C. § 1409. Diese Zuständigkeitsnorm umfasst als „proceeding" ausdrücklich mit Insolvenzverfahren verwandte Rechtssachen und trat zeitgleich mit 28 U.S.C. § 1412 in Kraft. Daher müssten die beiden Normen im Zusammenhang betrachtet und der in 28 U.S.C. § 1412 ebenfalls verwendete Begriff „proceeding" genauso verstanden werden.[490] Es ist außerdem darauf hinzuweisen, dass weder die aktuelle Fassung des 28 U.S.C. § 1412 die mit Insolvenzverfahren verwandten Rechtssachen erwähnt, noch die aktuelle Fassung des 28 U.S.C. § 1404(a). Daher spricht für eine Verwendung des 28 U.S.C. § 1412 auch, dass dieser als spezielle Norm dem allgemeinen 28 U.S.C. § 1404(a) vorgeht. Gegenwärtig findet die Verwendung des 28 U.S.C. § 1412 in der Rechtsprechung eine etwas breitere

---

486 Multibank, Inc. v. Access Global Capital LLC, 594 B.R. 618, 622–623 (Bankr. S.D.N.Y. 2018); Onewoo Corporation v. Hampshire Brands, Inc., 566 B.R. 136, 140 (Bankr. S.D.N.Y. 2017); Searcy v. Knostman, 155 B.R. 699, 707 (S.D. Miss. 1993); Ni Fuel Co., Inc. v. Jackson, 257 B.R. 600, 623 (N.D. Ok. 2000).

487 So auch das Gericht in Searcy v. Knostman, 155 B.R. 699 (S.D. Miss. 1993).

488 Siehe dazu 28 U.S.C. § 1475 (1978). Die Norm lautete:
„A bankruptcy court may transfer a case under title 11 or a proceeding arising under or related to such a case to a bankruptcy court for another district, in the interest of justice and for the convenience of the parties".

489 JWJ Hotel Holdings, Inc. v. W&H Realty, LLC, No. 1:18-cv-454, 2018 WL 3772179, *4 (S.D. Ohio Aug. 9, 2018); Mendoza v. General Motors, LLC, No. CV 10-2683 AHM, 2010 WL 5224136, *4 (C.D. Cal. Dec. 15, 2010); Creekridge Capital, LLC v. Louisiana Hosp. Center, LLC, 410 B.R. 623, 628 (D. Minn. 2009); Dunlap v. Friedman's, Inc., 331 B.R. 674, 680 (S.D.W. Va. 2005).

490 Dunlap v. Friedman's, Inc., 331 B.R. 674, 680 (S.D.W. Va. 2005).

Gefolgschaft. Dem hat sich die führende Literatur angeschlossen.[491] Damit spricht einiges dafür, dass eine nächstinstanzliche Klärung des Streits im Sinne einer Anwendung des 28 U.S.C. § 1412 auf Insolvenzverfahren und über den Wortlaut hinaus auch auf damit verbundene Rechtssachen ausgehen wird.

2. 28 U.S.C. § 1412

Vor allem bei großen Unternehmensgruppen kann es aufgrund einer geografisch weiten Verteilung von Faktoren wie dem Hauptgeschäftssitz, den Vermögenswerten oder dem Standort der Gläubiger dazu kommen, dass sich verschiedene Gerichtsstände für das Insolvenzverfahren anbieten.[492] Daher besteht gerade bei Konzernen die Möglichkeit, dass ein örtlich zuständiges Gericht die verbundenen Insolvenzverfahren an ein anderes Gericht verweist. Geregelt ist dies in 28 U.S.C. § 1412. Der Norm nach kann ein District Court,[493] trotz rechtmäßiger örtlicher Zuständigkeit, eine Rechtssache oder ein Verfahren des Insolvenzrechts an einen anderen District Court verweisen, wenn dies im Interesse der Gerechtigkeit liegt oder aus Praktikabilitätsgründen der Parteien geboten ist. Dieses Instrument ermöglicht den Richtern, Insolvenzverfahren und verbundene Rechtsstreite zusammenzuführen und sie an dem optimal dafür geeigneten Gerichtsstand stattfinden zu lassen. Die formellen Voraussetzungen des Antrags, der Anhörung und der Anzeige sowie den Ablauf der Verweisung ergänzt Bankruptcy Rule 1014. Die Normen 28 U.S.C. § 1412 und Bankruptcy Rule 1014 werden daher regelmäßig gemeinsam als Rechtsgrundlage einer Verweisung zitiert.[494] Bankruptcy Rule 1014(a) regelt die Verweisung in dem Fall, dass der

---

491 1 Collier on Bankruptcy P 4.05 [1] (16th ed.).

492 Siehe dazu In re Jordan Landing, LP, No. 20-02176-NPO, 2020 WL 8551778 (Bankr. S.D. Miss. Dec. 2, 2020). Dort lag der Hauptgeschäftssitz in Mississippi und die wesentlichen Vermögenswerte in Tennessee oder auch Commonwealth of Puerto Rico v. Commonwealth Oil Refining Co., Inc., 569 F.2d 1239 (5th Cir. 1979), wo die wesentlichen Vermögenswerte in Puerto Rico lagen, die Entscheidungsträger jedoch überwiegend in Texas angesiedelt waren.

493 Der Wortlaut der Norm ermächtigt einen District Court, also ein Bezirksgericht, zu der Verweisung gem. 28 U.S.C. § 1412. Das Insolvenzgericht stellt in den USA allerdings eine Einheit des District Court dar, sodass die Norm auch auf das Insolvenzgericht anwendbar ist, siehe dazu In re Amazing Energy MS, LLC, No. 20-01245-NPO, 2020 WL 4730890, *7 n.10 (Bankr. S.D. Miss. June 25, 2020); In re Ross, 312 B.R. 879, 884 (Bankr. W.D. Tenn. 2004).

494 Siehe In re Amazing Energy MS, LLC, No. 20-01245-NPO, 2020 WL 4730890 (Bankr. S.D. Miss. June 25, 2020); In re DDMD Trucking, Inc., No. 14–12511–ta11, 2015 WL 381299; In re Enron Corp., 274 B.R. 327 (Bankr. S.D.N.Y. 2002).

Insolvenzantrag bei dem zuständigen Gericht (Bankruptcy Rule 1014(a)(1)) oder einem unzuständigen Gericht (Bankruptcy Rule 1014(a)(2)) gestellt wurde. Bankruptcy Rule 1014(b) regelt hingegen die Zusammenführung von Insolvenzverfahren verbundener Unternehmen.

Es stellt sich die Frage, ob es für eine insolvenzrechtliche Verweisung in den USA eines Antrags bedarf. Während Verweisungen ohne Antrag im U.S.-amerikanischen Insolvenzrecht lange nicht explizit normiert waren, ging die Rechtsprechung schon früher teilweise davon aus, dass dies möglich sei.[495] Der Wortlaut gestattete einen solchen „transfer sua sponte" nicht ausdrücklich. 2007 führte eine Gesetzesänderung jedoch zu einer Umgestaltung des Wortlauts dahingehend, dass für beide Fälle des Bankruptcy Rule 1014(a) eine solche antragslose Verweisung explizit aufgenommen wurde. Das Gericht kann also auf eigene Initiative und ohne Antrag eines anderen Beteiligten das Verfahren an ein anderes Gericht verweisen.[496] Darüber hinaus ermöglicht Bankruptcy Rule 1014(b) bei verbundenen Unternehmen mit Insolvenzverfahren an verschiedenen Gerichten eine Zusammenführung. Hierfür wird allerdings weiterhin ein Antrag benötigt.[497] Das Gericht, an dem als erstes ein Insolvenzantrag gestellt wurde, darf dann darüber entscheiden, an welchem Gericht die an verschiedenen Gerichten anhängigen Verfahren verbundener Unternehmen fortgesetzt werden. Materiell müssen jegliche Fälle von Bankruptcy Rule 1014 entweder dem „interest of justice" entsprechen oder in der „convenience of the parties" liegen. Dies erfolgt im Zusammenspiel mit 28 U.S.C. § 1412.

a) Vermutung des 28 U.S.C. § 1412

Zunächst gibt es im U.S.-amerikanischen Insolvenzrecht eine widerlegbare Vermutung, welche für die Verweisung eines Insolvenzverfahrens widerlegt werden muss. Im U.S.-amerikanischen Insolvenzrecht wird vermutet, dass der District Court, bei dem der Insolvenzantrag gestellt wurde, örtlich zuständig ist und das

495 Zur Verweisung von einem unzuständigen Gericht siehe In re Henderson, 197 B.R. 147 (Bankr. N.D. Ala. 1996); bzgl. der Verweisung von einem zuständigen Gericht siehe In re B.L. of Miami Inc., 294 B.R. 325 (Bankr. D. NV 2003).

496 Siehe dazu Bankr. Proc. Manual.§ 1014:3 (2022 ed.).

497 Vgl. Die Anmerkungen zum Delaware Venue Report, G Collier on Bankruptcy 2 App. Pt. 44 Part 2, 3.1.5 C. (16th ed.).

Verfahren dort verbleiben sollte.[498] Der Gerichtswahl des Insolvenzantragstellers wird auf diese Weise hohes Gewicht beigemessen.[499] Zudem weisen Teile der Rechtsprechung explizit darauf hin, dass eine Verweisung gem. 28 U.S.C. § 1412 nicht in Betracht kommt, wenn sie im Ergebnis bloß dazu führen würde, dass etwaige Unannehmlichkeiten nur von einer Partei zur anderen verschoben werden.[500] Allein angesichts des zeitlichen Aufwands einer Verweisung sowie der damit verbundenen Unterbrechung eines Insolvenzverfahrens[501] sollte dies jedoch eine Selbstverständlichkeit darstellen. Um die Vermutung des 28 U.S.C. § 1412 zu widerlegen, bedarf es vielmehr überzeugender Beweise dafür, dass die Verweisung an ein anderes Gericht im Interesse der Gerechtigkeit liegt oder aus Praktikabilitätsgründen geboten ist.[502] Die Beweislast trifft dabei diejenige Partei, die den Antrag auf Verweisung gestellt hat.[503] Wird der Nachweis nicht erbracht, so besteht für das Gericht kein Grund, an der Gerichtswahl des Insolvenzantragsstellers zu zweifeln. Der Verweisung steht also von Anfang an eine Vermutung

498 In re Rohalmin, 598 B.R. 900, 906 (Bankr. S.D. Fla. 2019); 1 Collier on Bankruptcy P 4.05 [1] (16th ed.); In re Northfield Laboratories Inc., 467 B.R. 582, 590 (Bank. D. Del. 2010); In re Acor, 510 B.R. 588, 592 (W.D. Tenn. 2014); In re B.L. McCandless LP, 417 B.R. 80, 82 (N.D. III. 2009); Matter of Peachtree Lane Associates, Ltd., 150 F.3d 788, 792 (7th Cir.1998).

499 In re Dunmore Homes, Inc., 380 B.R. 663, 670 (Bankr. S.D.N.Y. 2008); In re Enron Corp., 274 B.R. 327, 342 (Bankr. S.D.N.Y. 2002); Matter of Ocean Properties of Delaware, Inc., 95 B.R. 304, 305 (Bankr. D. Del. 1988).

500 In re Lehman Brothers Holdings Inc., 594 B.R. 33, 59 (Bankr. S.D.N.Y. 2018); In re Enron Corp., 274 B.R. 327, 343 (Bankr. S.D.N.Y. 2002); In re Bruno's, Inc., 227 B.R. 311, 325 (Bankr. N.D. Ala. 1998).

501 Siehe dazu etwa In re Pavilion Place Associates, 88 B.R. 32, 35 (Bankr. S.D.N.Y. 1988); In re Bestwall LLC, 605 B.R. 43, 52 (Bankr. W.D.N.C. 2019).

502 In re Grand Dakota Partners, LLC, 573 B.R. 197, 201 (Bankr. W.D.N.C. 2017); Creekridge Capital, LLC v. Louisiana Hosp. Center, LLC, 410 B.R. 623, 629 (D. Minn. 2009); In re DRI Companies, 552 B.R. 195, 197 (Bankr. C.D. Cal. 2016); In re Pan Am Corp., 177 B.R. 1014, 1018 (Bankr. S.D. Fla. 1995); In re Northfield Laboratories Inc., 467 B.R. 582, 590 (Bank. D. Del. 2010).

503 KeyBank National Association v. Franklin Advisers, Inc., 600 B.R. 214, 234 (S.D.N.Y. 2019); In re Grand Dakota Partners, LLC, 573 B.R. 197, 201 (Bankr. W.D.N.C. 2017); In re DRI Companies, 552 B.R. 195, 197 (Bankr. C.D. Cal. 2016); In re Barrington Spring House, LLC, 509 B.R. 587, 602 (Bankr. S.D. Ohio 2014); In re DBSI, Inc., 478 B.R. 192, 194 (Bank. D. Del. 2012); In re B.L. McCandless LP, 417 B.R. 80, 82 (Bankr. N.D. III. 2009); Matter of Peachtree Lane Associates, Ltd., 150 F.3d 788, 792 (7th Cir. 1998); Creekridge Capital, LLC v. Louisiana Hosp. Center, LLC, 410 B.R. 623, 629 (D. Minn. 2009).

entgegen, die eine Beibehaltung des Status-Quo begünstigt. Ist diese erste Hürde überwunden, so müssen noch die weiteren Voraussetzungen für eine Verweisung erfüllt sein.

b) *Interesse der Gerechtigkeit oder Praktikabilitätsgründe*

Um eine Verweisung gem. 28 U.S.C. § 1412 vorzunehmen, muss diese im Interesse der Gerechtigkeit („interest of justice") liegen oder aus Praktikabilitätsgründen der Parteien („convenience of the parties") geboten sein. Die beiden Merkmale müssen nicht kumulativ erfüllt sein, sondern stehen in einem alternativen Verhältnis zueinander.[504] Um eine Verweisung nach 28 U.S.C. § 1412 zu erwirken, reicht daher in der Regel die Widerlegung der Vermutung und die Erfüllung eines der beiden Merkmale. Allerdings werden Verweisungen je nach Einzelfall beurteilt und dem Gericht dabei ein hoher Ermessenspielraum zugestanden.[505] Als wegweisender Fall bezüglich der Voraussetzungen einer Verweisung gem. 28 U.S.C. § 1412 gilt *Puerto Rico v. Commonwealth Oil Refining Co.* von 1979.[506] In der Sache hatte das Gericht über eine Verweisung des Insolvenzverfahrens der Commonwealth Oil Refining Company sowie ihrer 11 Tochtergesellschaften von Texas nach Puerto Rico zu entscheiden. Die damals verwendeten Grundsätze werden bei Verweisungen gem. 28 U.S.C. § 1412 noch heute angewandt, zitiert und als leitend betrachtet.[507]

---

504 3 Bankruptcy Practice Handbook § 18:17 (2d ed.); In re Amazing Energy MS, LLC, No. 20-01245-NPO, 2020 WL 4730890, *6 (Bankr. S.D. Miss. June 25, 2020); In re Grand Dakota Partners, LLC, 573 B.R. 197, 201 (Bankr. W.D.N.C. 2017); In re Dunmore Homes, Inc., 380 B.R. 663, 670 (Bankr. S.D.N.Y. 2008); Creekridge Capital, LLC v. Louisiana Hosp. Center, LLC, 410 B.R. 623, 629 (D. Minn. 2009).

505 In re DRI Companies, 552 B.R. 195, 197 (Bankr. C.D. Cal. 2016); In re B.L. McCandless LP, 417 B.R. 80, 82 (Bankr. N.D. III. 2009); In re Grand Dakota Partners, LLC, 573 B.R. 197, 201 (Bankr. W.D.N.C. 2017); Creekridge Capital, LLC v. Louisiana Hosp. Center, LLC, 410 B.R. 623, 629 (D. Minn. 2009).

506 Commonwealth of Puerto Rico v. Commonwealth Oil Refining Co., Inc., 569 F.2d 1239 (5th Cir. 1979).

507 So beispielsweise In re Amazing Energy MS, LLC, No. 20-01245-NPO, 2020 WL 4730890, *7 (Bankr. S.D. Miss. June 25, 2020); In re First Fruits Holdings, No. 18–02135–5–DMW, 2018 WL 2759384, *2 (Bankr. E.D.N.C. June 6, 2018); In re Enron Corp., 274 B.R. 327, 343 (Bankr. S.D.N.Y. 2002).

aa) Interesse der Gerechtigkeit

Das Kriterium „Interesse der Gerechtigkeit" des 28 U.S.C. § 1412 wird von der Rechtsprechung teilweise als besonders weit und dehnbar erachtet.[508] Bei der Prüfung des Merkmals wird abgewogen, ob bestimmte Faktoren für die Verweisung der Rechtssache an ein anderes Gericht sprechen. Die hierzu von der Rechtsprechung in Betracht gezogenen Faktoren können zwar vereinzelt variieren, sind jedoch in der Regel die Folgenden:[509]

(1) Förderung einer ökonomischen und effizienten Abwicklung des Insolvenzfalls
(2) Prozessökonomie
(3) Möglichkeit eines gerechten Verfahrens für die Parteien an beiden Gerichtsstandorten
(4) Klarstellungsinteresse eines der Gerichte bezüglich einer Streitigkeit innerhalb des eigenen Gerichtsbezirks
(5) Mögliche Tangierung der Vollstreckbarkeit eines vergangenen Urteils durch die Verweisung
(6) Beeinträchtigung der ursprünglichen Gerichtsstandwahl des Schuldners

Anhand einer Gesamtabwägung dieser Faktoren entscheiden die Insolvenzrichter, ob eine Verweisung der Rechtssache an ein anderes Gericht im Interesse der Gerechtigkeit liegt oder nicht. Eine einheitliche Bewertung der Gewichtung der Faktoren ist in der Rechtsprechung nicht anzutreffen. Allerdings heben weite Teile der Rechtsprechung übereinstimmend die effiziente und ökonomische

508 In re Amazing Energy MS, LLC, No. 20-01245-NPO, 2020 WL 4730890, *7 (Bankr. S.D. Miss. June 25, 2020); In re Patriot Coal Corp., 482 B.R. 718, 739 (Bankr. S.D.N.Y. 2012).

509 So auch von der Rechtsprechung bei der Verweisungsprüfung verwendet in In re Enron Corp., 274 B.R. 327 (Bankr. S.D.N.Y. 2002); In re Dunmore Homes, Inc., 380 B.R. 663 (Bankr. S.D.N.Y. 2008); Hilton Worldwide, Inc. Global Benefits Admin. Comm. v. Caesars Entm't Corp.,532 B.R. 259 (E.D. Va. 2015); In re Bestwall LLC, 605 B.R. 43 (Bankr. W.D.N.C. 2019); In re Patriot Coal Corp., 482 B.R. 718, 739 (Bankr. S.D.N.Y. 2012).

Abwicklung des Verfahrens im Sinne der ersten beiden Faktoren als die wichtigste Maßgabe hervor.[510]

Eine Verweisung nach 28 U.S.C. § 1412 soll das Insolvenzverfahren effizienter machen und beschleunigen. Würde eine Verweisung das Verfahren vor einen erheblichen finanziellen und zeitlichen Mehraufwand stellen, so wäre sie sinnwidrig. Daher stellt das Kriterium des Interesses der Gerechtigkeit eine gründliche Abwägung ökonomischer und rechtlicher Aspekte einer möglichen Verweisung gem. 28 U.S.C. § 1412 dar.

bb) Praktikabilitätsgründe der Parteien

Alternativ kommt für eine Verweisung gem. 28 U.S.C. § 1412 das Merkmal „Praktikabilitätsgründe der Parteien" in Betracht. Hierbei setzen sich die Richter ebenfalls mit der Frage auseinander, ob bestimmte Faktoren für die Verweisung der Rechtssache an ein anderes Gericht sprechen. Anders als bei dem Kriterium „Interesse der Gerechtigkeit", sind die hierzu herangezogenen Faktoren jedoch weniger variabel und regelmäßig die Folgenden:[511]

(1) Nähe von Gläubigern jeder Art zum Gericht
(2) Nähe des Schuldners
(3) Nähe der benötigten Zeugen
(4) Standort der Vermögenswerte
(5) wirtschaftliche Verwaltung der Insolvenzmasse
(6) Notwendigkeit weiterer Verwaltungsaufwendungen im Falle einer Liquidation

510 In re Bestwall LLC, 605 B.R. 43, 51 (Bankr. W.D.N.C. 2019); In re Enron Corp., 274 B.R. 327, 343 (Bankr. S.D.N.Y. 2002); Independent Stationers, Inc. v. Vaughn, No. IP 99–0127 C M/S, 2000 WL 1449854, *2 (S.D. Ind. Jan. 3, 2000); Commonwealth of Puerto Rico v. Commonwealth Oil Refining Co., Inc., 569 F.2d 1239, 1247 (5th Cir. 1979); Hilton Worldwide, Inc. Global Benefits Admin. Comm. v. Caesars Entm't Corp., 532 B.R. 259, 274 (E.D. Va. 2015); In re Manville Forest Products Corp., 896 F.2d 1384, 1391 (2nd. Cir. 1990).

511 So verwenden die folgenden Entscheidungen jeweils die gleichen Kriterien aus Commonwealth of Puerto Rico v. Commonwealth Oil Refining Co., Inc., 569 F.2d 1239 (5th Cir. 1979) zur Prüfung der Praktikabilitätsgründe der Parteien gem. 28 U.S.C. § 1412: In re Bestwall LLC, 605 B.R. 43, 53 (Bankr. W.D.N.C. 2019); In re Dunmore Homes, Inc., 380 B.R. 663, 676 (Bankr. S.D.N.Y. 2008); In re Amazing Energy MS, LLC, No. 20-01245-NPO, 2020 WL 4730890, *11 (Bankr. S.D. Miss. June 25, 2020); In re First Fruits Holdings, No. 18–02135–5–DMW, 2018 WL 2759384, *3 (Bankr. E.D.N.C. June 6, 2018).

Anhand dieser Faktoren prüft das Gericht, ob Praktikabilitätsgründe der Parteien für eine Verweisung der Rechtssache sprechen. Die Gerichte widmen sich zunächst den einzelnen Merkmalen, um im Anschluss eine Gesamtabwägung vorzunehmen. Die Vielzahl an involvierten Parteien führt dazu, dass zur Durchführung eines möglichst effektiven Insolvenzverfahrens auch die praktischen Belange der Parteien beachtet werden müssen. Sind beispielsweise sowohl die für das Verfahren wichtigsten Zeugen als auch die wichtigsten Gläubiger in einem anderen Bundesstaat angesiedelt als dem, in dem der Insolvenzantrag gestellt wurde, spricht dies eindeutig für eine Verweisung des Insolvenzverfahrens an das zuständige Gericht in eben jenem Bundesstaat.[512]

cc) Ähnliche Ergebnisse als Resultat

Die Gerichte kommen bei der Prüfung der Merkmale des Interesses der Gerechtigkeit und der Praktikabilitätsgründe der Parteien häufig zum gleichen Ergebnis bezüglich einer Verweisung der Rechtssache. Mitverantwortlich dafür ist, dass die beiden Alternativen des 28 U.S.C. § 1412 zwar unterschiedliche Merkmale beinhalten, diese jedoch insbesondere hinsichtlich einer zeitlich und finanziell effizienten Abwicklung des Insolvenzverfahrens Überschneidungen aufweisen. Als Ausnahme hierzu kann auf die Entscheidung *Manville Forest Products Corp.* verwiesen werden.[513] Hier kam das Gericht zu dem Ergebnis, dass Praktikabilitätsgründe der Parteien zwar für eine Verweisung der Rechtssache sprachen, das Interesse der Gerechtigkeit dem jedoch entgegenstand.[514] Das Gericht sah damit die Vermutung des 28 U.S.C. § 1412 als nicht widerlegt an und verwies die Rechtssache nicht an ein anderes Gericht.

dd) Zwischenergebnis

Die Verweisung gem. 28 U.S.C. § 1412 kommt in der U.S.-amerikanischen Insolvenzrechtspraxis häufig vor. Die Norm ermöglicht den Richtern Insolvenzverfahren und verbundene Rechtsstreite zusammenzuführen sowie bereits zusammengeführte Rechtssachen an dem Gericht stattfinden zu lassen, dessen Lage sich aufgrund der Nähe zum Hauptgeschäftssitz, den Gläubigern, den Schuldnern, dem Unternehmensvermögen oder sonstigen Faktoren optimal für ein effizientes Verfahren eignet. Die Voraussetzungen des 28 U.S.C. § 1412 sind weit genug gefasst, um Verweisungen an Gerichte zu ermöglichen, an denen

---

512 Siehe In re B.L. McCandless LP, 417 B.R. 80 (N.D. III. 2009).

513 In re Manville Forest Products Corp., 896 F.2d 1384 (2nd. Cir. 1990).

514 In re Manville Forest Products Corp., 896 F.2d 1384, 1391 (2nd. Cir. 1990).

sie zur Verfahrensoptimierung sinnvoll sind. Damit stellt die Verweisung gem. 28 U.S.C. § 1412 im U.S.-amerikanischen Insolvenzrecht ein einfaches, aber effektives Instrument dar, um alle wichtigen Umstände und Faktoren eines Insolvenzverfahrens im Sinne einer effizienten Verfahrensgestaltung an einem gemeinsamen Ort zu bündeln. Sie ermöglicht eine Zusammenführung von geografisch weit verstreuten Elementen des Insolvenzverfahrens und kann deshalb gerade in Bezug auf Konzerninsolvenzen als Schlüssel einer effizienten Insolvenzverwaltung dienen.

3. Verweisungen als Korrekturmittel und Instrument gegen Forum Shopping

Wie gezeigt, bietet die Gesetzeslage in den USA großen Konzernen vielfältige Möglichkeiten, sich faktisch den Standort ihres Insolvenzverfahrens aussuchen. Das dadurch veranlasste insolvenzrechtliche Forum Shopping durch große Konzerne, stellt in den USA Politik und Gesetzgeber vor Herausforderungen.[515] Unter den weiten Begriff des Forum Shoppings fallen auch solche Konstellationen, in denen tatsächliche Umstände verändert werden, um die Zuständigkeit eines bestimmten Gerichts zu begründen.[516] Teilweise kann dem jedoch anhand von Verweisungen entgegengewirkt werden.

a) Fragwürdige Gerichtsstände im Konzerninsolvenzrecht der USA

Die beachtliche Entscheidungsfreiheit der Konzerne führt dementsprechend auch zu missbräuchlichen bzw. missbräuchlich anmutenden Vorgängen. Wenn große Konzerngesellschaften eine Tochtergesellschaft in einem anderen U.S.-Bundesstaat ihren Insolvenzantrag stellen lassen, um wenige Minuten später den eigenen Insolvenzantrag in eben jenem Bundesstaat stellen zu können, weckt dies Zweifel an der Redlichkeit des Vorgangs.[517] Das Gericht kann solchen Vorgängen entgegenwirken, indem es von der Möglichkeit Gebrauch macht, gem. 28 U.S.C. § 1412 solche Insolvenzverfahren an ein anderes Gericht zu verweisen.

---

515 Ausführlich zum Forum Shopping Teil 6.

516 Eingehend zum Begriff des Forum Shopping *Knof/Mock*, ZInsO 2008, 253, 254.

517 Siehe dazu die Aussage von John F. Peterpaul, damaliger Vize-Präsident der International Association of Machinists and Aerospace Workers (IAM), über das Insolvenzverfahren der Eastern Air Lines vor dem U.S.-amerikanischen Repräsentantenhaus: Current Condition of Eastern Air Lines and the Prospects of its Restoration as a Major Carrier - Hearing Before the Subcommittee on Aviation of the Committee on Public Works and Transportation - House of Representatives 155 (1989).

Aber: Das Ausnutzen einer Tochtergesellschaft durch einen großen Konzern, um an einem Gericht der Wahl den Insolvenzantrag stellen zu können, wurde von der Rechtsprechung lange geduldet.[518]

b) *Die* Enron *Entscheidung*

Beispielhaft dafür steht die *Enron* Entscheidung bezüglich des gleichnamigen U.S.-amerikanischen Gaskonzerns,[519] welcher im Zeitpunkt des Insolvenzantrags weltweit ca. 25,000 Personen beschäftigte.[520] In dieser Entscheidung unterhielt eine Tochtergesellschaft von untergeordneter wirtschaftlicher Bedeutung (ihre Vermögenswerte betrugen nur ca. 0,5 % des Konzernvermögens[521]) ihren Hauptgeschäftssitz in New York, New York.[522] Die Muttergesellschaft und der überwiegende Teil der ca. 30 verbundenen Unternehmen unterhielten ihren Hauptgeschäftssitz Houston, Texas.[523] Nachdem die New Yorker Tochtergesellschaft im U.S.-Bundesstaat New York[524] ihren Insolvenzantrag gestellt hatte, nutzten dies sowohl die Muttergesellschaft als auch alle anderen verbundenen Unternehmen, um dort gem. 28 U.S.C. § 1408(2) ebenfalls ihren Insolvenzantrag zu stellen.[525] Das Gericht betrachtete diesen Vorgang trotzdem als rechtmäßig und beließ das Insolvenzverfahren am Insolvenzgericht des Southern District of New York. Es machte nicht von seiner Möglichkeit Gebrauch das Verfahren gem. 28 U.S.C. § 1412 an ein anderes Gericht zu verweisen.

c) *Die* Bestwall *Entscheidung*

Auch die *Bestwall* Entscheidung[526] weist eine gewisse Ähnlichkeit auf. Dort verlegte das im U.S.-Bundesstaat Texas gegründete Unternehmen 94 Tage vor Stellung des Insolvenzantrags seinen Sitz nach North Carolina.[527] Damit lag der Sitz des Unternehmens für die Mehrzahl der 180 dem Insolvenzantrag vorausgehenden

518 Eingehend dazu 1 Bankruptcy Litigation § 2:1.
519 In re Enron Corp., 274 B.R. 327 (Bankr. S.D.N.Y. 2002).
520 In re Enron Corp., 274 B.R. 327, 337 (Bankr. S.D.N.Y. 2002).
521 In re Enron Corp., 274 B.R. 327, 338 (Bankr. S.D.N.Y. 2002).
522 In re Enron Corp., 274 B.R. 327, 341 (Bankr. S.D.N.Y. 2002).
523 In re Enron Corp., 274 B.R. 327, 334 (Bankr. S.D.N.Y. 2002).
524 Zu den Gründen einer Bevorzugung des Standorts New York für Konzerninsolvenzverfahren siehe Teil 6 A. V.
525 In re Enron Corp., 274 B.R. 327, 341 (Bankr. S.D.N.Y. 2002).
526 In re Bestwall LLC, 605 B.R. 43 (Bankr. W.D.N.C. 2019).
527 In re Bestwall LLC, 605 B.R. 43, 51 (Bankr. W.D.N.C. 2019).

Tage[528] im U.S.-Bundesstaat North Carolina und ermöglichte auf diese Weise dort den Insolvenzantrag zu stellen.[529] Auch diesen Vorgang sah das Gericht nicht als rechtsmissbräuchlich an, verwies das Insolvenzverfahren nicht gem. 28 U.S.C. § 1412 an ein anderes Gericht, sondern beließ es in North Carolina.

d) *Beschränkung durch* Patriot Coal

Anders in der Entscheidung *Patriot Coal*.[530] Hier bezog das Gericht zu der Frage Stellung, wann sich ein solches Ausnutzen des Standorts konzernverbundener Unternehmen zum Zweck der eigenen Insolvenzantragsstellung noch im Rahmen des Gesetzes bewegt. Die Patriot Coal Corporation war ein großes Unternehmen mit Hauptgeschäftssitz im U.S.-Bundesstaat Missouri, welches Kohle in den Bundesstaaten West Virginia und Kentucky abbaute und weltweit verkaufte.[531] Am 01.06.2012 und am 14.06.2012 wurden im U.S.-Bundesstaat New York kurzerhand zwei Tochterunternehmen des Konzerns gegründet, welche beide bereits am 09.07.2012, einen Insolvenzantrag am Insolvenzgericht des Southern District of New York stellten.[532] Aufgrund der bereits anhängigen Insolvenzverfahren verbundener Unternehmen konnte die Patriot Coal Corporation und 98 Tochtergesellschaften gem. 28 U.S.C. § 1408(2) noch am selben Tag ebenfalls ihre Insolvenzanträge am Insolvenzgericht des Southern District of New York stellen.[533] Hier zog das Gericht jedoch eine klare Grenze und verwies die Insolvenzverfahren gem. 28 U.S.C. § 1412 an das Insolvenzgericht des Hauptgeschäftssitzes in Missouri.

Der Standort Missouri entsprach laut dem Gericht am besten dem Interesse der Gerechtigkeit und der Praktikabilität der Parteien.[534] Während das Gesetz großen Konzernen viel Freiheit bei der Stellung des Insolvenzantrags lässt, erreicht diese bei derart gekünstelten Konstellationen ihre Grenze. Die beiden kurzweg in New York gegründeten Tochtergesellschaften besaßen in New York kein Büro, keine Angestellten und nur sehr geringe Vermögenswerte.[535] Später wurden sie auch als bloß für die Stellung des Insolvenzantrags geschaffenen Mantelgesellschaften

528 Siehe zur 180 Tage Regelung Teil 4 A. II.
529 In re Bestwall LLC, 605 B.R. 43, 51 (Bankr. W.D.N.C. 2019).
530 In re Patriot Coal Corp., 482 B.R. 718 (Bankr. S.D.N.Y. 2012).
531 In re Patriot Coal Corp., 482 B.R. 718, 729–730 (Bankr. S.D.N.Y. 2012).
532 In re Patriot Coal Corp., 482 B.R. 718, 727 (Bankr. S.D.N.Y. 2012).
533 In re Patriot Coal Corp., 482 B.R. 718, 722 (Bankr. S.D.N.Y. 2012).
534 In re Patriot Coal Corp., 482 B.R. 718, 754 (Bankr. S.D.N.Y. 2012).
535 In re Patriot Coal Corp., 482 B.R. 718, 726–727 (Bankr. S.D.N.Y. 2012).

bezeichnet.[536] Das Gericht der *Patriot Coal* Entscheidung stellte klar, dass die kurzfristige Gründung eines Unternehmens allein zur Begründung eines Gerichtsstands dem Zweck der Norm widerspreche und die Integrität des gesamten Insolvenzverfahrens beeinträchtige.[537] Es bestätigte damit auch die *Winn-Dixie* Entscheidung, wonach das Ausnutzen bereits bestehender Umstände nicht mit der kurzfristigen Schaffung bestimmter Umstände vor einem Chapter 11 Insolvenzverfahren gleichzusetzen ist.[538]

e) Resultat aus Patriot Coal

Mit dieser Entscheidung stellt die Rechtsprechung klar, wo die Grenze der Entscheidungsfreiheit großer Konzerne hinsichtlich der Stellung eines Insolvenzantrags erreicht wird. Diese verläuft dort, wo nicht bereits vorhandene Umstände zu eigenen Gunsten ausgenutzt werden, sondern systematisch und durchweg gekünstelt versucht wird, günstige Fakten neu zu schaffen. Hier ist eine Intervention der Gerichte in Form einer Verweisung der Insolvenzverfahren an ein anderes Gericht angezeigt. Diese Entscheidungen verdeutlichen maßgeblich die Leitlinie der Rechtsprechung, wobei schlussendlich immer die konkrete Faktenlage im Einzelfall entscheidend sein wird.

B. Örtliche Zuständigkeit in Deutschland

Wie bereits im U.S.-amerikanischen Insolvenzrecht aufgezeigt, spielt die örtliche Zuständigkeit der Gerichte im Rahmen der Insolvenz und insbesondere im Rahmen von Konzerninsolvenzen eine tragende Rolle. Eine ähnliche Bedeutung kommt der örtlichen Zuständigkeit im deutschen Konzerninsolvenzrecht zu. Über den bloßen Ort der Insolvenzantragsstellung hinaus, berührt die örtliche Zuständigkeit mit der Möglichkeit einer Verweisung sowie der Möglichkeit der Etablierung eines Gruppen-Gerichts eine Vielzahl an bedeutenden verfahrensrechtlichen Gesichtspunkten.

---

536 So das Gericht in In re Bestwall LLC, 605 B.R. 43 (Bankr. W.D.N.C. 2019); eine ausführliche Differenzierung zwischen der *Bestwall* Entscheidung und der *Patriot Coal* Entscheidung findet sich in In re Bestwall LLC, 605 B.R. 43, 52–53 (Bankr. W.D.N.C. 2019).

537 In re Patriot Coal Corp., 482 B.R. 718, 744 (Bankr. S.D.N.Y. 2012).

538 In re Patriot Coal Corp., 482 B.R. 718, 746 (Bankr. S.D.N.Y. 2012).

I. § 3 Abs. 1 InsO

Die örtliche Zuständigkeit eines Insolvenzgerichts über das Insolvenzverfahren eines Schuldners normiert § 3 Abs. 1 InsO. Das Gesetz räumt § 3 Abs. 1 Satz 2 InsO Vorrang gegenüber § 3 Abs. 1 Satz 1 InsO ein. Sofern der Mittelpunkt einer selbständigen wirtschaftlichen Tätigkeit des Schuldners an einem anderen Ort als dem des allgemeinen Gerichtsstands liegt, ist ausschließlich das Insolvenzgericht zuständig, in dessen Bezirk dieser Ort liegt. Eine wirtschaftliche Tätigkeit ist jede auf Erwerb gerichtete Unternehmung.[539] Ein Gewerbe muss dazu nicht vorliegen.

1. Mittelpunkt der wirtschaftlichen Tätigkeit

Strittig ist, wo genau der Mittelpunkt einer solchen wirtschaftlichen Tätigkeit zu verorten ist. Die herrschende Meinung stellt auf den Ort der tatsächlichen Willensbildung eines Unternehmens sowie der Entscheidungsfindung, ihrer Dokumentation und ihrer Umsetzung ab.[540] Sofern sich also der tatsächliche Schwerpunkt der Unternehmensleitung an einem Ort ausmachen lässt, präferiert der deutsche Gesetzgeber die dortige Abwicklung der Insolvenz über ein Abstellen auf den Sitz des Unternehmens. Hierfür sprechen Zweckmäßigkeitsgründe. Der Unternehmenssitz muss nicht zwingend den Schwerpunkt eines Unternehmens darstellen und eignet sich daher nicht unbedingt für die möglichst effiziente Abwicklung eines Insolvenzverfahrens. Hierbei lässt sich feststellen, dass das U.S.-amerikanische Insolvenzrecht eine ähnliche Definition verwendet, um über das Merkmal des Hauptgeschäftssitzes aus 28 U.S.C. § 1408(1) ebenfalls die örtliche Zuständigkeit eines Insolvenzgerichts zu begründen. Die Rechtswissenschaft beider Länder nimmt demnach zur Begründung der örtlichen Zuständigkeit an dem Ort, an welchem die unternehmerischen Entscheidungen tatsächlich getroffen werden, einen Schwerpunkt des Unternehmens an.

Wie bereits erörtert, lässt sich über § 3 Abs. 1 Satz 2 InsO ein faktischer Gruppen-Gerichtsstand begründen.[541] Dazu müssen sich die jeweiligen wirtschaftlichen Mittelpunkte verschiedener konzernangehöriger Gesellschaften an einem Ort befinden. Auch ohne einen normierten Gruppen-Gerichtsstand ist dann allein das Gericht zuständig, in dessen Bezirk dieser Ort liegt. Ein wirtschaftlicher Tätigkeitsmittelpunkt genießt allerdings nur dann gegenüber

---

539 *Ganter/Bruns*, in: MüKoInsO, § 3 Rn. 7.

540 Ausführlich zum Streit um den Mittelpunkt der wirtschaftlichen Tätigkeit Teil 2 B. I. 1.

541 Zum faktischen Gruppen-Gerichtsstand siehe Teil 2 B. I. 1.

§ 3 Abs. 1 Satz 1 InsO Vorrang, wenn dieser an einem anderen Ort als dem allgemeinen Gerichtsstand liegt.

Wird keine wirtschaftliche Tätigkeit ausgeübt oder liegt der Mittelpunkt einer wirtschaftlichen Tätigkeit an demselben Ort wie der allgemeine Gerichtsstand, richtet sich die örtliche Zuständigkeit nach § 3 Abs. 1 Satz 1 InsO. Der „Ort" ist hierbei nicht wörtlich zu verstehen, sondern bezieht sich auf den Bezirk des Insolvenzgerichts.[542] Nach § 3 Abs. 1 Satz 1 InsO ist das Gericht zuständig, in dessen Bezirk der Schuldner seinen allgemeinen Gerichtsstand hat. Dieser liegt für Gesellschaften gem. § 3 InsO i.V.m. § 17 Abs. 1 Satz 1 ZPO grundsätzlich an dem Ort ihres Sitzes. Maßgeblicher Zeitpunkt für die Beurteilung ist der Zeitpunkt der Antragstellung.[543] Spätere Verlegungen des Sitzes lassen die vorher begründete Zuständigkeit des Gerichts unberührt.[544]

2. *Die gewerbliche Firmenbestattung*

Das Abstellen auf den Unternehmenssitz zur Bestimmung des allgemeinen Gerichtsstands gem. § 3 Abs. 1 InsO ist nicht unproblematisch. In Deutschland führte es zu dem fragwürdigen Konstrukt der „gewerblichen Firmenbestattung". Hierbei werden von einem insolvenzreifen Unternehmen die Gesellschaftsanteile verkauft, der Betrieb des Unternehmens eingestellt und ein neuer Geschäftsführer bestellt.[545] Dieser neue Geschäftsführer verlegt dann den Geschäftssitz an einen möglichst weit entfernten Ort. Daraufhin wird bei dem Gericht am neuen Sitz der Insolvenzantrag gestellt bzw. bei dem ursprünglich mit dem Insolvenzverfahren befassten Gericht eine Verweisung an das Gericht am neuen Sitz beantragt. Die Sitzverlegung soll den Gläubigern die Geltendmachung ihrer Ansprüche erschweren und sie im besten Falle vollständig davon abhalten.[546] Zweck dieser Konstruktion ist das Herbeiführen einer Abweisung der Eröffnung des Insolvenzverfahrens mangels Masse gem. § 26 InsO.[547] Auf diese Weise soll die Gesellschaft schnell und unauffällig liquidiert sowie eine Haftung der ehemaligen Geschäftsführer vermieden werden.

---

542 *Becker*, in: Nerlich/Römermann, § 3 Rn. 21.

543 BGH, NZI 2007, 344, 344.

544 OLG Hamm, NZI 2019, 998, 998.

545 Eingehend zur Problematik der Firmenbestattung *Pape*, ZIP 2006, 877; *Werner*, NZWiSt 2013, 418.

546 *Pfordte/Sering*, in: Leitner/Rosenau, § 283, Rn. 84; *Andres*, in: Andres/Leithaus, § 3 Rn. 11.

547 *Werner*, NZWiSt 2013, 418, 419.

Die Rechtsprechung erachtet in Konstellationen der gewerblichen Firmenbestattung das Gericht am ursprünglichen Sitz der Gesellschaft für zuständig.[548] Ein tatsächlicher Wechsel des Gesellschaftssitzes erfolge regelmäßig nicht, insbesondere reiche hierfür die bloße Mitnahme von Geschäftsunterlagen nicht aus.[549] Kritisiert wurde in diesem Zusammenhang eine unzureichende Zuständigkeitsprüfung der Gerichte.[550] Diese habe wesentlich zur Ermöglichung zahlreicher Firmenbestattungen beigetragen. Der BGH nimmt das Gericht am ursprünglichen Sitz des Unternehmens in die Pflicht.[551] Dieses müsse die Zuständigkeitsfrage umfassend prüfen. Erst nachdem die Umstände hinreichend auf Anzeichen einer Firmenbestattung oder einer Gerichtsstandserschleichung geprüft seien, dürfe eine Verweisung erfolgen. Einer Verweisung ohne vorherige Zuständigkeitsprüfung mangele es an einer gesetzlichen Grundlage. Sie entfalte daher keine Bindungswirkung.[552] In einer aktuellen Entscheidung hat der BGH zudem klargestellt, dass in Konstellationen der „gewerblichen Firmenbestattung" bereits der Insolvenzantrag als solcher unzulässig ist.[553] Diesem fehle es in solchen Konstellationen am Rechtsschutzinteresse. Die Rechtsprechung hat damit einer Vorgehensweise insolvenzreifer Unternehmen zum Schutze der Gläubiger Grenzen gesetzt.

Wie in den USA, wird auch in der deutschen Insolvenzpraxis die Norm der örtlichen Zuständigkeit in fragwürdiger Weise von Unternehmen zu Lasten der Gläubiger ausgenutzt. Hier wie dort hat die Rechtsprechung diesem Vorgehen Grenzen gesetzt, um Rechtsmissbrauch zu verhindern. Gemein ist der Rechtsprechung beider Staaten, dass das Ausnutzen tatsächlich vorhandener Umstände nicht rechtswidrig ist und die Grenze zur Rechtsmissbräuchlichkeit dort verläuft, wo gekünstelt versucht wird, günstige Fakten neu zu schaffen.

II. § 3 Abs. 2 und Abs. 3 InsO

§ 3 Abs. 2 InsO wurde durch das Sanierungs- und Insolvenzrechtsfortentwicklungsgesetz (SanInsFoG)[554] neu in die Insolvenzordnung eingefügt und trat am 01.01.2021 in Kraft. Sollte der Schuldner in den letzten sechs Monaten vor der Antragstellung Instrumente gem. § 29 Unternehmensstabilisierungs- und

548 Siehe OLG Stuttgart, NZI 2009, 181; OLG Celle, ZIP 2006, 2098; OLG Schleswig, NZI 2004, 264.
549 OLG Celle, ZIP 2006, 2098, 2099.
550 Kritisch *Pape*, ZIP 2006, 877, 881.
551 BGH, NZI 2006, 164.
552 BGH, NZI 2006, 164, 164.
553 BGH, NZI 2020, 679, 680.
554 BGBl. I S. 3256.

-restrukturierungsgesetz (StaRUG)[555] in Anspruch genommen haben, ist auch das Gericht örtlich zuständig, welches als Restrukturierungsgericht für die Maßnahmen zuständig war. Die Norm schafft einen zusätzlichen Wahlgerichtsstand für das Insolvenzverfahren.[556] Das einmal als Restrukturierungsgericht mit dem Unternehmen befasste Gericht hat gegenüber anderen Gerichten einen Wissensvorsprung. Die bereits erlangten Kenntnisse über das Schuldnerunternehmen und die entscheidenden Personen sollen im Sinne der Kontinuität auch in einem weiteren Verfahren fruchtbar gemacht werden. Die Norm soll eine effizientere und leichtere Abwicklung der Insolvenzverfahren bewirken.[557] Die Zuständigkeit eines anderen Gerichts könnte zu einem vermeidbaren Verlust an Synergie und Effizienz führen.[558] Ähnlich der Motive des KIG, ließ sich der Gesetzgeber bei dieser Änderung des § 3 InsO von dem Gedanken eines möglichst effizienten Insolvenzverfahrens durch die Vermeidung doppelter Arbeit und dem möglichst gewinnbringenden Einsatz von Informationen leiten.

§ 3 Abs. 3 InsO regelt das Vorgehen bei einem Kompetenzkonflikt aufgrund mehrfacher Zuständigkeit. Eine solche Situation kann beispielsweise eintreten, wenn ein Unternehmen mehrere Sitze hat und daher bei den Gerichten an diesen Sitzen jeweils ein Insolvenzantrag gestellt wurde. Wie im Rahmen des Gruppen-Gerichtsstands gem. § 3a Abs. 1 InsO, setzt der Gesetzgeber zur Lösung dieser Situation auf das Prioritätsprinzip. Demnach schließt das Gericht, bei dem als erstes ein Insolvenzantrag gestellt wurde, die anderen aus.

III. Verweisungen gem. § 3d InsO

Als Ausnahme zum Prioritätsprinzip hat das KIG in § 3d Abs. 1 InsO mit der Verweisung ein weiteres essenzielles Instrument für die effiziente Bewältigung von Konzerninsolvenzen geschaffen. Gem. § 3c Abs. 2 InsO können auch nach Begründung eines Gruppen-Gerichtsstands noch Insolvenzanträge an dem allgemeinen Gerichtsstand des § 3 Abs. 1 InsO gestellt werden. Der Gruppen-Gerichtsstand entfaltet insoweit keine Sperrwirkung.[559] Der deutsche Gesetzgeber hat durch die Möglichkeit der Verweisung eines Verfahrens an den Gruppen-Gerichtsstand

---

555 BGBl. I S. 3256

556 Gesetztesentwurf der Bundesregierung zum Sanierungs-und Insolvenzrechtsfortentwicklungsgesetz – SanInsFoG, BT-Drs. 19/24181, 191.

557 Gesetztesentwurf der Bundesregierung zum Sanierungs-und Insolvenzrechtsfortentwicklungsgesetz – SanInsFoG, BT-Drs. 19/24181, 191.

558 Gesetztesentwurf der Bundesregierung zum Sanierungs-und Insolvenzrechtsfortentwicklungsgesetz – SanInsFoG, BT-Drs. 19/24181, 191.

559 Siehe dazu Teil 2 B. II. 1.

eine nachträgliche Konzentration der Insolvenzverfahren ermöglicht. Wie im U.S.-amerikanischen Insolvenzrecht, können im deutschen Insolvenzrecht Verweisungen dazu verwendet werden, für die konzernangehörigen Unternehmen den optimalen Gerichtsstand sicherzustellen. Über die Bündelung der Verfahren hinaus, ermöglicht § 3d Abs. 3 InsO die Entlassung eines vorläufigen Insolvenzverwalters, um gem. § 56b Abs. 1 InsO[560] die Bestellung desselben Insolvenzverwalters für alle gruppenangehörigen Insolvenzverfahren zu ermöglichen. § 3d InsO lautet:

> *„(1) Wird die Eröffnung eines Insolvenzverfahrens über das Vermögen eines gruppenangehörigen Schuldners bei einem anderen Insolvenzgericht als dem Gericht des Gruppen-Gerichtsstands beantragt, kann das angerufene Gericht das Verfahren an das Gericht des Gruppen-Gerichtsstands verweisen. Eine Verweisung hat auf Antrag zu erfolgen, wenn der Schuldner unverzüglich nachdem er Kenntnis von dem Eröffnungsantrag eines Gläubigers erlangt hat, einen zulässigen Eröffnungsantrag bei dem Gericht des Gruppen-Gerichtsstands stellt.*
>
> *(2) Antragsberechtigt ist der Schuldner. § 3a Absatz 3 gilt entsprechend.*
>
> *(3) Das Gericht des Gruppen-Gerichtsstands kann den vom Erstgericht bestellten vorläufigen Insolvenzverwalter entlassen, wenn dies erforderlich ist, um nach § 56b eine Person zum Insolvenzverwalter in mehreren oder allen Verfahren über die gruppenangehörigen Schuldner zu bestellen."*

1. *Obligatorische Verweisung auf Antrag des Schuldners gem. § 3d Abs. 1 Satz 2 InsO*

Eine Verweisung hat gem. § 3d Abs. 1 Satz 2 InsO auf Antrag des Schuldners zu erfolgen. Das „hat" verdeutlicht, dass es sich um eine gebundene Entscheidung handelt. Dem Gericht steht kein Ermessen zu.[561] Hierzu muss der Schuldner unverzüglich, nachdem er Kenntnis des Eröffnungsantrags eines Gläubigers erlangt hat, einen zulässigen Insolvenzantrag bei dem Gruppen-Gericht gestellt haben. Unverzüglich meint gem. § 121 Abs. 1 Satz 1 BGB ohne schuldhaftes Zögern. Ein Schriftformerfordernis des Antrags statuiert das Gesetz nicht und wird nicht vorausgesetzt.[562] Vorausgesetzt wird von § 3d Abs. 1 Satz 2 InsO hingegen das Bestehen eines Gruppen-Gerichtsstands i.S.v. § 3a Abs. 1 InsO.

---

560 Dazu eingehend Teil 3 B.

561 *Pape*, in: Uhlenbruck, § 3d Rn. 8.

562 *Bruns*, in: MüKoInsO, § 3d Rn. 3.

a) *Möglichkeit einer Verweisung bei späterer Begründung des Gruppen-Gerichtsstands*

Unklar ist, zu welchem Zeitpunkt der Gruppen-Gerichtsstand bestehen muss. Der Wortlaut des § 3d Abs. 1 Satz 2 InsO ist nicht eindeutig. Klar ist, dass eine Verweisung erfolgen kann, wenn der Gruppen-Gerichtsstand noch vor der Stellung des Insolvenzantrags begründet wurde. Unklar ist jedoch, ob eine Verweisung gem. § 3d Abs. 1 Satz 2 InsO auch dann möglich ist, wenn ein Gruppen-Gerichtsstand im Zeitpunkt der Stellung des Insolvenzantrags noch nicht bestand. Ist also eine Verweisung gem. § 3d Abs. 1 Satz 2 InsO auch möglich, wenn ein Gruppen-Gerichtsstand erst nach dem Insolvenzantrag des Gläubigers bei einem anderen Gericht begründet wurde?

Manche Stimmen in der Literatur lehnen dies ab und verlangen das Bestehen eines Gruppen-Gerichtsstands im Zeitpunkt der Stellung des Insolvenzantrags durch den Gläubiger.[563] Dafür spricht eine strenge Orientierung am Wortlaut des § 3d Abs. 1 InsO. Sollte der Gruppen-Gerichtsstand noch nicht begründet sein, wäre im Zeitpunkt der Antragstellung das Gericht schließlich das gem. § 3 Abs. 1 InsO ausschließlich zuständige Gericht und kein „anderes Insolvenzgericht" im Sinne des § 3d Abs. 1 Satz 1 InsO.[564] Manche Stimmen der Literatur fordern eine Auslegung des § 3d Abs. 1 Satz 2 InsO dahingehend, dass es genüge, wenn zeitgleich mit dem Verweisungsantrag des Schuldners ein zulässiger Konzentrationsantrag auf Begründung eines Gruppen-Gerichtsstands bei dem zukünftigen Gruppen-Gericht gestellt werde.[565] Teilweise wird hingegen eine noch weitere Auslegung der Norm gefordert. Demnach sei eine Verweisung gem. § 3d Abs. 1 Satz 2 InsO auch ohne gleichzeitige Stellung des Konzentrationsantrags noch möglich, wenn der Gruppen-Gerichtsstand erst nachdem der Gläubiger seinen Insolvenzantrag bei einem anderen Gericht gestellt hat, begründet wurde.[566]

Eine Orientierung am Zweck der Norm widerspricht den beiden engeren Auffassungen. Die Norm soll eine möglichst umfassende Zuständigkeitskonzentration ermöglichen, um damit die Grundlage für eine möglichst effiziente Abwicklung von Konzerninsolvenzverfahren zu legen. Dementsprechend sollte ein unklarer Wortlaut zunächst weit ausgelegt werden. Eine Berücksichtigung dieses Zwecks lässt für die Forderung eines vorher oder gleichzeitig begründeten

563 So *Thole*, KTS 2014, 351, 357; *Prütting*, in: K/P/B, § 3d Rn. 3.

564 Siehe *Bruns*, in: MüKoInsO, § 3d Rn. 4.

565 So *Bruder*, in: FK-InsO, § 3d Rn. 3; *von Wilcken*, in: Flöther, § 4 Rn. 62; *Baumert*, in: Braun InsO, § 3d Rn. 3; *Pape*, in: Uhlenbruck, § 3d Rn. 3.

566 So *Bruns*, in: MüKoInsO, § 3d Rn. 4–5.

Gruppen-Gerichtsstands keinen Raum. Ob der Gruppen-Gerichtsstand vor oder nach der Stellung des Insolvenzantrags begründet wird – die Interessenlage ist die gleiche. Die verschiedenen Insolvenzverfahren eines Konzerns sollen unabhängig vom Zeitpunkt der Begründung eines Gruppen-Gerichtsstands an diesem zusammengeführt werden, um durch die Bündelung der Verfahren eine möglichst effiziente Abwicklung zu erreichen. Wird der Gruppen-Gerichtsstand erst nach Stellung des Gläubigerantrags an einem anderen Gericht begründet und ist ein gemeinsames Verfahren am Gruppen-Gerichtsstand für die Abwicklung des Schuldnerunternehmens und die Befriedigung der Gläubiger aussichtsreich, sollte das Verfahren an den Gruppen-Gerichtsstand verwiesen werden. Für eine solche Auslegung sprechen auch die Gesetzesmaterialien. So spricht die Gesetzesbegründung explizit von der Möglichkeit einer Verweisung gem. §3d InsO für den Fall, dass ein Insolvenzantrag der Begründung des Gruppen-Gerichtsstands zuvorkommt.[567] Das Erfordernis eines gleichzeitig mit dem Verweisungsantrag zu stellenden Konzentrationsantrag schränkt den Schuldner unnötig ein, da der Gruppen-Gerichtsstand auch durch den Konzentrationsantrag eines anderen gruppenangehörigen Schuldners begründet werden kann. Damit ist zunächst der Auffassung zuzustimmen, welche eine Verweisung auch bei Begründung des Gruppen-Gerichtsstands nach Stellung des Insolvenzantrags ohne das Erfordernis eines gleichzeitig zu stellenden Konzentrationsantrags als möglich erachtet.

b) Einschränkung durch Forderung eines engen zeitlichen Zusammenhangs

In Betracht kommt allerdings eine Einschränkung dieser sehr weiten Auslegung der Norm. Der Gesetzgeber hat in § 3d Abs. 1 Satz 2 InsO das Merkmal der Unverzüglichkeit aufgenommen. Hiermit wird ein enger zeitlicher Zusammenhang zwischen der Kenntnis des Schuldners von dem Insolvenzantrag des Gläubigers und einer Verweisung an den Gruppen-Gerichtsstand bezweckt. Daran angelehnt, sollte die zeitliche Komponente auch bei der Auslegung der Norm nicht unberücksichtigt bleiben. Solange zwischen der Stellung des Insolvenzantrags durch den Gläubiger und der Begründung eines Gruppen-Gerichtsstands wenigstens ein enger zeitlicher Zusammenhang besteht, kann es auf eine konkrete zeitliche Reihenfolge der Ereignisse nicht ankommen. Das Festhalten an einer strengen Reihenfolge würde die Konzentrationsmöglichkeiten dem Gesetzeszweck zuwider einschränken. Wird der Insolvenzantrag an einem Gericht gestellt und erst wesentlich später der Gruppen-Gerichtsstand begründet, besteht die Gefahr, dass eine Verweisung aufgrund des bereits erreichten Verfahrensstands nicht mehr im

567 Gesetzesentwurf der Bundesregierung zum KIG, BT-Drs. 18/407, 28.

Interesse der Gläubiger des Schuldners liegt. Auch die Gesetzesbegründung weist darauf hin, dass eine Verweisung womöglich nicht im Interesse der Gläubiger des Schuldners steht, wenn der Verwalter bereits eine Vielzahl von Dispositionen getroffen hat.[568] Den Stimmen der Literatur, die anhand einer weiten Auslegung der Norm eine Verweisung auch bei Begründung des Gruppen-Gerichtsstands nach Stellung des Insolvenzantrags als möglich erachten, ist grundsätzlich zuzustimmen. Um die Möglichkeit der Verweisung gem. § 3d Abs. 1 Satz 2 InsO in zeitlicher Hinsicht nicht ausufern zu lassen, ist jedoch ein enger zeitlicher Zusammenhang zwischen der Stellung des Insolvenzantrags und der nachfolgenden Begründung des Gruppen-Gerichtsstands zu fordern.

2. *Verweisung gem. § 3d Abs. 1 Satz 1 InsO*

Im Gegensatz zur Verweisungsmöglichkeit des § 3d Abs. 1 Satz 2 InsO, räumt die Verweisungsmöglichkeit des § 3d Abs. 1 Satz 1 InsO dem Gericht bezüglich der Verweisung Ermessen ein. Wird der Insolvenzantrag eines gruppenangehörigen Schuldners bei einem anderen Gericht als dem des Gruppen-Gerichtsstands beantragt, kann das Gericht das Insolvenzverfahren an das Gericht des Gruppen-Gerichtsstands verweisen. Ausschlaggebend ist die Frage, ob bei einer Verweisung die Verfahrenskonzentration am Gruppen-Gerichtsstand noch sinnvoll ist. Das Gericht hat dabei insbesondere den bereits erreichten Verfahrensstand zu berücksichtigen.[569] Es hat zu prüfen, ob eine Verweisung mit Blick auf den aktuellen Stand des Verfahrens noch gewinnbringend ist. Die Gesetzesbegründung verweist darauf, dass eine Verweisung womöglich nicht im Interesse der Gläubiger liegt, wenn der Verwalter bereits umfangreich tätig geworden ist.[570] Die Voraussetzungen des § 3d Abs. 1 Satz 1 InsO sind gering. Ein gruppenangehöriger Schuldner muss einen Insolvenzantrag bei einem anderen Gericht als dem Gericht des Gruppen-Gerichtsstands beantragt haben. Weitere Voraussetzungen lassen sich dem Wortlaut nicht entnehmen. Die Norm wird deshalb teilweise als Auffangregelung betrachtet.[571]

a) *Frage nach der Voraussetzung eines Antrags*

Schwierigkeiten bereitet die Frage, ob eine Verweisung gem. § 3d Abs. 1 Satz 1 InsO einen Antrag des Schuldners voraussetzt oder nicht. Überwiegend wird davon

568 Gesetzesentwurf der Bundesregierung zum KIG, BT-Drs. 18/407, 28.
569 Gesetzesentwurf der Bundesregierung zum KIG, BT-Drs. 18/407, 28.
570 Gesetzesentwurf der Bundesregierung zum KIG, BT-Drs. 18/407, 28.
571 *Bruns*, in: MüKoInsO, § 3d Rn. 10.

ausgegangen, dass eine Verweisung gem. § 3d Abs. 1 Satz 1 InsO keines Antrags auf Verweisung bedarf.[572] Verwiesen wird zur Begründung insbesondere auf den Wortlaut der Norm. Im Gegensatz zu dem zweiten Satz der Norm, finden sich in § 3d Abs. 1 Satz 1 InsO keine Anhaltspunkte für ein solches Antragserfordernis. Hätte der Gesetzgeber ein solches Erfordernis gewollt, hätte er es problemlos implementieren können.

Teilweise wird die Norm in der Literatur jedoch so ausgelegt, dass es eines Antrags auch in § 3d Abs. 1 Satz 1 InsO bedarf.[573] Es wird angeführt, dass im Falle einer antraglosen Verweisung das Gericht das Insolvenzverfahren des Schuldners auch gegen dessen Willen verweisen könne. Dies stehe jedoch nicht im Einklang mit § 3d Abs. 2 InsO, wonach der Schuldner antragsberechtigt sei. Dem Gericht mangele es an der Rechtsmacht, um das Insolvenzverfahren ohne Antrag verweisen zu können. Außerdem wird angeführt, dass bei einer Verweisung ohne Antrag die Person des Insolvenzrichters im Voraus derart unbestimmt sei, dass ein Verstoß gegen den Grundsatz des gesetzlichen Richters aus Art. 101 Abs. 1 Satz 2 GG vorliege.[574] § 3d Abs. 1 Satz 1 InsO sei deshalb in der Weise auszulegen, dass es für die Verweisung eines Antrags bedürfe.

Überzeugend ist insoweit nur die Erkenntnis, dass § 3d InsO ungewöhnlich formuliert ist. Findet sich in dem zweiten Absatz einer Norm eine Regelung, die sich offensichtlich auf den ersten Absatz derselben Norm bezieht, so bezieht sie sich für gewöhnlich auf den gesamten ersten Absatz. Dies ist bei § 3d Abs. 1 InsO aufgrund des zwischen Satz 1 und Satz 2 differenzierenden Wortlauts nicht der Fall. Die Antragsberechtigung des Schuldners aus Abs. 2 der Norm bezieht sich nur auf § 3d Abs. 1 Satz 2 InsO. § 3d InsO ist insoweit tatsächlich ungewöhnlich formuliert.[575] § 3d Abs. 1 InsO regelt erkennbar zwei unterschiedliche Fälle, für die der Gesetzgeber unterschiedliche Voraussetzungen vorgesehen hat. Aus der in § 3d Abs. 2 InsO geregelten Antragsberechtigung des Schuldners darauf zu schließen, dass dem Gericht die Rechtsmacht fehle, um das Insolvenzverfahren in jeglichen Fällen gegen den Willen des Schuldners zu verweisen, ist nicht nachvollziehbar. Auch ein Verstoß gegen den Grundsatz des gesetzlichen Richters aus Art. 101 Abs. 1 Satz 2 GG ist als Argument wenig überzeugend. Dies gilt

---

572 So *Graf-Schlicker*, in: Graf-Schlicker, § 3d Rn. 2; *Prütting*, in: K/P/B, § 3d Rn. 5; *Bruder*, in: FK-InsO, § 3d Rn. 4; *Bruns*, in: MüKoInsO, § 3d Rn. 11; *Graeber*, ZInsO 2013, 409, 410.

573 So *Baumert*, NZI 2019, 103, 105–107; *ders.*, in: Braun InsO, § 3d Rn. 2.

574 *Baumert*, NZI 2019, 103, 105–107.

575 So auch *Thole*, KTS 2014, 351, 357.

insbesondere für die hervorgehobene[576] Konstellation, dass sich der Schuldner bei der Stellung des Insolvenzantrags bewusst gegen den Gruppen-Gerichtsstand entscheidet. Entscheidet sich der Schuldner bewusst gegen den Gruppen-Gerichtsstand und wird im Anschluss dennoch an diesen verwiesen, so ist nicht einleuchtend, wieso die Person des Richters für den Schuldner im Voraus zu unbestimmt gewesen sein soll. Dessen hinreichende Bestimmtheit am Gruppen-Gerichtsstand könnte sogar der Grund dafür sein, dass sich der Schuldner bewusst gegen diesen und für den allgemeinen Gerichtsstand gem. § 3 Abs. 1 InsO entschieden hat. Darüber hinaus lässt sich festhalten, dass der Schuldner keineswegs Altruist ist und seine Wahl des Gerichtsstands nicht unbedingt mit dem Interesse der Gläubiger übereinstimmt. Die gewerbliche Firmenbestattung[577] und das Forum Shopping[578] verdeutlichen dies. In bestimmten Situationen kann ein Verweis somit auch gegen den Willen des Schuldners begrüßenswert sein. Zumal nach gerichtlicher Prüfung der Umstände.

Diesem Gedanken entspricht auch die Praxis im U.S.-amerikanischen Recht. Dort kann ein Gericht ohne den Antrag des Schuldners oder Gläubigers eine Verweisung „sua sponte" vornehmen, wovon mitunter als Korrektiv für missbräuchliche Fälle der Zuständigkeitserschleichung Gebrauch gemacht wird.[579] Das Wohl der Gläubiger haben große Unternehmen im Rahmen der Gerichtswahl selten im Fokus. Die U.S.-amerikanischen Insolvenzgerichte verweisen daher Insolvenzverfahren an das Gericht, welches der Gläubigerbefriedigung und einer möglichst effizienten Abwicklung der Verfahren am ehesten entspricht. Im Ergebnis vermögen die Gründe der einen Verweisungsantrag fordernden Ansicht nicht zu überzeugen. Es ist der überwiegenden Meinung im Schrifttum zu folgen. Dem Wortlaut der Norm entsprechend, ist für eine Verweisung gem. § 3d Abs. 1 Satz 1 InsO kein Antrag zu fordern.

IV. Ort der Antragstellung

Mit dem Gruppen-Gerichtsstand hat der Gesetzgeber in § 3a Abs. 1 InsO einen neuen, zusätzlichen Gerichtsstand geschaffen. Dieser steht nicht in Konkurrenz zu dem allgemeinen Gerichtsstand des Schuldners in § 3 Abs. 1 InsO.[580] Mit dem KIG hat der Gesetzgeber in § 2 Abs. 3 InsO allerdings die Bundesländer dazu

576 *Baumert*, NZI 2019, 103, 104 ff.
577 Siehe zur gewerblichen Firmenbestattung Teil 4 B. I. 2.
578 Zum Problem des Forum Shoppings in den USA siehe Teil 6.
579 Siehe Teil 4. A. V. 3.
580 Siehe dazu Teil 2 B. II. 1.

angehalten, mittels Rechtsverordnung je Bezirk eines Oberlandesgerichts ein Insolvenzgericht zu bestimmen, an dem ein Gruppen-Gerichtsstand nach § 3a Abs.1 InsO begründet werden kann. Gebrauch gemacht haben von dieser Möglichkeit bisher soweit ersichtlich elf Bundesländer.[581] Sofern Bundesländer diese Konzentration mittels Rechtsverordnung umgesetzt haben, wirft dies die Frage auf, wo der Insolvenzantrag und der Konzentrationsantrag zu stellen ist.

Grundsätzlich muss der Insolvenzantrag gem. § 3 Abs. 1 InsO an dem örtlich zuständigen Gericht gestellt werden. Der Konzentrationsantrag setzt einen solchen Insolvenzantrag voraus. Dem Wortlaut des § 3a Abs. 1 InsO entsprechend („das angerufene Insolvenzgericht“), wird ein Konzentrationsantrag bei dem gem. § 3 Abs. 1 InsO mit dem Insolvenzverfahren befassten Gericht gestellt.[582]

Bei Erlass einer Verordnung gem. § 2 Abs. 2 InsO wird diese Zuständigkeitsregelung jedoch in Frage gestellt. Nach § 2 Abs. 3 InsO soll ein Gericht pro OLG-Bezirk bzw. pro Bundesland als Gruppen-Gerichtsstand benannt werden. Die „Konzentrationslösung“ geht deshalb davon aus, dass ein Insolvenzantrag nicht mehr bei dem allgemein zuständigen Insolvenzgericht gestellt werden könne.[583] Um die vom Gesetzgeber gewollte Konzentration umzusetzen, müssten sowohl der Insolvenzantrag als auch der Konzentrationsantrag fortan nur noch bei dem durch Rechtsverordnung bestimmten Gruppen-Gerichtsstand zu stellen sein. Der Gesamtzusammenhang der Norm spreche dafür, dass Insolvenzantrag und Konzentrationsantrag an demselben Gericht zu stellen seien. Demgegenüber wird auch vertreten, dass der Insolvenzantrag weiterhin bei dem allgemeinen Gerichtsstand nach § 3 Abs. 1 InsO zulässig sei und nur der Konzentrationsantrag bei dem Schwerpunktgericht entsprechend der Rechtsverordnung zu stellen sei.[584] Der Telos und die Ausgestaltung des Gruppen-Gerichtsstand als Wahlgerichtsstand spreche dafür, die unterschiedlichen Anträge an unterschiedlichen Gerichten zu stellen.

Der letztgenannten Ansicht ist zuzustimmen. Der Gesetzgeber wollte mit der Zuständigkeitskonzentration bewirken, dass sich größere, fachlich erfahrene Insolvenzgerichte mit der Abwicklung von Konzerninsolvenzen befassen. Diese können anhand ihrer Erfahrung die konzernrechtliche Konstellation deutlich

---

581 Vgl. die Aufzählung von *Madaus*, in: BeckOK InsO, § 2 Rn. 30.1.

582 *Bruns*, in: MüKoInsO, § 3a Rn. 4; *Pannen*, in: HK InsO, § 3a Rn. 14; noch zum Diskussionsentwurf *Zipperer*, ZIP 2013, 1007, 1011.

583 *Baumert*, in: Braun InsO, § 2 Rn. 13–14, die Stellung beider Anträge am Gruppen-Gericht ebenfalls befürwortend *Konold*, Konzerninsolvenz, 189.

584 Besonders anschaulich *Blankenburg*, ZinsO 2019, 169, 170 ff.; im Ergebnis ebenso *Graf-Schlicker*, in: Graf-Schlicker, § 3a Rn. 4.

zutreffender bewerten. Das mögliche Ausmaß einer Konzerninsolvenz hat das Insolvenzverfahren der Air Berlin Gruppe demonstriert. Schätzungen zufolge wird hierbei von etwa 800,000 Gläubigern ausgegangen.[585] Kleinen Insolvenzgerichten können die Erfahrung und Ressourcen für eine optimale Bewältigung komplexer, großer Konzerninsolvenzen fehlen. Es ist daher nur folgerichtig, dass der Konzentrationsantrag an dem von der Rechtsverordnung bestimmten Schwerpunktgericht gestellt wird. Dies gilt jedoch nicht gleichermaßen für den Insolvenzantrag. Schließlich hat der Gesetzgeber den Gruppen-Gerichtsstand als Wahlgerichtsstand geregelt. Er sperrt den allgemeinen Gerichtsstand gem. § 3 Abs. 1 InsO gerade nicht.[586] Bei Erlass einer Verordnung gem. § 2 Abs. 2 InsO, ist daher der Konzentrationsantrag an dem Gruppen-Gericht und die Stellung des Insolvenzantrags weiterhin an dem gem. § 3 Abs. 1 InsO zuständigen Insolvenzgericht zulässig.

Das U.S.-amerikanische Insolvenzrecht ist an dieser Stelle deutlich flexibler ausgestaltet. Es erlaubt die Stellung des Insolvenzantrags an jedem gem. 28 U.S.C. § 1408 zuständigen Gericht. Ebenso erlaubt es im Anschluss gem. Bankruptcy Rule 1015(b) den Konzentrationsantrag auf „joint administration" an jedem Insolvenzgericht zu stellen, an dem mindestens zwei verbundene Gesellschaften ihren Insolvenzantrag gestellt haben. Interessanterweise konzentrieren sich im U.S.-amerikanischen Insolvenzrecht die großen Konzerninsolvenzverfahren dennoch an wenigen, erfahrenen Insolvenzgerichten.[587] Spezialisierte Schwerpunktgerichte haben sich also auch ohne gesetzliche Regelung gebildet. Verantwortlich hierfür sind die sehr weiten Zuständigkeitsregelungen.

Es stellt sich daher die Frage, ob es § 2 Abs. 2 InsO und gesetzlich bestimmte Schwerpunktgerichte zur Erreichung einer konzentrierten Abwicklung großer Verfahren überhaupt bedarf. Die relativ freie Wahl eines Gruppen-Gerichtsstands in den USA führt dazu, dass eine kleine Anzahl von Insolvenzgerichten mit großen Konzerninsolvenzen befasst ist. Große Konzerninsolvenzverfahren konzentrieren sich in den USA auf eine derart geringe Anzahl von Insolvenzgerichten, dass dies zu erheblichen Zweifeln an den Zuständigkeitsregeln und der Integrität des Insolvenzsystems geführt hat.[588] Ein solcher Zustand ist nicht erstrebenswert. Die prinzipielle Ausgestaltung der InsO durch das KIG ist in dieser Hinsicht ein gelungener Mittelweg. Die Schaffung von Gruppen-Gerichten in den Oberlandesgerichtsbezirken durch Verordnungen, ermöglicht die Bildung der notwendigen

585 So Brückner, ZInsO 2017, 2498, 2498.
586 Siehe dazu Teil 2 B. II. 1.
587 Dazu ausführlich Teil 6 A. IV.
588 Eingehend dazu Teil 6 A. VI.

Expertise an wenigen, aber nicht zu wenigen Insolvenzgerichten. Eine eindeutigere Regelung bezüglich der Stellung eines Konzentrationsantrags wäre dennoch begrüßenswert.

C. Bewertung der Befunde zu Teil 4

Im deutschen und im U.S.-amerikanischen Konzerninsolvenzrecht kommt den Normen der örtlichen Gerichtszuständigkeit hohe Bedeutung zu. Bei Konzerninsolvenzen stellt sich nach Inkrafttreten des KIG die Frage, wo der Konzentrationsantrag und der Eröffnungsantrag im Falle der Umsetzung einer Rechtsverordnung nach § 2 Abs. 2 InsO zu stellen sind. Aufgrund der systematischen Ausgestaltung des § 3a Abs.1 InsO sperrt der Gruppen-Gerichtsstand den allgemeinen Gerichtsstand nicht. Daher ist es richtigerweise zulässig, bei Erlass einer Verordnung gem. § 2 Abs. 2 InsO den Konzentrationsantrag bei dem Gruppen-Gericht und den Insolvenzantrag weiterhin bei dem gem. § 3 Abs. 1 InsO allgemein zuständigen Insolvenzgericht zu stellen.

Die allgemeinen zuständigkeitsbegründenden Normen orientieren sich in beiden Rechtsordnungen am Standort des Schuldners. Es stellt sich heraus, dass in beiden Rechtsordnungen für die Frage nach dem örtlich zuständigen Gericht auf den Ort abgestellt wird, an dem die tatsächliche Willensbildung eines Unternehmens und dessen Entscheidungsfindung stattfindet. An diesem Ort wird in Deutschland überwiegend der Mittelpunkt der wirtschaftlichen Tätigkeit gem. § 3 Abs. 1 Satz 1 InsO und in den USA der Hauptgeschäftssitz gem. 28 U.S.C. 1408(1) gesehen.

Das U.S.-amerikanische Insolvenzrecht bietet konzernangehörigen Unternehmen mit 28 U.S.C. 1408(2) eine deutlich größere Auswahl zur Stellung des Insolvenzantrags. Die Möglichkeit, in den USA an jedem Gericht einen Insolvenzantrag stellen zu können, an dem ein Insolvenzverfahren eines verbundenen Unternehmens anhängig ist, ist jedoch derart weit gefasst, dass sie zu insolvenzrechtlichen Problemen führt. Diese Möglichkeiten der örtlichen Zuständigkeit werden in Bezug auf die Stellung des Insolvenzantrags in beiden Ländern teilweise rechtsmissbräuchlich ausgenutzt. Die Rechtsprechung hat dem Missbrauch durch gewerbliche Firmenbestattungen in Deutschland und durch die Gerichtsstanderschleichung in den USA jedoch deutliche Grenzen aufgezeigt.

In beiden Rechtsordnungen wird die Möglichkeit der Verweisung von Rechtssachen verwendet, um die Bündelung konzernangehöriger Rechtssachen an dem dazu am besten geeigneten Insolvenzgericht zu erreichen. Während im U.S.-amerikanischen Recht die anzuwendende Norm strittig ist, stellt sich im deutschen Insolvenzrecht die Frage, ob es für eine Verweisung gem. § 3d Abs. 1 Satz 1 InsO eines Antrags bedarf oder nicht. Die Ansichten gegen eine antragslose Verweisung vermögen jedoch nicht zu überzeugen, sodass dem Wortlaut der Norm entsprechend kein Antrag zu fordern ist. Auch im U.S.-amerikanischen Insolvenzrecht kann das Gericht auf eigene Initiative hin eine Verweisung vornehmen. Für das deutsche Insolvenzrecht von Interesse ist außerdem die in den USA gängige Verwendung einer insolvenzrechtlichen Verweisung als Korrekturmittel bei konzerninsolvenzrechtlichem Forum Shopping. Sollte sich nach langjähriger Anwendung der neuen konzerninsolvenzrechtlichen Normen das Forum Shopping auch in Deutschland zu einem ähnlich großen Problem entwickeln, könnten die Verweisung auch im deutschen Konzerninsolvenzrecht als Korrekturmittel in Betracht kommen.

Darüber hinaus ist strittig, ob eine Verweisung gem. § 3d Abs. 1 Satz 2 InsO auch dann möglich ist, wenn ein Gruppen-Gerichtsstand zum Zeitpunkt der Stellung des Insolvenzantrags durch den Gläubiger noch nicht begründet wurde. Telos sowie die gleichbleibende Interessenlage streiten hier dafür, der Frage anhand einer weiten Auslegung der Norm beizukommen. Demnach ist eine Verweisung auch bei späterer Begründung des Gruppen-Gerichtsstands möglich. Damit diese Möglichkeit nicht konturlos wird, ist allerdings ein enger zeitlicher Zusammenhang zwischen der Stellung des Insolvenzantrags und der nachfolgenden Begründung des Gruppen-Gerichtsstands zu fordern.

Teil 5 – Die Stellung der Richter in der Konzerninsolvenz

A. Stellung der Richter im U.S.-amerikanischen Konzerninsolvenzverfahren

Nach Untersuchung verschiedener Konzentrationsmechanismen des U.S.-amerikanischen Insolvenzrechts, stellt sich nun die Frage, ob bzw. inwiefern die Richter auf die Ausgestaltung eines Konzerninsolvenzverfahrens einwirken können. Von besonderem Interesse ist dabei, ob die Richter kraft ihrer Stellung auf eine effiziente Verfahrensausgestaltung im Sinne einer Verfahrenskonzentration hinwirken können oder ob ihnen dabei Gestaltungsmöglichkeiten weitestgehend verwehrt bleiben.

I. Verfassungsrechtliche Grenzen der Einflussmöglichkeiten

Um auf eine effiziente Abwicklung von Konzerninsolvenzen hinzuwirken, müssen Insolvenzrichter verfassungsrechtlich mit einem gewissen Handlungsspielraum und der entsprechenden Zuständigkeit ausgestattet sein. Laut Art. 3 Sec. 1 der U.S. Constitution, soll die finale gerichtliche Entscheidungsgewalt von „Artikel 3 Richtern“ ausgehen.[589] Diese werden durch Art. 3 Sec. 1 der U.S. Constitution u.a. durch Ernennung auf Lebenszeit besonders geschützt. Hierzu gehören u.a. die Richter an den Bundesgerichten des Supreme Court, der Circuit Courts und der District Courts.[590] Die U.S.-amerikanischen Insolvenzrichter gehören jedoch nicht dazu.[591] Das Insolvenzgericht stellt stattdessen ein „Artikel 1 Gericht“ dar.[592] Diese Kategorisierung führte zu einem verfassungsrechtlichen Streit um den Umfang der Macht der Insolvenzrichter. Vor 1978 durften Insolvenzrichter nur

---

589 Konkretisiert wurde dies durch die Rechtsprechung, Northern Pipeline Const. Co. v. Marathon Pipe Line Co., 458 U.S. 50, 59 (U.S. 1982); Ocelot Oil Corp. v. Sparrow Industries, 847 F.2d 1458, 1463 (10th Cir. 1988).

590 32 Am. Jur. 2d Federal Courts § 1; Vicki C. Jackson, *Packages of Judicial Independence: The Selection and Tenure of Article III Judges*, 95 Geo. L. J. 965, 966–967 (2007).

591 1 Norton Bankr. L. & Prac. 3d § 4:6; 32 Am. Jur. 2d Federal Courts § 2; Northern Pipeline Const. Co. v. Marathon Pipe Line Co., 458 U.S. 50, 60 (U.S. 1982); David G. Epstein, Bankruptcy and Related Law 356 (9th ed. 2017).

592 32 Am. Jur. 2d Federal Courts § 2; 32 Am. Jur. 2d Federal Courts § 23.

in bestimmten Verfahren urteilen.[593] Die Zuständigkeit der Insolvenzgerichte wurde allerdings durch den Bankruptcy Reform Act of 1978 neu definiert und erweitertet. Demnach war das Insolvenzgericht nun für sämtliche Insolvenzverfahren und Zivilverfahren im Insolvenzrecht zuständig.[594] Noch bevor diese neue, weite Zuständigkeit der Insolvenzgerichte am 1. April 1984 in Kraft treten konnte, erklärte sie der U.S. Supreme Court für verfassungswidrig. In der Entscheidung *Northern Pipeline Construction Co. v. Marathon Pipe Line Co.* erachtete das Gericht die dem Insolvenzgericht vom Gesetzgeber übertragene Zuständigkeit als zu weit und verfassungswidrig.[595] Zwar sei es möglich, den „Artikel 1 Insolvenzgerichten“ begrenzte Rechtsprechungsfunktionen einzuräumen, die finale Entscheidungsgewalt müsse jedoch den „Artikel 3 Gerichten“ vorbehalten bleiben.[596] Die Übertragung der Zuständigkeit für sämtliche Insolvenzverfahren

593 Das damalige Insolvenzrecht differenzierte zwischen Verfahren, welche in die „plenary jurisdiction“ des District Court fielen und solchen, die in die „summary jurisdiction“ des Insolvenzgerichts fielen. Unter die „plenary jurisdiction“ der District Courts fielen gewöhnliche Zivilverfahren, über die nur ein „Artikel 3 Gericht“ urteilen konnte. Unter die „summary jurisdiction“ der Insolvenzgerichte fielen insbesondere Vorgänge mit Insolvenzbezug. Hören und über sie entscheiden konnten Insolvenzrichter daher Verfahren über Ansprüche mit Insolvenzbezug und bei Einwilligung der Parteien auch Ansprüche ohne Insolvenzbezug. Sowohl der Bericht des Repräsentantenhauses (H.R. Rep. No. 95–595) als auch der Bericht des Senats (S. Rep. 95-989) kritisieren die unklare Aufteilung zwischen Insolvenzgericht und District Court als eine Vergeudung von Zeit und Ressourcen, siehe H.R. Rep. No. 95–595, 45 (1977); S. Rep. 95-989, 17–18 (1978).

594 28 U.S.C. § 1471(c)(1978). 28 U.S.C. § 1471 lautete insoweit:
„*(a) Except as provided in subsection (b) of this section, the district courts shall have original and exclusive jurisdiction of all cases under title 11.*
(b) Notwithstanding any Act of Congress that confers exclusive jurisdiction on a court or courts other than the district courts, the district courts shall have original but not exclusive jurisdiction of all civil proceedings arising under title 11 or arising in or related to cases under title 11.
(c) The bankruptcy court for the district in which a case under title 11 is commenced shall exercise all of the jurisdiction conferred by this section on the district courts.
[...]“.

595 Northern Pipeline Const. Co. v. Marathon Pipe Line Co., 458 U.S. 50 (U.S. 1982), eingehend dazu Vern Countryman, *Scrambling to Define Bankruptcy Jurisdiction*, 22 Harv. J. on Legis. 1, 12–18 (1985).

596 Northern Pipeline Const. Co. v. Marathon Pipe Line Co., 458 U.S. 50, 79–80 (U.S. 1982).

und Zivilverfahren im Insolvenzrecht sei mit Artikel 3 der U.S. Constitution nicht vereinbar.[597]

II. Neuregelung der sachlichen Zuständigkeit 1984

Der U.S.-amerikanische Gesetzgeber musste sich daher noch bevor die entsprechenden Normen in Kraft traten, mit einer Neuregelung der Zuständigkeit der Insolvenzgerichte beschäftigen. Die Neuregelung bestand aus dem Bankruptcy Amendments and Federal Judgeship Act of 1984, welcher bis heute die Gesetzeslage prägt.[598] Dieser stellte eine Abhängigkeit der Insolvenzgerichte von den District Courts her und bezeichnete das Insolvenzgericht als eine Einheit des District Courts.[599] Mit dem Gesetz sollte einerseits der in *Northern Pipeline Construction Co. v. Marathon Pipe Line Co.* gesetzte Rahmen eingehalten werden und andererseits den Insolvenzrichtern der Großteil der insolvenzrechtlichen Arbeit übertragen werden.[600]

Ermöglicht wurde dieser Spagat durch das Instrument der Verweisung gem. 28 U.S.C. § 157(a). Die grundsätzliche sachliche Zuständigkeit in Sachen des Insolvenzrechts erhielten die „Artikel 3" District Courts zugeteilt.[601] Diese können die Insolvenzverfahren und sonstige Verfahren jedoch gem. 28 U.S.C. § 157(a) an die Insolvenzrichter verweisen.[602] Anders als an den unabhängigen Insolvenzgerichten des Bankruptcy Reform Act of 1978, steht den Insolvenzgerichten somit nur eine von den District Courts abgeleitete sachliche Zuständigkeit zu.

III. Aktuelle Stellung und Verantwortungsbereich der Insolvenzrichter

Nun stellt sich die Frage, ob die Insolvenzrichter aktuell aufgrund ihrer Stellung und ihres Verantwortungsbereichs Einfluss auf eine effiziente Verfahrenskonzentration nehmen können. Im Laufe der Zeit haben sich das Ansehen und die Verantwortung der U.S.-amerikanischen Insolvenzrichter stetig erhöht. Unter dem Bankruptcy Act of 1898 stand ihnen nicht einmal die Bezeichnung als Richter,

597 Northern Pipeline Const. Co. v. Marathon Pipe Line Co., 458 U.S. 50, 51 (U.S. 1982).
598 Bankruptcy Amendments and Federal Judgeship Act of 1984, Pub. L. No. 98–353, 98 Stat. 333.
599 28 U.S.C. § 151 (1984); siehe auch 1 Bankruptcy Litigation § 1:11.
600 Siehe 1 Norton Bankr. L. & Prac. 3d § 4:10.
601 28 U.S.C. § 1334(a).
602 28 U.S.C. § 157(a).

sondern nur die als „Referee“ zu.[603] Vorausgesetzt wurde auch nicht, dass diese „Referees“ Juristen waren.[604] Übertragen wurden ihnen hauptsächlich administrative Aufgaben, mit denen sie die Richter des District Courts unterstützten.[605] Diese weit untergeordnete Stellung unterschied die Insolvenzrichter von den Richtern am District Court auch im Alltag. So durften sie keine Roben tragen und auch der Zutritt zu den Parkplätzen und Speisesälen der District Court Richter blieb ihnen verwehrt.[606] Ernannt wurden die Insolvenzrichter von dem District Court für eine Dauer von zwei Jahren.[607] In ihren Ursprüngen genoss die Position des U.S.-amerikanischen Insolvenzrichters keinen besonderen Schutz, kein besonderes Ansehen und nur wenig Verantwortung.

Die aktuelle Gesetzeslage zeichnet hingegen ein gänzlich anderes Bild. Die Insolvenzrichter werden auch als solche, also als „Bankruptcy Judges“ bezeichnet.[608] Des Weiteren werden sie mittlerweile von dem Circuit Court für eine Dauer von 14 Jahren ernannt.[609] Die deutlich längere Dauer der Amtszeit steht sinnbildlich für eine neue Form der Wertschätzung. Schließlich sind sie diejenigen, welche über die komplexen und zunehmenden Insolvenzfälle milliardenschwerer Konzerne entscheiden. Insolvenzgerichte sind zwar weiterhin am District Court angesiedelt und leiten auch ihre sachliche Zuständigkeit von diesem ab, jedoch steht den Insolvenzrichtern ein eigener, großer Verantwortungsbereich zu.

Dieser unterscheidet sich danach, ob es sich um „core“ oder „noncore“ proceedings, also Kernverfahren oder Nicht-Kernverfahren handelt. In den Insolvenzverfahren sowie den Kernverfahren können die Insolvenzrichter endgültige Entscheidungen treffen.[610] Kernverfahren sind solche, die Ansprüche aus dem Insolvenzrecht behandeln oder insolvenzrechtsspezifische Verfahren sind.[611] Nicht-Kernverfahren sind solche, die keine Ansprüche aus dem Insolvenzrecht

603 § 34, Bankruptcy Act of 1898, ch. 541, 30 Stat. 544, 555.

604 1 Norton Bankr. L. & Prac. 3d § 4:14.

605 § 38, § 39, Bankruptcy Act of 1898, ch. 541, 30 Stat. 544, 555; siehe auch James E. Pfander, *Article I Tribunals, Article III Courts, and the Judicial Power of the United States*, 118 Harv. L. Rev. 643, 769 (2004); 1 Norton Bankr. L. & Prac. 3d § 4:12.

606 So Vern Countryman, *Scrambling to Define Bankruptcy Jurisdiction*, 22 Harv. J. on Legis. 1, 2 (1985).

607 § 34, Bankruptcy Act of 1898, ch. 541, 30 Stat. 544, 555.

608 28 U.S.C. § 152(a).

609 28 U.S.C. § 152(a).

610 28 U.S.C. § 157(b)(1).

611 In re Bill Heard Enterprises, Inc., 400 B.R. 806, 811 (Bankr. N.D. Ala. 2009); Matter of Wood, 825 F.2d 90, 97 (5th Cir. 1987); eingehend dazu 1 Bankruptcy Law Manual § 2:12 (5th ed.).

tangieren und ebenso außerhalb der Insolvenz stattfinden könnten.[612] Handelt es sich um Nicht-Kernverfahren mit Bezug zu einem Insolvenzverfahren, können Insolvenzrichter mit Zustimmung der Parteien eine endgültige Entscheidung treffen.[613] Über den Kernbereich insolvenzrechtlicher Themen steht den U.S.-amerikanischen Insolvenzrichtern damit eine eigenständige Verantwortung zu und sie können auf eine effiziente Gestaltung des Insolvenzverfahrens hinwirken. Die Insolvenzrichter leiten ihre sachliche Zuständigkeit zwar weiterhin von dem District Court ab, verfügen dabei jedoch über ihren eigenen insolvenzrechtlichen Verantwortungsbereich und nähern sich damit der Stellung der anderen Richtern am District Court an.

IV. Stellung der Richter im Konzerninsolvenzverfahren

Allgemein nehmen die U.S.-amerikanischen Insolvenzrichter in dem auf Eigenverwaltung ausgelegten Insolvenzrecht der USA eine aktivere Rolle ein als die Insolvenzrichter in Deutschland.[614] Den Insolvenzrichtern in den USA kommt auch bei der Durchführung von Konzerninsolvenzverfahren eine bedeutende Stellung zu. Dem Insolvenzgericht steht in Restrukturierungsfällen eine umfassende Befugnis über das Schuldnerunternehmen zu.[615] Außerdem wird den U.S.-amerikanischen Insolvenzrichtern in großen Chapter 11 Restrukturierungsverfahren viel Spielraum bezüglich der Auslegung des Bankruptcy Code eingeräumt.[616] Dies trifft insbesondere auf eine Aufhebung der „automatic stay",[617] die Finanzierungsbedingungen des Schuldners und Bewertungsstreitigkeiten zu.[618] Auch die

---

612 1 Bankruptcy Law Manual § 2:12 (5th ed.).

613 28 U.S.C. § 157(c)(2).

614 *Pollmächer/Siemon*, NZI 2017, 93, 97.

615 So beispielsweise die Möglichkeit verbundene Verfahren eines Konzerns gem. Bankruptcy Rule 1014(b) an einem Gerichtsstand zusammenzuführen oder gem. 28 U.S.C. § 1412 an ein anderes Insolvenzgericht zu verweisen, siehe dazu auch Lynn M. LoPucki & William C. Whitford, *Venue Choice and Forum Shopping in the Bankruptcy Reorganization of Large, Publicly Held Companies*, 1991 Wis. L. Rev. 11, 52 (1991).

616 Samir D. Parikh, *Modern Forum Shopping in Bankruptcy*, 46 Conn. L. Rev. 159, 194 (2013); siehe auch die Anmerkungen zum Bericht der National Bankruptcy Review Commission (1997), G Collier on Bankruptcy 2 App. Pt. 44 Part 2, 3.1.5 D. (16th ed.).

617 Die „automatic stay" ist in § 362 B.C. geregelt und statuiert eine umfassende, sofortige Aussetzung von Rechtshandlungen gegen die Insolvenzmasse und den Schuldner, ausführlich dazu 2 Bankruptcy Litigation 12:1.

618 Anmerkungen zum Bericht der National Bankruptcy Review Commission (1997), G Collier on Bankruptcy 2 App. Pt. 44 Part 2, 3.1.5 D. (16th ed.).

Auslegung unbestimmter Rechtsbegriffe kann von Richter zu Richter variieren und sich so unmittelbar auf die Insolvenzmasse auswirken.[619] Diese Macht gipfelt darin, dass manche großen Konzerne sich das Gericht, an dem sie ihren Insolvenzantrag stellen, strategisch nach den dortigen Richtern und ihrer Einstellung gegenüber großen Konzernen aussuchen.[620] Eindrucksvoll unterstrichen wird die wesentliche Bedeutung der Insolvenzrichter in Konzerninsolvenzen durch die Tatsache, dass 2020 nur drei der 375 U.S.-amerikanischen Insolvenzrichter für mehr als 50 % aller großen Insolvenzverfahren verantwortlich waren.[621] Den Insolvenzrichtern steht somit insbesondere in großen Konzerninsolvenzverfahren ein breites Spektrum an Macht und Einfluss zu, um das Verfahren zu gestalten.

B. Stellung der deutschen Insolvenzrichter im Konzerninsolvenzverfahren

Im Anschluss an die Untersuchung der Stellung der Insolvenzrichter im U.S.-amerikanischen Recht, soll nun die Rolle der Insolvenzrichter in Deutschland in Bezug auf Konzerninsolvenzen herausgearbeitet werden. Besonderes Augenmerk soll dabei ihren Gestaltungsmöglichkeiten im Rahmen dieser umfassenden Verfahren gelten.

I. Das Insolvenzgericht in Deutschland allgemein

In Deutschland ist gem. § 2 Abs. 1 InsO grundsätzlich das Amtsgericht als Insolvenzgericht zuständig, in dessen Bezirk ein Landgericht seinen Sitz hat.

---

619 Lynn M. LoPucki & William C. Whitford, *Venue Choice and Forum Shopping in the Bankruptcy Reorganization of Large, Publicly Held Companies*, 1991 Wis. L. Rev. 11, 34–35 (1991).

620 Anmerkungen zum Bericht der National Bankruptcy Review Commission (1997), G Collier on Bankruptcy 2 App. Pt. 44 Part 2, 3.1.5 D. (16th ed.); Samir D. Parikh, *Modern Forum Shopping in Bankruptcy*, 46 Conn. L. Rev. 159, 194–195 (2013). Dies wird auch als "Judge-Shopping" bezeichnet, siehe dazu ausführlich Adam J. Levitin, *Purdue's Poison Pill: The Breakdown of Chapter 11's Checks and Balances*, 100 Tex. L. Rev. 1079, 1128 ff. (2022).

621 Vgl. Aussagen von Prof. Adam J. Levitin vor dem U.S.-amerikanischen Repräsentantenhaus, Oversight of the Bankruptcy Code, Part I: Confronting Abuses of the Chapter 11 System, Written Testimony of Adam J. Levitin Before the Committee on the Judiciary Subcommittee on Antitrust, Commercial, and Administrative Law United States House of Representatives 9, https://docs.house.gov/meetings/JU/JU05/20210728/113996/HHRG-117-JU05-Wstate-LevitinA-20210728.pdf (zuletzt abgerufen am 10.04.2024).

Die Landesregierungen können allerdings gem. § 2 Abs. 2 InsO andere oder zusätzliche Insolvenzgerichte bestimmen. Aktuell gibt es bundesweit 191[622] Insolvenzgerichte.

Bei der Zuständigkeit in Bezug auf das Insolvenzverfahren muss zwischen der Zuständigkeit des Insolvenzrichters und des Rechtspflegers als sachlich unabhängigen Beamten des Justizdienstes am Gericht unterschieden werden.[623] Grundsätzlich ist nämlich die Wahrnehmung des Insolvenzverfahrens gem. § 3 Nr. 2 lit. e) RpflG dem Rechtspfleger übertragen.[624] Hiervon sind jedoch entscheidende Bereiche gesetzlich ausgenommen. So verbleibt in der Zuständigkeit des Richters gem. § 18 Abs. 1 Nr. 1 RpflG u.a. das Verfahren bis zur Entscheidung über den Eröffnungsantrag unter Einschluss dieser Entscheidung und der Ernennung des Insolvenzverwalters. Der Richter ist damit für das gesamte Eröffnungsverfahren und die ausschlaggebende Entscheidung über die Bestellung des Insolvenzverwalters verantwortlich. Im Anschluss geht das Verfahren an den Rechtspfleger über. Gem. § 18 Abs. 1 Nr. 2 RpflG sind dem Richter zudem die Verfahren über einen Insolvenzplan nach den §§ 217 bis 256 InsO und den §§ 258 bis 269 InsO vorbehalten. Von Bedeutung bei Konzerninsolvenzen ist insbesondere § 18 Abs. 1 Nr. 3 RpflG. Danach verbleibt auch die Entscheidung über die Begründung des Gruppen-Gerichtsstands nach § 3a Abs. 1 InsO und die Entscheidung über den Antrag auf Verweisung an das Gericht des Gruppen-Gerichtsstands nach § 3d Abs. 1 InsO bei dem Richter. Den Insolvenzrichtern bleiben also wesentliche, richtungsweisende Entscheidungen vorbehalten. Nachdem der Richter das Insolvenzverfahren eröffnet und den Insolvenzverwalter bestellt hat, führt der Rechtspfleger das Insolvenzverfahren selbständig durch. Dabei nimmt er u.a. die Überwachung der Insolvenzverwaltung sowie die Einberufung und Leitung der Gläubigerversammlungen und weiterer Termine war. Bericht des U.S. Repräsentantenhauses Bericht des U.S. Repräsentantenhauses

Der konkrete Umfang der Aufgaben des Rechtspflegers kann je nach Einzelfall variieren und hängt von der Entscheidung des Richters ab. Diesem steht das „Evokationsrecht" aus § 18 Abs. 2 RpflG zu. Diese Norm wird in der Literatur aufgrund eines möglichen Verstoßes gegen das verfassungsrechtliche Willkürverbot

622 Vgl. den Gesetzesentwurf der Bundesregierung zum Gesetz zur weiteren Verkürzung des Restschuldbefreiungsverfahrens, BT-Drs. 19/21981, 17.

623 Siehe dazu *Pape*, in: Uhlenbruck, § 2 Rn. 4; *Keller*, Insolvenzrecht, Rn. 77–87.

624 Zur Arbeitsweise und Aufgaben des Rechtspflegers in Konzerninsolvenzverfahren siehe *Brückner*, ZInsO 2017, 2498.

teilweise sehr kritisch betrachtet.[625] Sie ermöglicht dem Richter, sich das Insolvenzverfahren als Ganzes oder Teile dessen vorzubehalten, dem Rechtspfleger zu übertragen und bei Bedarf wieder an sich zu ziehen. In Deutschland üben die Richter daher bereits in Bezug auf die funktionelle Zuständigkeitsverteilung und die Abläufe am Insolvenzgericht viel Macht aus.

II. Einheitlichkeit des Richters

Konzerninsolvenzverfahren sollen durch eine Konzentration auf verschiedenen Ebenen des Insolvenzverfahrens möglichst effizient ausgestaltet werden. Dies ist bereits mit Blick auf die Konzentration der Verfahren an einem einheitlichen Gerichtsstand[626] und die Bestellung eines einheitlichen Insolvenzverwalters[627] für Gruppeninsolvenzen deutlich geworden. Es wäre sinnwidrig, wenn sich dieser Gedanke nicht bei der Zuständigkeit des Richters fortsetzen würde. In der Gesetzesbegründung zum KIG heißt es dazu: „Ist beim Gericht des Gruppen-Gerichtsstands nach der Geschäftsverteilung nicht derselbe Richter für alle gruppenangehörige Schuldner betreffende Verfahren zuständig, lässt sich das Ziel der Zuständigkeitskonzentration nur unvollkommen erreichen".[628] § 3c Abs. 1 InsO statuiert daher, dass für Gruppen-Folgeverfahren am Gruppen-Gerichtsstand die Abteilung „zuständig ist, die für das Verfahren zuständig ist, in dem der Gruppen-Gerichtsstand begründet wurde". Damit soll in Konzerninsolvenzverfahren die Zuständigkeit desselben Richters für alle gruppenangehörigen Insolvenzverfahren bezweckt werden.[629] Die einheitliche Zuständigkeit des Richters soll eine möglichst effiziente Bewältigung der Konzerninsolvenz bewirken, indem Reibungsverluste durch die sonst notwendig werdenden Abstimmungsprozesse vermieden werden.[630] Dem einzelnen Insolvenzrichter wurde damit viel Macht eingeräumt. Er muss sich nicht mit anderen Richtern über das Verfahren abstimmen und in seinen Händen liegt nicht nur das Schicksal einer einzelnen Gesellschaft, sondern häufig auch das eines ganzen Konzerns. Der Bundesrat kritisierte in seiner Stellungnahme zum KIG den mit der Norm einhergehenden Eingriff in die Geschäftsverteilung der Gerichte. Er bevorzugte eine Ausgestaltung als „Soll-Vorschrift"; da

---

625 Kritisch *Frege/Keller/Riedel*, Insolvenzrecht, Teil 1 Rn. 348; die Streichung der Norm fordernd *Keller*, Insolvenzrecht, Rn. 87.

626 Siehe dazu Teil 2.

627 Siehe dazu Teil 3.

628 Gesetzesentwurf der Bundesregierung zum KIG, BT-Drs. 18/407, 28.

629 Gesetzesentwurf der Bundesregierung zum KIG, BT-Drs. 18/407, 20.

630 Gesetzesentwurf der Bundesregierung zum KIG, BT-Drs. 18/407, 20.

der zwingende Charakter der Norm einen flexiblen und auf den Einzelfall anpassungsfähigen Geschäftsverteilungsplan verhindere.[631] Entgegen dieser Bedenken blieb es beim zwingenden Recht. Der Gesetzgeber machte somit deutlich, dass bei Konzerninsolvenzen die Effizienz der Verfahrensabwicklung Priorität genießt. Er hat damit insgesamt ein in sich stimmiges Konzept geschaffen, um anhand paralleler Verfahrenskonzentration auf den Ebenen des Richters, des Gerichts und des Insolvenzverwalters eine möglichst effektive und kostengünstige Abwicklung von Konzerninsolvenzverfahren zu erreichen.

III. Umfassende Gestaltungsmöglichkeit der Insolvenzrichter

Die Richter am Amtsgericht haben insbesondere bei Konzerninsolvenzen aufgrund ihrer Entscheidungsbefugnisse und unbestimmter Rechtsbegriffe weite Gestaltungsmöglichkeiten. Dies beginnt bereits mit dem Antrag auf Begründung eines Gruppen-Gerichtsstands. Ein solcher kann gem. § 3a Abs. 1 InsO nur von einer Gesellschaft begründet werden, die für die Unternehmensgruppe „nicht offensichtlich von untergeordneter Bedeutung" ist.[632] Wann eine solche untergeordnete Bedeutung vorliegt, kann jedoch unterschiedlich beurteilt werden. Die zur Beurteilung dieser Bedeutung in der Norm aufgestellten Kriterien, stellen nur eine Orientierungshilfe dar.[633] Eine gesetzliche Vermutung liegt nicht vor. Die Entscheidung der Richter ist daher allein von ihrer Einschätzung sowie den jeweiligen Umständen des Einzelfalls abhängig. Gelangt der Richter zu der Auffassung, dass die Voraussetzungen vorliegen, kann er sich durch Beschluss für zuständig erklären und damit den Gruppen-Gerichtsstand begründen. Diesem Beschluss kommt in seiner Endgültigkeit besondere Bedeutung zu, da er über das Schicksal eines ganzen Konzerns entscheiden kann und außerdem unanfechtbar[634] ist. Den Insolvenzrichtern wird somit schon im Anfangsstadium der Konzerninsolvenz im Rahmen der richtungsweisenden Frage nach der möglichen Begründung eines Gruppen-Gerichtsstands, eine wesentliche Rolle zuteil.

Auch bei den weiteren Konzentrationsmechanismen kommt den Richtern eine entscheidende Rolle zu. Die Entscheidung über die Verweisung eines Insolvenzverfahrens an das Gericht des Gruppen-Gerichtsstands liegt teilweise im

---

631 Gesetzesentwurf der Bundesregierung zum KIG, BT-Drs. 18/407, 47.

632 Siehe zu diesem Kriterium der nicht offensichtlich untergeordneten Bedeutung Teil 2 B. II. 1. a) cc).

633 Gesetzesentwurf der Bundesregierung zum KIG, BT-Drs. 18/407, 26.

634 *Pape*, in: Uhlenbruck, § 3a Rn. 18; *Prütting*, in: K/P/B, § 3a Rn. 16.

Ermessen des Richters.[635] Anders als § 3d Abs. 1 Satz 2 InsO, räumt die Verweisungsmöglichkeit des § 3d Abs. 1 Satz 1 InsO dem Gericht mit Blick auf eine mögliche Verweisung Ermessen ein. Es steht in der Macht des Richters zu entscheiden, ob eine Verweisung je nach Konstellation und Verfahrensstand vorteilhaft ist.

Die vermutlich wichtigste und besonders verfahrenslenkende Entscheidung der Richter am Insolvenzgericht, ist die Auswahl des Insolvenzverwalters bzw. Sachwalters.[636] Das Inkrafttreten des ESUG hat den Gläubigern bei der endgültigen Bestellung des Insolvenzverwalters zwar ein Mitbestimmungsrecht eingeräumt. Allerdings bleibt dem Richter die förmliche Bestellung des Insolvenzverwalters und bei besonderer Dringlichkeit gem. § 56a Abs. 1 letzter Hs. InsO die alleinige Entscheidung über die Person des Insolvenzverwalters vorbehalten. Die rechtzeitige und richtige Entscheidung bei der Bestellung eines Insolvenzverwalters ist für das gesamte Insolvenzverfahren richtungsweisend. Schließlich entscheidet sich das Schicksal eines Unternehmens regelmäßig innerhalb der ersten 24 Stunden nach Stellung des Insolvenzantrags.[637] Ein zügiges und kluges Vorgehen des Insolvenzverwalters kann für den gesamten Konzern an dieser Stelle existenziell sein. Im Anschluss obliegt dem Gericht gem. § 58 Abs. 1 Satz 1 InsO die Aufsicht des Insolvenzverwalters. Entscheidenden Einfluss auf den Verlauf der Konzerninsolvenz haben die Richter außerdem dann, wenn kein Gruppen-Gerichtsstand gem. § 3a InsO begründet wurde. Sind die verschiedenen Insolvenzverfahren eines Konzerns an unterschiedlichen Gerichten anhängig, trifft die jeweiligen Richter die bereits erörterte[638] Abstimmungspflicht aus § 56b Abs. 1 Satz 1 InsO bzgl. der Bestellung eines einheitlichen Verwalters. Somit obliegt es den jeweiligen Richtern und ihrem Kooperationswillen zu entscheiden, ob und inwiefern die Verfahrenskonzentration durch einen einheitlichen Verwalter trotz verschiedener Gerichte ermöglicht wird. Die Insolvenzrichter nehmen daher an verschiedenen Stellen die zentrale Rolle bei schicksalsentscheidenden Fragen in der Konzerninsolvenz ein.

IV. Beeinflussung des an den Gerichten „gelebte Recht“

Zur Rolle der Richter in Konzerninsolvenzen gehört auch ihre Rechtsprechung in Bezug auf Unternehmensinsolvenzen. Die InsO gilt zwar im gesamten Bundesgebiet, allerdings können die Entscheidungen der Richter je nach Anwendung des Rechts sehr unterschiedlich ausfallen. Die Schuldnergesellschaften können

---

635 Siehe dazu Teil 4 B. III. 2.

636 Siehe dazu Teil 3 B. I.

637 So *Ries*, in: Schmidt, § 56 Rn. 53.

638 Siehe dazu Teil 3 B. III. 1.

ein strategisches Interesse daran haben, ihr Insolvenzverfahren an einem Gericht mit möglichst schuldnerfreundlicher Rechtsprechung durchzuführen. Ebenso ist es möglich, dass manche Richter sich einen unternehmensfreundlichen Ruf erarbeiten wollen und daher häufiger auf die Eigenverwaltung oder Unternehmenssanierung durch Insolvenzplan zurückgreifen als andere. Ausschlaggebend kann daher das von Gericht zu Gericht unterschiedliche „gelebte Recht“[639] sein.[640] Diese Faktoren begünstigen ein nationales Forum Shopping. Hierauf wird jedoch später[641] ausführlich eingegangen.

C. Bewertung der Befunde zu Teil 5

Auffallend ist zunächst allgemein die sehr unterschiedliche Wertschätzung der Insolvenzrichter in den verschiedenen Ländern. In den USA galten Insolvenzrichter lange Zeit als Richter zweiter Klasse. Ausprägungen davon finden sich noch heute z.B. in ihrem eingeschränkten Verantwortungsbereich sowie der nicht lebenslangen, sondern auf 14 Jahre beschränkten Ernennung. Den Insolvenzrichtern in Deutschland kommt eine deutlich höhere Wertschätzung zu. Sie sind vollwertige Richter am Amtsgericht in der Insolvenzabteilung und werden in der Regel auf Lebenszeit ernannt. Insolvenzrichter in den USA können daher ein Interesse daran haben, an ihrem Gericht über große Konzerninsolvenzen zu entscheiden und sich so für eine erneute Ernennung zu empfehlen. Im deutschen Insolvenzrecht sind solche Anreize für die Richter deutlich weniger präsent[642] und dadurch deren Unabhängigkeit gestärkt.

Im Gegensatz zu den bundesweit 191[643] Insolvenzgerichten, gibt es in den USA nur 90[644] auf Bundesebene angesiedelte Bankruptcy Courts. Dementsprechend können die U.S.-amerikanischen Insolvenzgerichte bei sich mehr Ressourcen, Kompetenz und Erfahrung binden, als die deutschen Insolvenzgerichte.[645]

---

639 Zum Begriff und den Auswirkungen des „gelebten Rechts“ siehe *Knof/Mock*, ZInsO 2008, 253, 256.

640 So auch *Konold*, Konzerninsolvenz, 169–171.

641 Siehe zum Forum Shopping und den Forum Shopping begünstigenden Faktoren Teil 6.

642 So auch *Konold*, Konzerninsolvenz, 170–171.

643 Vgl. den Gesetzesentwurf der Bundesregierung zum Gesetz zur weiteren Verkürzung des Restschuldbefreiungsverfahrens, BT-Drs. 19/21981, 17.

644 Vgl. den Internetauftritt des U.S.-amerikanischen Administrative Office of the United States Courts, https://www.uscourts.gov/statistics-reports/bankruptcy-courts-and-cases-journalists-guide (zuletzt abgerufen am 10.04.2024).

645 *Jensen*, Der Konzern in der Krise, 61.

Unterschiede finden sich auch in der für Konzerninsolvenzen richtungsweisenden Entscheidung über die Bestellung der Insolvenzverwalter. In den USA kann der Richter zwar die Bestellung eines Insolvenzverwalters anordnen, die konkrete Entscheidung über die zu bestellende Person trifft jedoch grundsätzlich der U.S. Trustee. Hier macht sich die Trennung zwischen Verwaltungsaufgaben und Rechtsprechungsaufgaben an den Insolvenzgerichten der USA bemerkbar. In Deutschland haben mittlerweile auch die Gläubiger ein hohes Mitspracherecht. Zumindest formell bleibt die Bestellung des Insolvenzverwalters jedoch eine richterliche Entscheidung. An dieser, für Konzerninsolvenzen entscheidenden Stelle haben deutsche Richter größeren Einfluss, als ihre U.S.-amerikanischen Kollegen.

Schließlich eröffnen die Gesetze sowohl den deutschen als auch den U.S.-amerikanischen Insolvenzrichtern verschiedene Einflussmöglichkeiten. Diese können ausdrücklich kraft Gesetzes vorliegen oder durch die Auslegung unbestimmter Rechtsbegriffe. Den Insolvenzrichtern beider Rechtsordnungen stehen daher diverse Möglichkeiten zu, an den entscheidenden Stellschrauben auf die Konzerninsolvenzverfahren und eine Verfahrenskonzentration Einfluss zu nehmen.

Teil 6 – Problem des insolvenzrechtlichen Forum Shoppings

A. Problem des Insolvenzrechtlichen Forum Shoppings in den USA

Große Unternehmen können den weiten Spielraum der U.S.-amerikanischen Zuständigkeitsnormen im Insolvenzrecht auch strategisch zu ihrem Vorteil nutzen, indem sie nationales Forum Shopping betreiben. Forum Shopping ist schon seit vielen Jahren im U.S.-amerikanischen Insolvenzrecht präsent und bereitet Politik, Rechtsprechung und Literatur weiterhin Fragen und Schwierigkeiten.

I. Ubiquität des insolvenzrechtlichen Forum Shoppings

Die meist auf strategischen Gründen beruhende, besondere Vorliebe vieler U.S.-amerikanischer Unternehmer für den U.S.-Bundesstaat Delaware als Gründungsstandort ihres Unternehmens, ist ausgiebig erforscht.[646] Deutlich weniger bekannt ist jedoch, dass ein Großteil der Unternehmer diesen U.S.-Bundesstaat und den U.S.-Bundesstaat New York auch gezielt mittels Forum Shopping als Standort ihres Insolvenzverfahrens bevorzugen.[647] Das Insolvenzverfahren des Baseballvereins der L.A. Dodgers stellt in diesem Zusammenhang nur die Spitze des

646 Eingehend dazu Faith Stevelman, *Regulatory Competition, Choice of Forum and Delaware's Stake in Corporate Law*, 34 Del. J. Corp. L. 57, 59–60 (2009); Robert C. Holmes, *Benefits of Incorporating in Delaware Versus New Jersey: Busting the Myth and Closing the Gap*, 11 Rutgers Bus. L. Rev. 1 (2014).

647 Zu den Gründen einer Bevorzugung des Standorts New York für Konzerninsolvenzverfahren siehe Teil 6 A.V.

Eisbergs dar.[648] So stießen die auf diesem Gebiet führenden *LoPucki* und *Parikh* in ihren jeweiligen Untersuchungen auf langjähriges, systematisches und ubiquitäres insolvenzrechtliches Forum Shopping[649] in den USA. Aufgedeckt wurde das Problem des insolvenzrechtlichen Forum Shoppings durch *LoPucki* und *Whitford.* In ihrer ersten Untersuchung analysierten sie die insolvenzrechtliche Restrukturierung der 43 größten, börsennotierten Unternehmen, welche zwischen 1979 und 1988 ein vollständiges Insolvenzverfahren durchliefen und stießen dabei auf massives Forum Shopping.[650]

II. Insolvenzrechtliches Forum Shopping bei „megabankruptcies"

Die Untersuchung beleuchtete außerdem nur „megabankruptcies", also Insolvenzverfahren, bei denen der Schuldner im Insolvenzantrag Vermögenswerte

---

648 Der vermutlich prominenteste Fall des insolvenzrechtlichen Forum Shoppings in den USA ist das Insolvenzverfahren der Los Angeles Dodgers (In re Los Angeles Dodgers LLC, 457 B.R. 308 (Bankr. D. Del. 2011)), siehe dazu auch Samir D. Parikh, *Modern Forum Shopping in Bankruptcy*, 46 Conn. L. Rev. 159, 161 (2013). Dieser international bekannte Baseballverein ist seit 1958 in Los Angeles, Kalifornien angesiedelt und stellte am 27. Juni 2011 aufgrund anhaltender finanzieller Schwierigkeiten einen Insolvenzantrag. Als Aushängeschild der gesamten Region befanden sich das Stadion, Angestellte und der Hauptsitz der Los Angeles Dodgers L.L.C. in Kalifornien. Demnach mag eine Stellung des Insolvenzantrags gem. 28 U.S.C. § 1408(1) in Kalifornien an der U.S.-amerikanischen Westküste logisch erscheinen. Sowohl die Los Angeles Dodgers L.L.C., welche den Betrieb der Baseballmannschaft verantwortete, als auch vier verbundene Unternehmen stellten jedoch einen Insolvenzantrag in dem an der U.S.-amerikanischen Ostküste liegenden Bundesstaat Delaware. Ermöglicht wurde die Wahl dieses Gerichtsstandes durch die Unternehmensgründung in Delaware.

649 Großen Konzernen mit Verbindungen in verschiedene U.S.-Bundesstaaten stehen aufgrund der Gesetzeslage in den USA regelmäßig mindestens zwei Gerichte zur Auswahl, an denen sie ihren Insolvenzantrag stellen können. Als Forum Shopping wurde es in den verwendeten Untersuchungen grundsätzlich erst dann bezeichnet, wenn die Wahl des Gerichtsstands mangels hinreichender Beziehung zu dem Ort unnatürlich erschien. Ausführlich zur jeweils angewandten Methodik Lynn M. LoPucki & William C. Whitford, *Venue Choice and Forum Shopping in the Bankruptcy Reorganization of Large, Publicly Held Companies*, 1991 Wis. L. Rev. 11, 26–29 (1991); Samir D. Parikh, *Modern Forum Shopping in Bankruptcy*, 46 Conn. L. Rev. 159, 174–177 (2013).

650 Lynn M. LoPucki & William C. Whitford, *Venue Choice and Forum Shopping in the Bankruptcy Reorganization of Large, Publicly Held Companies*, 1991 Wis. L. Rev. 11, 12 (1991).

von insgesamt mindestens $100 Millionen angibt.[651] Solche großen Konzerne unterhalten in der Regel durch regional verteilte, konzernverbundene Unternehmen Verbindungen in verschiedenste Regionen der USA. Wie bereits gesehen,[652] ermöglicht 28 U.S.C. § 1408 die Stellung des Insolvenzantrags an vielen verschiedenen Orten, wie dem Hauptgeschäftssitz, dem Ort der Hauptvermögenswerte oder auch an dem Gericht, an dem das Insolvenzverfahren eines verbundenen Unternehmens anhängig ist. Einerseits entstehen dadurch für Konzerne vielfältige Möglichkeiten ihre Insolvenzanträge zu stellen. Andererseits neigen gerade große, weit verbreitete Konzerne aufgrund ihrer regionalen Diversifizierung besonders häufig zu insolvenzrechtlichem Forum Shopping.[653] Sinnbildlich dafür, wie Konzerne die Möglichkeit ausnutzen gem. 28 U.S.C. § 1408(2) einen Insolvenzantrag an dem Gericht zu stellen, an welchem das Insolvenzverfahren eines verbundenen Unternehmens anhängig ist, steht die bereits dargelegte Entscheidung *Patriot Coal*. Ähnlich verhielt sich auch die Fluggesellschaft Eastern Air Line in ihrer Insolvenz. Obwohl die Fluggesellschaft ihr Hauptquartier in Miami, Florida hatte, stellte sie ihren Insolvenzantrag im U.S-Bundesstaat New York.[654] Möglich wurde dies durch die Regelung in 28 U.S.C. § 1408(2): Ein in New York ansässiges, verbundenes Unternehmen hatte seinen Insolvenzantrag dort sechs Minuten zuvor gestellt.[655]

III. Aktualität des Problems

Die Relevanz des insolvenzrechtlichen Forum Shoppings hat seit der Untersuchung von *LoPucki* und *Whitford* keineswegs nachgelassen. Vielmehr nahm

651 Lynn M. LoPucki & William C. Whitford, *Venue Choice and Forum Shopping in the Bankruptcy Reorganization of Large, Publicly Held Companies*, 1991 Wis. L. Rev. 11, 12 n.1 (1991).

652 Siehe Teil 4 A. II. und III.

653 Michael P. Cooley, *Will Hertz Hurt?*, 29–5 American Bankruptcy Institute Journal 28, 28 (2013); Anmerkungen zum Bericht der National Bankruptcy Review Commission (1997), G Collier on Bankruptcy 2 App. Pt. 44 Part 2, 3.1.5 D. (16th ed.); Note, Forum Shopping Reconsidered, 103 Harv. L. Rev. 1677, 1691 (1990).

654 In re Ionosphere Clubs, Inc., 101 B.R. 844, 846 (Bankr. S.D.N.Y. 1989).

655 Siehe dazu die Aussage von John F. Peterpaul, damaliger Vize-Präsident der International Association of Machinists and Aerospace Workers IAM, über das Insolvenzverfahren der Eastern Air Lines vor dem U.S.-amerikanischen Repräsentantenhaus: Current Condition of Eastern Air Lines and the Prospects of its Restoration as a Major Carrier - Hearing Before the Subcommittee on Aviation of the Committee on Public Works and Transportation - House of Representatives 155 (1989).

nationales insolvenzrechtliches Forum Shopping unter großen Unternehmen in den USA in den Jahren danach weiterhin zu.[656] *Parikh* warnt, dass damit einhergehend auch die Anzahl an geschädigten Parteien gestiegen sei und mahnt an, dass es dringend gesetzgeberischer und gerichtlicher Lösungen bedürfe.[657] Den Trend des wachsenden insolvenzrechtlichen Forum Shoppings bekräftigte auch die U.S.-amerikanische Senatorin, *Elizabeth Warren.* In einer Pressemitteilung erklärte sie, dass in den letzten 20 Jahren mehr als 70 % der börsennotieren Unternehmen mit Vermögenswerten in Höhe von mindestens $100 Millionen ihren Insolvenzantrag in einem anderen Bezirk, als dem ihres Hauptgeschäftssitzes stellten.[658] 2020 betraf das Forum Shopping fast 80 % aller großen Insolvenzverfahren[659] und stieg 2021 sogar auf 100 % an.[660] Forum Shopping ist damit im U.S.-amerikanischen Insolvenzrecht ein allgegenwärtiges Phänomen. Gerade große, konzernverbundene Unternehmen machen systematisch von den gesetzlichen Optionen Gebrauch, um sich nach eigenen Erwägungen einen Gerichtsstand ihrer Wahl auszusuchen.

IV. Konzentration der großen Konzerninsolvenzen

Die Wahl des Gerichtsstands fällt gerade bei großen Unternehmen vielfach ähnlich aus. Im U.S.-amerikanischen Gesellschaftsrecht hat der U.S.-Bundesstaat Delaware u.a. aus steuerlichen Gründen als Ort für Unternehmensgründungen

656 Dazu ausführlich anhand seiner eigenen Untersuchung Samir D. Parikh, *Modern Forum Shopping in Bankruptcy*, 46 Conn. L. Rev. 159, 177–178 (2013).

657 Samir D. Parikh, *Modern Forum Shopping in Bankruptcy*, 46 Conn. L. Rev. 159, 208 (2013).

658 Pressemitteilung der U.S.-Senatoren *Warren* und *Cornyn*: Warren, Cornyn Introduce Bill to Prevent Large Corporations From 'Forum-Shopping' in Bankruptcy Cases, https://www.warren.senate.gov/newsroom/press-releases/warren-cornyn-introduce-bill-to-prevent-large-corporations-from-forum-shopping-in-bankruptcy-cases (zuletzt abgerufen am 10.04.2024).

659 Adam J. Levitin, *Purdue's Poison Pill: The Breakdown of Chapter 11's Checks and Balances*, 100 Tex. L. Rev. 1079, 1129 (2022); vgl. dazu auch die aktuellen Daten des Bankruptcy Research Database von *LoPucki*, abrufbar unter https://lopucki.law.ufl.edu/index.php (zuletzt abgerufen am 10.04.2024).

660 Vgl. dazu die Tabelle zum Forum Shopping im Bankruptcy Research Database von *LoPucki*, abrufbar unter: https://lopucki.law.ufl.edu/design_a_study.php?OutputVariable=Shop (zuletzt abgerufen am 10.04.2024).

schon fast mythische Bedeutung erlangt.[661] Doch auch im Insolvenzrecht haben sich über die Jahre Delaware sowie New York bei großen Unternehmen als besonders beliebte Bundesstaaten herausgestellt.[662] So stellten zwischen 2007 und 2012 in den USA 100 der 159 größten Insolvenzfälle ihre Insolvenzanträge an den Insolvenzgerichten des Southern District of New York und Delaware.[663] Noch deutlicher wird diese Konzentration der Insolvenzverfahren bei einer isolierten Betrachtung derjenigen Unternehmen, die ihren Gerichtsstand mittels Forum Shopping erlangten. Von diesen Unternehmen stellten sogar 80 % ihren Insolvenzantrag an einem der beiden Insolvenzgerichte.[664] Die enorme Konzentration zahlreicher Insolvenzverfahren an wenigen, selektiven Insolvenzgerichten[665] führt außerdem dazu, dass 2020 ca. 57 % der großen Insolvenzverfahren von lediglich drei der insgesamt 375 Insolvenzrichter in den USA behandelt wurden.[666] Diese Vormachtstellung bestimmter Richter in Bezug auf die größten Insolvenzfälle wird in Teilen der Literatur sehr kritisch gesehen.[667] Große Unternehmen können aufgrund dieser Konzentration versuchen, durch die Wahl des Gerichtsstands einen bestimmten Richter für ihr Insolvenzverfahren zugeteilt zu bekommen. Das Vorgehen der Konzerne wird in diesem Zusammenhang daher teilweise als

---

661 So wurden 2020 68 % der Fortune 500 Unternehmen in Delaware gegründet und in Delaware registrierte Unternehmen machten 93 % der Börsengänge aus, Delaware Division of Corporations 2020 Annual Report Statistics 1, https://corpfiles.delaware.gov/Annual-Reports/Division-of-Corporations-2020-Annual-Report.pdf (zuletzt abgerufen am 10.04.2024).

662 Adam J. Levitin, *Purdue's Poison Pill: The Breakdown of Chapter 11's Checks and Balances*, 100 Tex. L. Rev. 1079, 1129 (2022).

663 Samir D. Parikh, *Modern Forum Shopping in Bankruptcy*, 46 Conn. L. Rev. 159, 181 (2013).

664 Samir D. Parikh, *Modern Forum Shopping in Bankruptcy*, 46 Conn. L. Rev. 159, 179 (2013).

665 Die Insolvenzgerichte in New York und Delaware werden aufgrund ihrer Anziehungskraft auf große Unternehmen in der Literatur auch teilweise als „magnet courts", bezeichnet, siehe Samir D. Parikh, *Modern Forum Shopping in Bankruptcy*, 46 Conn. L. Rev. 159, 198 (2013).

666 Oversight of the Bankruptcy Code, Part I: Confronting Abuses of the Chapter 11 System, Written Testimony of Adam J. Levitin Before the Committee on the Judiciary Subcommittee on Antitrust, Commercial, and Administrative Law United States House of Representatives 9, https://docs.house.gov/meetings/JU/JU05/20210728/113996/HHRG-117-JU05-Wstate-LevitinA-20210728.pdf (zuletzt abgerufen am 10.04.2024).

667 Siehe Adam J. Levitin, *Purdue's Poison Pill: The Breakdown of Chapter 11's Checks and Balances*, 100 Tex. L. Rev. 1079, 1150. (2022); Samir D. Parikh, *Modern Forum Shopping in Bankruptcy*, 46 Conn. L. Rev. 159, 198 (2013).

insolvenzrechtliches „Judge-Shopping" bezeichnet.[668] Das Forum Shopping führt in den USA somit zu einer enormen Akkumulation der größten Insolvenzfälle bei einer kleinen Gruppe von Gerichten und Richtern.

V. Gründe für die Konzentration großer Konzerninsolvenzen an wenigen Gerichten

Die Gründe für diese Häufung großer Insolvenzverfahren an den Gerichten des Southern District of New York und Delaware sind vielseitig. In Delaware stellen viele großen Konzerne ihren Insolvenzantrag, da dies dem Ort ihrer Gründung gem. 28 U.S.C. § 1408(1) entspricht.[669] Eine darüberhinausgehende Verbindung zu dem U.S.-Bundesstaat Delaware bedarf es nach der Gesetzeslage nicht. Ein Grund für den Gerichtsstand in New York besteht darin, dass dieser für zahlreiche großen Unternehmen sehr praktisch ist. Viele der anerkanntesten Insolvenzrechtsanwälte sitzen in New York, sodass ihre Mandatierung dort vorteilhaft ist.[670] Das hohe Gebührenniveau im Bezirk New York führt dazu, dass auch die Insolvenzrechtsanwälte ein finanzielles Interesse daran haben, Konzerninsolvenzverfahren in New York abzuwickeln.[671] Das gleiche gilt für die Verfügbarkeit wirtschaftlicher Expertise durch Banken.[672] Die hohe Dichte an großen Insolvenzfälle an den Gerichten in Delaware und New York führt außerdem dazu,

---

668 Ausführlich zum "Judge-Shopping" siehe Adam J. Levitin, *Purdue's Poison Pill: The Breakdown of Chapter 11's Checks and Balances*, 100 Tex. L. Rev. 1079, 1129 ff. (2022).

669 Siehe dazu näheres unter Teil 4. A. II. 2.; 1 Bankruptcy Law Manual § 2:35 (5th ed.); Samir D. Parikh, *Modern Forum Shopping in Bankruptcy*, 46 Conn. L. Rev. 159, 185 (2013).

670 Siehe In re Patriot Coal Corp., 482 B.R. 718, 747 (Bankr. S.D.N.Y. 2012); Lynn M. LoPucki & William C. Whitford, *Venue Choice and Forum Shopping in the Bankruptcy Reorganization of Large, Publicly Held Companies*, 1991 Wis. L. Rev. 11, 30 (1991); Anmerkungen zum Bericht der National Bankruptcy Review Commission (1997), G Collier on Bankruptcy 2 App. Pt. 44 Part 2, 3.1.5 D. (16th ed.).

671 *Hoffmann*, Koordinierungsmechanismen, 251; Lynn M. LoPucki & William C. Whitford, *Venue Choice and Forum Shopping in the Bankruptcy Reorganization of Large, Publicly Held Companies*, 1991 Wis. L. Rev. 11, 32–33 (1991).

672 So Lynn M. LoPucki & William C. Whitford, *Venue Choice and Forum Shopping in the Bankruptcy Reorganization of Large, Publicly Held Companies*, 1991 Wis. L. Rev. 11, 29–30 (1991).

dass die entsprechenden Richter die nötige Erfahrung[673] für solch komplizierte Sachverhalte mitbringen.[674] Aus diesen Gründen sah das Gericht in der *Enron* Entscheidung den Gerichtsstand in New York für das vermeintlich größte Insolvenzverfahren der USA als ideal an.[675] Außerdem neigen die Richter in diesen beiden U.S.-Bundesstaaten dazu, ihre auf Insolvenzpläne bezogenen Ermessensentscheidungen schuldnerfreundlich zu treffen.[676] Ausschlaggebend dafür, dass die Mehrzahl der großen Insolvenzfälle in den USA vor lediglich zwei Gerichten entschieden wird, ist damit eine weite Bandbreite an Gründen.

VI. Schwierigkeiten als Folge

Diese systematische Wahl des strategisch günstigsten Gerichts zur Stellung des Insolvenzantrags und die mit dem Forum Shopping einhergehende Konzentration großer Insolvenzfälle an wenigen Gerichten führt in den USA zu fundamentalen Problemen.

1. Zweifel an der Integrität des U.S.-amerikanischen Insolvenzsystems

Zunächst wirft das Ausmaß der Konzentration grundsätzliche Fragen zur Integrität des U.S.-amerikanischen Insolvenzsystems auf.[677] Es wird der Anschein

673 Die Erfahrung des Insolvenzrichters ist bei komplexen Insolvenzverfahren statistisch von elementarer Bedeutung. So weisen große Unternehmen, deren Insolvenzverfahren vor einem erfahrenen Richter stattfinden, eine deutlich höhere Wahrscheinlichkeit der erfolgreichen Reorganisation auf, dazu ausführlich Lynn M. LoPucki & Joseph W. Doherty, *Bankruptcy Survival*, 62 UCLA L. Rev. 970, 990–992 (2015).

674 Lynn M. LoPucki & William C. Whitford, *Venue Choice and Forum Shopping in the Bankruptcy Reorganization of Large, Publicly Held Companies*, 1991 Wis. L. Rev. 11, 30 (1991).

675 Siehe dazu die Ausführungen des Gerichts zu dem Gerichtsstand in New York in In re Enron Corp., 274 B.R. 327, 349 (Bankr. S.D.N.Y. 2002).

676 So räumt 11 U.S.C. § 1121(b) dem Schuldner z.B. eine „period of exclusivity" ein. Während dieses Zeitraums ist es allein dem Schuldner vorbehalten, einen Insolvenzplan vorzuschlagen. Gem. 11 U.S.C. § 1121(d)(1) steht eine Verlängerung dieses Zeitraums im gerichtlichen Ermessen. An dem Gericht des Southern District of New York ist die Wahrscheinlichkeit, dass diese „period of exclusivity" im Interesse des Schuldners verlängert wird drei Mal so hoch wie an anderen Gerichten, siehe Lynn M. LoPucki & William C. Whitford, *Venue Choice and Forum Shopping in the Bankruptcy Reorganization of Large, Publicly Held Companies*, 1991 Wis. L. Rev. 11, 36 (1991).

677 So Samir D. Parikh, *Modern Forum Shopping in Bankruptcy*, 46 Conn. L. Rev. 159, 197 (2013).

der Manipulierbarkeit erweckt.[678] Es lässt den Schluss zu, dass diese Richter und Gerichte im Rahmen der Insolvenz großen, milliardenschweren Konzernen extrem wohlwollend gegenüberstehen – ein Gedanke, der mit dem Gerechtigkeitsempfinden der meisten U.S.-Amerikaner nicht übereinstimmen dürfte. Dies kann einen erheblichen Vertrauensverlust der Öffentlichkeit in das Insolvenzverfahren bewirken.[679]

2. *Kontrollverlust*

Insolvenzrechtliches Forum Shopping führt außerdem zu einem Verlust an nächstinstanzlicher Kontrolle in entscheidenden Rechtsfragen. Unterschiedliche Entscheidungen verschiedener Gerichte der gleichen Instanz führen in den USA dazu, dass sich die Gerichte der höheren Instanz mit der Frage auseinandersetzen.[680] Wenn jedoch die Mehrheit der großen Insolvenzverfahren von lediglich drei Richtern entschieden wird, so mangelt es an unterschiedlichen rechtlichen Auffassungen und folglich nächstinstanzlicher Kontrolle.[681] Stattdessen bestimmen die wenigen Richter faktisch über Auslegung und Anwendung des U.S.-amerikanischen Konzerninsolvenzrechts.

3. *Gläubigerbenachteiligung*

Ein weiteres Problem des Forum Shoppings ist die Gläubigerbenachteiligung. Bereits die weite Distanz einiger Gläubiger zu den Gerichten in New York oder Delaware kann bewirken, dass eine Verfolgung der eigenen Interessen insbesondere für kleinere Gläubiger unökonomisch wird.[682] Die Gläubiger müssen

---

678 So Samir D. Parikh, *Modern Forum Shopping in Bankruptcy*, 46 Conn. L. Rev. 159, 197 (2013).

679 Samir D. Parikh, *Modern Forum Shopping in Bankruptcy*, 46 Conn. L. Rev. 159, 197 (2013).

680 Ein sogenannter "Circuit Split" entsteht, wenn zwei oder mehr Circuit Courts bei der gleichen Rechtsfrage zu unterschiedlichen Ergebnissen kommen und ist einer der wenigen Gründe für den U.S. Supreme Court sich mit einer konkreten Rechtsfrage auseinanderzusetzen, siehe die Rules of the Supreme Court of the United States (2019), Rule 10, abrufbar unter: https://www.supremecourt.gov/ctrules/2019RulesoftheCourt.pdf (zuletzt abgerufen am 10.04.2024).

681 So Samir D. Parikh, *Modern Forum Shopping in Bankruptcy*, 46 Conn. L. Rev. 159, 198 (2013).

682 Siehe Anmerkungen zum Bericht der National Bankruptcy Review Commission (1997), G Collier on Bankruptcy 2 App. Pt. 44 Part 2, 3.1.5 D. (16th ed.).

zur Geltendmachung ihrer Rechte weite Distanzen auf sich nehmen.[683] Kleinere Gläubiger werden so an der Geltendmachung ihrer Rechte gehindert. Des Weiteren liegt eine Wahl der von großen Unternehmen bevorzugten Insolvenzgerichte in New York oder Delaware selten im Interesse der Gläubiger. Schließlich erhalten Gläubiger eines Insolvenzverfahrens in New York oder Delaware etwa 25 % weniger Verwertungserlös als Gläubiger, deren Schuldner in einem anderen U.S.-Bundesstaat ihren Insolvenzantrag gestellt haben.[684] Überdies haben sich Insolvenzverfahren an den Standorten Delaware und New York als wenig nachhaltig erwiesen. Im Vergleich zu sonstigen Restrukturierungen in den USA, waren ausgerechnet die an den Gerichten in Delaware und New York abgeschlossenen Restrukturierungen für eine wesentlich höhere Wahrscheinlichkeit einer erneuten Insolvenz bekannt.[685] Während das Forum Shopping also großen Konzernen viele Freiheiten ermöglicht, führt es in anderen Bereichen zu gravierenden Schwierigkeiten. Für diese Schwierigkeiten suchen Politik und Rechtsprechung nach neuen Lösungsansätzen.

VII. Lösungsansätze gegen insolvenzrechtliches Forum Shopping

Das stetig wachsende Problem des Forum Shopping bestärkt die immer lauter werdenden Rufe nach Veränderung in Literatur und Politik. Konkrete Ideen dazu, wie diese Veränderungen ausgestaltet werden könnten, liegen bereits vor.

1. Lösungsansätze der Literatur

Um die zahlreichen Möglichkeiten hinsichtlich Stellung des Insolvenzantrags der großen Konzerne einzuschränken, wird teilweise eine Änderung des

683 So auch *LoPucki*, ZInsO 2013, 420, 428; Anmerkungen zum Bericht der National Bankruptcy Review Commission (1997), G Collier on Bankruptcy 2 App. Pt. 44 Part 2, 3.1.5 D. (16th ed.).

684 So die Commission to Study the Reform of Chapter 11 des American Bankruptcy Institute in ihrem Bericht, Final Report of the ABI Commission to Study the Reform of Chapter 11 312 (2014)(verweisend auf eine Studie von Wei Wang in 2007 mit dem Titel „Bankruptcy Filing and the Expected Recovery of Corporate Debt"), abrufbar unter: https://digitalcommons.law.umaryland.edu/cgi/viewcontent.cgi?article=1096&context=books (zuletzt abgerufen am 10.04.2024).

685 Lynn M. LoPucki, Courting Failure 97 ff. (2005); *Knof/Mock*, ZInsO 2008, 253, 257.

Gesetzestextes vorgeschlagen.[686] So erwägen *LoPucki* und *Whitford*, dass man die Stellung des Insolvenzantrags auf Bezirke beschränken könne, in denen die Unternehmen tatsächlich eine gewichtige Präsenz unterhalten.[687] Eine ähnliche Herangehensweise bevorzugt *Parikh*, indem er eine Beschränkung der Möglichkeit auf Bezirke bevorzugt, zu denen die Unternehmen eine bedeutsame Beziehung unterhalten.[688] Ebenso wird ein konkreter Nachweis über die Verbindung des Unternehmens zu dem Ort des gewählten Gerichtsstands und eine rasche Überprüfung dessen gefordert.[689] In Erwägung gezogen wird auch eine Bündelung der erfahrensten und anerkanntesten Insolvenzrichter, um sich explizit den großen Konzerninsolvenzen zu widmen.[690] Inwiefern eine solche Bündelung bei den weiten räumlichen Distanzen in den USA tatsächlich umsetzbar ist, bleibt fraglich. Pragmatisch erscheint es durch klare Definitionen und der Implementierung des Merkmals einer bedeutsamen Verbindung zwischen dem Unternehmen und dem Ort des Gerichtsstands in 28 U.S.C. § 1408 die Entscheidungsfreiheit großer Konzerne einzuschränken.

2. Lösungsansätze der Politik

Das gleiche Ziel verfolgt ein Teil der U.S.-amerikanischen Politik. Das Problem des insolvenzrechtlichen Forum Shoppings hat die Aufmerksamkeit der Politik auf sich gezogen und auch dort Änderungsbestreben ausgelöst. Bereits 2018 haben die beiden Senatoren *John Cornyn* und *Elizabeth Warren* einen Gesetzesentwurf des Bankruptcy Venue Reform Act of 2018 in den U.S.-Senat eingebracht.[691] Mangels Erfolges brachten die Abgeordneten des U.S.-Repräsentantenhauses,

---

686 So Lynn M. LoPucki & William C. Whitford, *Venue Choice and Forum Shopping in the Bankruptcy Reorganization of Large, Publicly Held Companies*, 1991 Wis. L. Rev. 11, 42–43 (1991); Mark Pfeiffer, *Let's Talk About Chapter 11 Venue Again*, 39 Am. Bankr. Inst. J. 20, 21–22 (2020); Samir D. Parikh, *Modern Forum Shopping in Bankruptcy*, 46 Conn. L. Rev. 159, 199–200 (2013); Lynn M. LoPucki, Courting Failure 252 (2005).

687 Lynn M. LoPucki & William C. Whitford, *Venue Choice and Forum Shopping in the Bankruptcy Reorganization of Large, Publicly Held Companies*, 1991 Wis. L. Rev. 11, 42–43 (1991).

688 Samir D. Parikh, *Modern Forum Shopping in Bankruptcy*, 46 Conn. L. Rev. 159, 200 (2013).

689 Lynn M. LoPucki & William C. Whitford, *Venue Choice and Forum Shopping in the Bankruptcy Reorganization of Large, Publicly Held Companies*, 1991 Wis. L. Rev. 11, 42–43 (1991).

690 Siehe dazu Mark Pfeiffer, *Let's Talk About Chapter 11 Venue Again*, 39 Am. Bankr. Inst. J. 20, 21 (2020); Lynn M. LoPucki, Courting Failure 252–253 (2005).

691 Bankruptcy Venue Reform Act of 2018, S. 2282, 115th Cong., 2nd Sess. (2018).

Zoe Lofgren und *Ken Buck*, 2021[692] und zuletzt 2023[693] eine aktuellere Fassung des Gesetzesentwurfs in das U.S.-Repräsentantenhaus ein. Der Entwurf sieht vor, dass Unternehmen ihren Insolvenzantrag grundsätzlich nur noch an dem Gericht stellen dürfen, in dessen Bezirk sich entweder die Hauptvermögenswerte oder der Hauptgeschäftssitz befinden. Die Möglichkeit den Insolvenzantrag an dem Ort zu stellen, an dem das Unternehmen lediglich gegründet wurde, soll damit verhindert werden. Die Möglichkeit den Insolvenzantrag an einem Gericht zu stellen, bei welchem das Verfahren eines verbundenen Unternehmens anhängig ist, soll eingeschränkt werden. Das verbundene Unternehmen, dessen Verfahren bereits anhängig ist, muss dafür auf das andere Unternehmen wesentlichen Einfluss ausüben, indem es dieses z.B. mittelbar oder unmittelbar beherrscht. Tochtergesellschaften könnten also weiterhin Insolvenzantrag an dem Gericht stellen, bei dem das Verfahren der Muttergesellschaft anhängig ist. Es soll aber der Fall verhindert werden, dass umgekehrt eine beliebige Tochtergesellschaft von untergeordneter Bedeutung dem Rest des Konzerns als „Türöffner" zu einem bestimmten Gerichtsstand dient. Führende Stimmen der Literatur haben ihre ausdrückliche Befürwortung des Gesetzesentwurfs in einem Artikel mit dem Titel „Now is the time for bankruptcy venue reform" veröffentlicht.[694] Sollte das Gesetz beschlossen werden und in Kraft treten, würde es große Konzerne bezüglich der Wahl ihres Gerichtsstands im Insolvenzverfahren deutlich einschränken. So könnte es einen fundamentalen Beitrag zur Lösung des Problems des insolvenzrechtlichen Forum Shoppings leisten, ohne dabei eine effiziente Restrukturierung großer Konzerne im Insolvenzverfahren unmöglich zu machen.

B. Insolvenzrechtliches Forum Shopping in Deutschland

Nachdem das nationale Forum Shopping als Kehrseite der Verfahrenskonzentration in den USA ausgiebig beleuchtet wurde, soll nun erörtert werden, ob auch innerhalb Deutschlands insolvenzrechtliches Forum Shopping anzutreffen ist und ob in Deutschland ähnliche Zustände wie in den USA drohen.

---

692 Bankruptcy Venue Reform Act of 2021, H. R. 4193, 117th Cong., 1st Sess. (2021).

693 Bankruptcy Venue Reform Act of 2023, H. R. 1017, 118th Cong., 1st Sess. (2023).

694 Joan Feeney et. al., *Now is the time for bankruptcy reform*, THE HILL (Aug. 6, 2021, 06:30 PM), https://thehill.com/blogs/congress-blog/judicial/566729-now-is-the-time-for-bankruptcy-venue-reform (zuletzt abgerufen am 10.04.2024).

I. Insolvenzrechtliches Forum Shopping

Schon vor dem Inkrafttreten des KIG praktizierten Unternehmen in Deutschland nationales insolvenzrechtliches Forum Shopping. Beispielhaft hierfür steht das Insolvenzverfahren der ca. 90 Gesellschaften umfassenden PIN-Gruppe.[695] Dort wurde kurz vor Stellung des Insolvenzantrags ein neuer Geschäftsführer mit Sitz in Köln bestellt und so ein faktischer Gruppen-Gerichtsstand für die gruppenangehörigen Gesellschaften am Amtsgericht Köln erzielt. Ein möglicher Beweggrund könnte die Auswahl eines „genehmen" Insolvenzverwalters bzw. die Vermeidung eines „missliebigen" Insolvenzverwalters gewesen sein.[696]

1. Definition der Missbräuchlichkeit

Eine solche Verlagerung eines Gesellschaftssitzes vor Stellung des Insolvenzantrags kann eine rechtsmissbräuchliche Erschleichung eines Gerichtsstands begründen. Der BGH hat schon vor einiger Zeit entschieden, dass Teil der in § 5 Abs. 1 Satz 1 InsO normierten Amtsermittlungspflicht der Insolvenzgerichte beinhaltet zu ermitteln, ob eine Sitzverlegung einer rechtsmissbräuchlichen Zuständigkeitserschleichung dient.[697] Allerdings stellt auch in Deutschland nicht jede kurzfristige Verlagerung des Gesellschaftssitzes eine solche dar. Vielmehr ist vor der Stellung des Insolvenzantrags eine tatsächliche Veränderung der Umstände auch aus taktischen Erwägungen zunächst zulässig.[698] Sitzverlegungen sind bedenklich, wenn am neuen Sitz keine werbende Tätigkeit ausgeübt wird und die Sitzverlegung in einem engen zeitlichen Zusammenhang mit dem Insolvenzantrag steht.[699] Rechtsmissbräuchlich sind sie erst dann, wenn ihr Zweck darin besteht, den Gläubigern zu schaden. Die modernere Rechtsprechung in Deutschland setzt sich vermehrt mit dem Thema des insolvenzrechtlichen Forum Shoppings auseinander. In einer aktuelleren Entscheidung hat das Bayerische Oberste Landesgericht festgehalten, dass Sitzverlegungen dann rechtsmissbräuchlich seien, wenn „sie allein dazu dienen, das bevorstehende Insolvenzverfahren zur Verbesserung der Rechtsstellung des Schuldners bzw. seiner (ehemaligen) Gesellschafter und Geschäftsführer und zum Nachteil der Gläubiger andernorts zu eröffnen".[700]

---

695 AG Köln, NZI 2008, 254.

696 Diese Motive in Betracht ziehend *Frind*, ZInsO 2008, 261, 264.

697 BGH, NZI 2006, 164.

698 Ausführlich dazu *Madaus*, in: BeckOK InsO, § 3 Rn. 25 ff.

699 BayObLG, ZInsO 2020, 1372, 1376.

700 BayObLG, ZInsO 2020, 1372, 1376; ähnlich auch die Definition der Literatur, siehe *Hölzle/Jacoby*, ZIP 2021, 337, 340.

2. *Maßstäbe der gegenwärtigen Rechtsprechung zur missbräuchlichen Zuständigkeitserschleichung*

Besonders hohe Anforderungen an die Begründung einer Zuständigkeitserschleichung stellte zuletzt das Landgericht Bremen in seiner Entscheidung vom 05.10.2020.[701] Im Mittelpunkt stand eines der größten Insolvenzverfahren des Jahres 2020.[702] Der im Fokus stehende Konzern umfasste 25.000 Anleger und die Investitionen beliefen sich insgesamt auf mehr als eine Milliarde Euro. Die Konzernmutter unterhielt ihren ursprünglichen Sitz bei Hannover in Niedersachsen. Mitte Juni 2020 wurde der Geschäftsführer ausgetauscht und die Geschäftsanteile auf neue Gesellschafter übertragen. Die Gesellschaft wurde am 13.07.2020 in das Handelsregister beim Amtsgericht Bremen eingetragen. Nur wenige Tage später, am 17.07.2020, stellte sie beim Amtsgericht Bremen ihren Insolvenzantrag. Trotz weiterer bedenklicher Anhaltspunkte, wie einer Umfirmierung der Gesellschaft, mangelnder werbender Tätigkeit am neuen Sitz in Bremen und weiterhin vorhandenen Räumlichkeiten in Hannover, sah das Gericht eine rechtsmissbräuchliche Zuständigkeitserschleichung nicht als gegeben an. Dem Gericht reichten die angeführten Indizien nicht. Aufgrund der Notwendigkeit eindeutiger Zuständigkeiten sowie der Eilbedürftigkeit von Insolvenzverfahren, bedürfe es „eindeutiger Anhaltspunkte“.[703] Dem Gericht fehlten konkrete Anhaltspunkte dafür, dass das Vorgehen der Verschleierung dienen und den Gläubigern schaden sollte. Die Entscheidung verdeutlicht, dass an die gerichtliche Feststellung einer rechtsmissbräuchlichen Zuständigkeitserschleichung besonders hohe Anforderungen zu stellen sind. Die Gerichtsentscheidung wurde aufgrund der Höhe der Anforderungen von Teilen der Literatur kritisch aufgenommen.[704] Moniert wurde insbesondere, dass die vorliegende Konstellation bereits genügend Indizien für die Begründung einer rechtsmissbräuchlichen Sitzverlegung geliefert und das Vorgehen der Gesellschaft eigentlich darauf abgezielt habe, die Bestellung eines bestimmten Insolvenzverwalters für das Verfahren zu erreichen.[705]

Die aktuelle Rechtsprechung stellt damit hohe Anforderungen an die Begründung einer rechtsmissbräuchlichen Zuständigkeitserschleichung. Dennoch führen die gegenwärtigen Maßstäbe dazu, dass die Entscheidungen der Insolvenzrichter

---

701 LG Bremen, NZI 2021, 83.

702 So *Hellfeld*, Anm. zu LG Bremen, NZI 2021, 83, 84.

703 LG Bremen, NZI 2021, 83, 83.

704 Kritisch *Blankenburg*, ZInsO 2020, 2523; ebenso die Anmerkungen zur Entscheidung von *Hellfeld*, NZI 2021, 84.

705 *Blankenburg*, ZInsO 2020, 2523, 2526.

je nach konkreter Ausgestaltung des Einzelfalls variieren werden. Wünschenswert wäre daher eine genaue Definition der Grenze zur Missbräuchlichkeit und wann diese überschritten wird. Hohe Anforderungen zur Begründung der Rechtsmissbräuchlichkeit stellen simultan niedrige Hürden für Konzerne in Bezug auf Forum Shopping dar. Dementsprechend räumt die Rechtsprechung in Deutschland großen Konzernen einen weiten Spielraum in Bezug auf mögliches Forum Shopping ein.

Kritisch ist dabei ein möglicher Verstoß gegen das verfassungsrechtlich in Art. 101 Abs. 1 Satz 2 GG verankerte Recht auf den gesetzlichen Richter.[706] Dieser soll schließlich von vornherein für die Verfahrensbeteiligten erkennbar sein. Eine kurzfristige Sitzverlegung mit dem Ziel, das Insolvenzverfahren an einem entfernten Gericht innerhalb der Bundesrepublik durchführen zu lassen, würde eine Bestimmbarkeit des Richters für die anderen Verfahrensparteien unmöglich machen. Als eine problematische Konstellation erweist sich darüber hinaus insbesondere die Sitzverlegung, um die Bestellung eines bestimmten Insolvenzverwalters am neuen Gerichtstand zu erreichen. Dieses Ziel vermuten Teile der Literatur hinter dem Vorgehen der Gesellschaften sowohl in der Entscheidung bzgl. der PIN-Gruppe als auch in der Entscheidung des Landgericht Bremen. Die Gründe für das Anstreben eines konkreten Insolvenzverwalters sind vielseitig. Es ist jedoch naheliegend, dass sich die Schuldnergesellschaften durch die Bestellung dieses bestimmten Verwalters Vorteile versprechen und sie als Kehrseite Nachteile für die Gläubiger beinhaltet.

II. Mögliches insolvenzrechtliches Forum Shopping durch das KIG

Nun ist zu erörtern, wie sich das Inkrafttreten des KIG zu den Möglichkeiten insolvenzrechtlichen Forum Shoppings in Deutschland verhält. Interessant ist dies insbesondere in Bezug auf Konzerne mit bundesweit verstreuten Tochtergesellschaften. Die Aufnahme des § 3a Abs. 1 InsO etablierte die Möglichkeit eines gesetzlichen Gruppen-Gerichtsstands. Wie bereits erörtert,[707] hat der Gesetzgeber es jedoch abgelehnt, einen gesetzlich geregelten Gruppen-Gerichtsstand am Sitz der Muttergesellschaft einzuführen und sich stattdessen für das Prioritätsprinzip entschieden. Demnach wird der Gruppen-Gerichtsstand dort begründet, wo zuerst durch eine Schuldnergesellschaft der Konzentrationsantrag gestellt wird. Die Entscheidung für das Prioritätsprinzip und gegen den Sitz der

706 So auch *Blankenburg*, ZInsO 2020, 2523, 2525; *Hellfeld*, Anm. zu LG Bremen, NZI 2021, 83, 85; ähnlich auch *Rüther/Tichbi*, in: HK InsO, § 3 Rn. 16.

707 Siehe dazu Teil 2 B. II. 1. b).

Muttergesellschaft öffnet Konzernen die Tür für insolvenzrechtliches Forum Shopping. Die Konzernleitung kann sich anhand strategischer Überlegungen (Person des Insolvenzrichters, des Verwalters sowie deren Rufe) den vermeintlich günstigsten Gerichtsstand auswählen. Ein bundesweit agierender Konzern mit Sitz der Muttergesellschaft in Berlin und Tochtergesellschaften in Leipzig und München kann beispielsweise durch Antrag einer Tochtergesellschaft den Gruppen-Gerichtsstand in Bayern begründen.

1. *Bewusste Entscheidung des Gesetzgebers für eine weite Fassung der Norm*

Bei der weiten Ausgestaltung des § 3a Abs. 1 InsO handelt es sich jedoch um eine bewusste Entscheidung des Gesetzgebers. Diesem war klar, dass die von ihm gewählte Formulierung der Norm Unternehmensgruppen einen weiten Spielraum bzgl. des Ortes der Insolvenzantragsstellung bietet und daher auch anfällig für Missbrauch ist.[708] In der Gesetzesbegründung heißt es dazu, dass die Vorteile der Regelung gegenüber einer missbräuchlichen Zuständigkeitserschleichung und weiteren Nachteilen überwiegen.[709] Schwerer Missbrauch sei bei nationalem Forum Shopping nicht zu befürchten. Bei einer Sitzverlegung innerhalb Deutschlands liefe es schließlich immer auf das gleiche, bundesweit anwendbare Insolvenzrecht hinaus.[710] Die Norm stelle stattdessen für Konzerne ein wertvolles Werkzeug zur vorausschauenden Planung und Bewältigung einer Insolvenz dar. Gerade Sanierungen hätten nur dann Aussicht auf Erfolg, wenn diese weit vor Stellung des Insolvenzantrags geplant seien. Im Übrigen schränke schon das Erfordernis der „nicht offensichtlich untergeordneten Bedeutung" einer antragstellenden Gesellschaft aus § 3a Abs. 1 Satz 1 InsO die Missbrauchsmöglichkeiten ein.

2. *Ansichten der Literatur zu einer möglichen Gefahr des Forum Shoppings*

In der Literatur wird das Missbrauchsrisiko durch die Normen des KIG unterschiedlich beurteilt. Zum Teil wird sich der Auffassung des Gesetzgebers angeschlossen. Im Gegensatz zu internationalem Forum Shopping gehe von dem hier

708 Gesetzesentwurf der Bundesregierung zum KIG, BT-Drs. 18/407, 19.
709 Gesetzesentwurf der Bundesregierung zum KIG, BT-Drs. 18/407, 19.
710 Gesetzesentwurf der Bundesregierung zum KIG, BT-Drs. 18/407, 19.

in Frage stehenden nationalen Forum Shopping keine gravierende Gefahr aus.[711] Das Insolvenzrecht entfalte als Bundesrecht überall gleiche Wirkung und biete damit keine wesentlichen Missbrauchsgefahren. Ein Forum Shopping innerhalb Deutschlands führe für Gläubiger nur zu einem geringen Mehraufwand, sodass auch ihr Schutz weiterhin gewährleistet sei.[712] Überwiegend wird jedoch von der Missbrauchsanfälligkeit der neu durch das KIG implementierten Normen und einer Gefahr durch nationales Forum Shopping ausgegangen. Nationales Forum Shopping sei aktuell derart leicht, dass Unternehmen sich praktisch ein Insolvenzgericht ihrer Wahl aussuchen könnten.[713] Dabei streben sie gezielt kleine, unerfahrene Insolvenzgerichte für ihre Insolvenzverfahren an, um dort ihren Willen in Bezug auf die bevorzugte Verfahrensart und den zu bestellenden Insolvenzverwalter oder Sachwalter durchzusetzen.[714] Die aktuelle Rechtslage gewähre dem Schuldner dementsprechend zu große Einflussmöglichkeiten und führe dazu, dass die gesetzlichen Zuständigkeitsregelungen zu dessen Disposition stehen.[715] Die Schuldner könnten eine Sitzverlegung außerdem nutzen, um sich aus dem Zuständigkeitsbereich der Staatsanwaltschaft zu entfernen und so die Ermittlungen zu behindern.[716] Die Erschleichung eines Gerichtsstands durch nationales Forum Shopping bewirke zahlreiche negativen Folgen, wie beispielsweise erhebliche Rechtsbenachteiligungen für Gläubiger.[717] So sei der gewählte Gerichtsstand regelmäßig nicht erkennbar oder vorhersehbar.[718] Die Gläubiger erhielten deshalb häufig erst zu spät die Möglichkeit, ihre Rechte geltend zu machen. Deren Geltendmachung erfordere aufgrund weiterer Wege außerdem einen höheren Aufwand. Das innerstaatliche Forum Shopping wecke daher ernsthafte Zweifel an

---

711 So *Hölzle/Jacoby*, ZIP 2021, 337, 340; noch zum Diskussionsentwurf *Wimmer*, DB 2013, 1343, 1347; anders *Smid*, NZI 2021, 710, 711–712, der trotz bundesweiter Geltung der InsO von Nachteilen für Gläubiger bei Sitzverlegungen innerhalb Deutschlands ausgeht.

712 So *Thole*, KTS 2014, 351, 359.

713 *Frind*, NZI 2019, 697, 699.

714 *Frind*, NZI 2019, 697, 699; zu den Möglichkeiten bei großen Verfahren auf die Auswahl des Insolvenzverwalters Einfluss zu nehmen siehe *Smid*, NZI 2022, 965, 966–967.

715 So *Rüther/Tichbi*, in: HK InsO, § 3 Rn. 15.

716 *Smid*, NZI 2021, 710, 711.

717 *Frind*, ZInsO 2014, 927, 932; mit Verweis auf die Stellungnahme des Bundesarbeitskreis Insolvenzgerichte e.V. vom 21.7.2021 *Smid*, ZInsO 2021, 1893, 1893–1894; *ders.*, ZInsO 2022, 965, 969; *Siemon*, NZI 2014, 55, 61; *Römermann*, ZRP 2013, 201, 203; *Blankenburg*, ZInsO 2020, 2525.

718 *Frind*, NZI 2019, 697, 697–698; *ders.*, ZInsO 2014, 927, 932.

der Wahrung des Grundsatzes des gesetzlichen Richters aus Art. 101 Abs. 1 Satz 2 GG sowie der Gleichbehandlung der Gläubiger in ihren Verfahrensrechten gem. Art. 3 Abs. 3 GG.[719]

III. Drohen U.S.-amerikanische Zustände?

Aufgrund des extremen Ausmaßes des Forum Shoppings in den USA, stellt sich die Frage, ob in Deutschland ähnliche Zustände zu befürchten sind. Festhalten lässt sich zunächst, dass der Gesetzgeber sich bewusst dazu entschieden hat, den Konzernen mit dem Inkrafttreten des KIG die Türen zum nationalen Forum Shopping weit zu öffnen. Die das Forum Shopping ermöglichende Verwendung des Prioritätsprinzips und die damit verbundene Ablehnung eines gesetzlichen Gruppen-Gerichtsstands am Sitz der Muttergesellschaft ist richtig.[720] Nicht bewahrheitet hat sich hingegen die ursprüngliche Auffassung des Gesetzgebers, wonach durch nationales Forum Shopping keine Missbrauchsgefahr drohe. Innerdeutsches Forum Shopping ändert das anzuwendende Recht zwar nicht. Allerdings wird auch in Deutschland das anzuwendende Recht je nach Richter unterschiedlich angewandt, sodass sich für die Schuldner je nach Richter erhebliche Unterschiede in den Einflussmöglichkeiten auf das Verfahren ergeben. Faktoren wie die Vorhersehbarkeit der Entscheidung sowie der Kooperationswille des Richters können auch bei Anwendung desselben Rechts ausschlaggebend sein.[721] Trotz Anwendung desselben Rechts können daher sehr unterschiedliche Ergebnisse mit teilweise wesentlichen Nachteilen für die Gläubiger erzielt werden. Nationales Forum Shopping stellt daher auch in Deutschland eine ernstzunehmende Bedrohung für die Gläubigerinteressen und das Insolvenzverfahren als solches dar.[722]

Teilweise wird sogar in der deutschen Literatur die zukünftige Gefahr ähnlicher Bedingungen wie in den USA für möglich gehalten.[723] Solchen Befürchtungen können jedoch die rechtlichen und strukturellen Unterschiede der Insolvenzsysteme der jeweiligen Länder entgegengehalten werden. Entscheidend sind zunächst die Anforderungen an die Begründung eines Gruppen-Gerichtsstands.

---

719 *Frind*, NZI 2019, 697, 701.

720 Siehe dazu Teil 2 B. II. 1. b).

721 Siehe dazu *Splittgerber*, Örtliche Zuständigkeit, 265–266; *Knof/Mock*, ZInsO 2008, 253, 256–257.

722 Zu diesem Ergebnis kommt auch der Bundesarbeitskreis Insolvenzgerichte e.V in seiner Stellungnahme vom 21.07.2021, ZInsO 2021, 1778.

723 So *Frind*, NZI 2019, 697, 699 zu möglichen Auswirkungen des Forum Shoppings auf die Sanierungschancen.

Gem. § 3a Abs. 1 Satz 1 InsO kann den Konzentrationsantrag zur Begründung eines Gruppen-Gerichtsstands nur ein Unternehmen stellen, welches nicht offensichtlich von untergeordneter Bedeutung für die gesamte Unternehmensgruppe ist. Dies liegt in der Regel vor, wenn das Unternehmen im vorangegangenen Geschäftsjahr mehr als 15 % der Mitarbeiter des Konzerns beschäftigt und mit mehr als 15 % entweder an der zusammengefassten Bilanzsumme oder am Gesamtumsatz beteiligt war. Auf diese Weise hat der Gesetzgeber verhindert, dass kleine, unbedeutende und womöglich kurzfristig zum Zweck der Zuständigkeitserschleichung gegründete Gesellschaften einen Gruppen-Gerichtsstand an ihrem Sitz begründen. Eine kurzfristige Verlegung zum Zweck der Zuständigkeitserschleichung wird außerdem schwieriger, je größer die Gesellschaft ist. Überdies unterbindet der Gesetzgeber in der Regel eine kurzfristige Verlegung einer Gesellschaft zum Zwecke der Zuständigkeitserschleichung, indem bei den Schwellenwerten des § 3a Abs. 1 Satz 1 InsO auf die Werte des vorangegangenen Geschäftsjahrs abgestellt wird.[724] So verhindert der deutsche Gesetzgeber zumindest groben Missbrauch der Zuständigkeitsnormen und Szenarien, wie sie u.a. im Rahmen der *Patriot Coal* Entscheidung in den USA vorgekommen sind. Ein bedeutender Beitrag zur Verhinderung des nationalen Forum Shoppings war in diesem Zusammenhang die Anhebung des Schwellenwerts von 10 %[725] auf 15 % im Laufe des Gesetzgebungsverfahrens durch die Beratungen des Rechtsausschusses. Auch der Bundesrat hatte in seiner Stellungnahme zum KIG vor dem Missbrauchspotenzial niedriger Schwellenwerte gewarnt und sich für eine Erhöhung dieser Werte ausgesprochen.[726]

Einen wichtigen Beitrag leistet auch § 2 Abs. 2 InsO und die Möglichkeit der Landesregierungen, durch Verordnung einen Gruppen-Gerichtsstand je Oberlandesgerichtsbezirk festzulegen. Dies kann verhindern, dass gezielt kleine, ressourcenarme und unerfahrene Gerichte von Konzernen als Gruppen-Gerichtsstand ausgesucht werden, um dort bestimmenden Einfluss auf das Verfahren zu nehmen. Eine Umsetzung dieser Möglichkeit durch alle Bundesländer ist somit essenziell.

---

724 So auch *Hoffmann*, Koordinierungsmechanismen, 226.

725 Im Gesetzesentwurf der Bundesregierung betrugen die Schwellenwerte noch 10. %. Diese wurde nach Beratungen des Rechtsausschusses auf 15 % angehoben, vgl. Beschlussempfehlung und Bericht des Ausschusses für Recht und Verbraucherschutz, BT-Drs. 18/11436, 21.

726 Stellungnahme des Bundesrates zum Gesetzesentwurf der Bundesregierung zum KIG, BT-Drs. 18/407, 47.

Hervorzuheben sind außerdem strukturelle Unterschiede. In den USA werden Insolvenzrichter nur für einen Zeitraum von 14 Jahren ernannt.[727] Im Anschluss ist eine Wiederernennung möglich. Dies kann zu einem Konkurrenzverhältnis zwischen den Richtern führen, die sich durch die großen Konzerninsolvenzverfahren für eine erneute Ernennung empfehlen wollen.[728] Der Vorsitz über ein großes Konzerninsolvenzverfahren kann sich positiv auf die Karrieremöglichkeiten des Richters auswirken.[729] Insolvenzrichter können daher geneigt dazu sein, sich einen Ruf als unternehmensfreundlich zu erarbeiten. So kann es zu einer Verwässerung der Standards an den Gerichten kommen und Forum Shopping begünstigt werden. In Deutschland werden Richter hingegen in der Regel als Richter auf Lebenszeit ernannt. Deutsche Insolvenzrichter haben damit keinen außergewöhnlichen oder gar finanziellen Anreiz, über die Verfahren möglichst großer Konzerninsolvenzen zu entscheiden.[730] In Deutschland ist Gesellschaftsrecht außerdem Bundesrecht, während es in den USA von Bundesstaat zu Bundesstaat variiert. Einen Ort an dem Unternehmen derart überproportional gegründet werden, wie in den USA den U.S.-Bundesstaat Delaware, gibt es in Deutschland nicht. Es gibt daher in Deutschland nicht den einen Gerichtsstand, den Gesellschaften zahllos für ein Gruppen-Insolvenzverfahren anstreben, ohne einen über die Gründung hinausgehenden Bezug dazu aufzuweisen.

C. Bewertung der Befunde zu Teil 6

Nationales insolvenzrechtliches Forum Shopping großer Konzerne stellt in den USA ein allgegenwärtiges Problem dar. Ein wesentlicher Grund dafür ist die weite Regelung der örtlichen Zuständigkeit im U.S.-amerikanischen Insolvenzrecht. Bei großen Konzerninsolvenzen wird regelmäßig aus strategischen Gründen nationales Forum Shopping betrieben, um das Insolvenzverfahren an dem favorisierten Insolvenzgericht stattfinden zu lassen. Während sich die Schuldner davon Vorteile erhoffen, führt das Vorgehen zu gravierenden Nachteilen für die Gläubiger sowie

---

727 28 U.S.C. § 152(a)(1).

728 Siehe dazu *LoPucki*, ZInsO 2013, 420, 421; die Gefahr einer ähnlichen Situation wie in den USA u.a. aufgrund der strukturellen Unterschiede ebenfalls verneinend *Hoffmann*, Koordinierungsmechanismen, 250–252.

729 Lynn M. LoPucki & William C. Whitford, *Venue Choice and Forum Shopping in the Bankruptcy Reorganization of Large, Publicly Held Companies*, 1991 Wis. L. Rev. 11, 37 (1991).

730 Die Möglichkeit eines ausufernden Forum Shoppings in Deutschland ebenfalls aufgrund struktureller und materieller Unterschiede zu den USA verneinend *Splittgerber*, Örtliche Zuständigkeit, 265–266.

das Insolvenzsystem als solches. Teilweise wird in den USA sogar die Integrität des gesamten Insolvenzsystems in Frage gestellt. Politik und Rechtsprechung konnten das Problem noch nicht lösen.

Die strukturellen und rechtlichen Unterschiede zwischen den USA und Deutschland führen zu erheblichen Unterschieden in Bezug auf die Möglichkeiten nationalen Forum Shoppings. Während nationales Forum Shopping in den USA ein überwältigendes Ausmaß angenommen hat, drohen vergleichbare Zustände in Deutschland nicht. Der Gesetzgeber hat den Konzernen zwar mit dem KIG, insbesondere mit dem Gruppen-Gerichtsstand begründenden § 3a InsO, einen weiten Spielraum eingeräumt und dabei bewusst Missbrauchsmöglichkeiten in Kauf genommen. Die aktuelle Rechtsprechung in Deutschland setzt zur Begründung einer rechtsmissbräuchlichen Zuständigkeitserschleichung außerdem erhebliche Anforderungen. Allerdings führen die Implementierung eines hohen Schwellenwerts für die Begründung eines Gruppen-Gerichtsstands sowie die strukturellen Unterschiede der Insolvenzsysteme zu einem Mindestmaß an Schutz vor nationalem Forum Shopping und werden auch in Zukunft Verhältnisse wie in den USA verhindern. Das U.S.-amerikanische Insolvenzrecht dient an dieser Stelle weniger als Vorbild, sondern vielmehr als mahnendes Beispiel.

Teil 7 – Untersuchungsergebnisse

An dieser Stelle sollen abschließend die zentralen Ergebnisse der vorangegangenen Untersuchung aufbereitet werden.

Zunächst lässt sich eine Vergleichbarkeit der Konzentrationsmechanismen in der Konzerninsolvenz festhalten. Im Gegensatz zu den rechtlichen Möglichkeiten in Deutschland, kann die Bewältigung von Konzerninsolvenzen in den USA sowohl anhand einer materiell-rechtlichen Konsolidierung („substantive consolidation") als auch mittels einer reinen verfahrensrechtlichen Zusammenfassung („joint administration") erzielt werden. Das deutsche Insolvenzrecht erlaubt hingegen nur eine prozessuale Koordination der jeweiligen Insolvenzverfahren einzelner Gesellschaften eines Konzerns. Diese Entscheidung des deutschen Gesetzgebers gegen eine materiell-rechtliche Konsolidierung nach U.S.-amerikanischem Vorbild ist u.a. aus Gründen des Gläubigerschutzes richtig. Die zur Umsetzung der Verfahrenskonzentration gewählten Konzentrationsmechanismen weisen trotz dieser Unterschiede in beiden Ländern ausgeprägte Parallelen auf: In beiden Rechtsordnungen sind einheitlicher Gerichtsstand, einheitlicher Richter, gemeinsamer Verwalter und die Möglichkeit der Verweisung die wesentlichen Konzentrationsmechanismen in einer Konzerninsolvenz.

Die entscheidenden Konzentrationsmechanismen finden sich in beiden Rechtsordnungen in dem jeweils als Bundesrecht kodifizierten Insolvenzrecht. Die USA etablierten die Möglichkeit einer Verfahrenskonzentration für Konzerninsolvenzen wesentlich früher als der deutsche Gesetzgeber. Dies ist u.a. auf historische Gründe zurückzuführen. So musste sich der U.S.-amerikanische Gesetzgeber zur Rettung der Eisenbahn schon frühzeitig mit der Restrukturierung von großen Unternehmen auseinandersetzen. Bereits 1973 ermöglichten die Bankruptcy Rules die Verfahrenskonzentration anhand der „joint administration". In Deutschland führte die ursprünglich positive Bewertung der Konzerne dazu, dass eine umfassende Regelung lange Zeit rechtspolitisch nicht als notwendig betrachtet wurde. In Bezug auf Unternehmensinsolvenzen war das frühe deutsche Insolvenzrecht zudem in erster Linie auf Liquidation ausgerichtet. Erst deutlich später als in den USA reifte in Deutschland die Erkenntnis über die Notwendigkeit eines effektiven Sanierungsrahmens und konzerninsolvenzrechtlicher Regelungen. Teilweise diente dabei die U.S.-amerikanische Sanierungskultur als Inspiration. Der Einfluss des U.S.-amerikanischen Insolvenzrechts hat sich in der Insolvenzordnung besonders im

Insolvenzplanverfahren und in der Eigenverwaltung niedergeschlagen. Der Erfahrungsvorsprung der U.S.-Amerikaner auf dem Gebiet des Konzerninsolvenzrechts ist daher mitunter auf die historische Entwicklung der jeweiligen Rechtsordnungen zurückzuführen.

Sowohl im deutschen Insolvenzrecht als auch im U.S.-amerikanischen Insolvenzrecht ist die Konzentration der Insolvenzverfahren an einem einzigen Gerichtsstand der entscheidende Konzentrationsmechanismus zur Bewältigung von Konzerninsolvenzen. Dies verhindert eine Arbeitsverdoppelung sowie Abstimmungsschwierigkeiten und ermöglicht eine effiziente Verfahrensbewältigung. Während in den USA eine „joint administration" der Verfahren nach Bankruptcy Rule 1015(b) an einem Gericht möglich ist, hat der deutsche Gesetzgeber mit dem KIG einen einheitlichen Gruppen-Gerichtsstand in § 3a Abs. 1 InsO geregelt. Zur Begründung dessen bedarf es eines Konzentrationsantrags gem. § 3a Abs. 1 InsO. Dieser wird grundsätzlich bei dem gem. § 3 Abs. 1 InsO mit dem Insolvenzverfahren befassten Gericht gestellt. Wo dieser Antrag im Falle der Umsetzung einer Rechtsverordnung nach § 2 Abs. 2 InsO zu stellen ist, ist nach Inkrafttreten des KIG jedoch nicht eindeutig. Der Gruppen-Gerichtsstand des § 3a Abs. 1 InsO sperrt den allgemeinen Gerichtsstand nicht. Richtigerweise ist es daher zulässig bei Erlass einer Verordnung gem. § 2 Abs. 2 InsO den Konzentrationsantrag bei dem Gruppen-Gerichtsstand und den Eröffnungsantrag bei dem gem. § 3 Abs. 1 InsO zuständigen Insolvenzgericht zu stellen.

Die Definition gruppenangehöriger Unternehmen ist in den USA in § 101(2) B.C. sehr lose und weit gefasst. Konkretere Strukturen etabliert die neuere Rechtsprechung und weist dabei gewisse Parallelen zu den deutschen Konzernformen des §3e Abs. 1 InsO auf. Zur Begründung des Gruppen-Gerichtsstands gebrauchen das deutsche und das U.S.-amerikanische Insolvenzrecht jeweils eine Form des Prioritätsprinzips. Bei der begrüßenswerten Entscheidung des deutschen Gesetzgebers für das Prioritätsprinzip, hat er Hürden zur Missbrauchsprävention implementiert. Im Vergleich zum U.S.-amerikanischen Recht verwendet die InsO daher eine optimierte Form dieses Prinzips und schützt zumindest vor groben Missbrauchsfällen. Der strittigen Frage, ob der zur Begründung eines Gruppen-Gerichtsstands vorausgesetzte Konzentrationsantrag gem. § 3a Abs. 1 InsO der Schriftform bedarf, ist anhand Auslegung nicht beizukommen. Allerdings sprechen praktische Erwägungen sowie eine rechtsvergleichende Betrachtung des U.S.-amerikanischen Insolvenzrechts für ein solches Erfordernis der Schriftform.

Mit der Möglichkeit einen einheitlichen Insolvenzverwalter für alle konzernangehörigen Insolvenzverfahren zu bestellen, ist ein weiterer entscheidender Konzentrationsmechanismus im Insolvenzrecht beider Länder gesetzlich normiert.

Dieser hat sich in der Praxis als Schlüssel zu einer effizienten Sanierung und Verwertung von Konzernen bewährt. Bei Verteilung der Insolvenzverfahren eines Konzerns auf verschiedene Gerichte, geht mancher kritischen Stimme aus der Literatur die Abstimmungspflicht des neu durch das KIG in Kraft getretenen § 56b InsO nicht weit genug. Eine Verpflichtung der Richter, sich bei diesen Konzerninsolvenzen zwingend auf eine Person als Insolvenzverwalter zu einigen, widerspricht jedoch den vielfältigen Erscheinungsformen der Konzerne. Der Gesetzgeber regt durch die lose Ausgestaltung der Abstimmungspflicht in § 56b Abs. 1 Satz 1 InsO die Bestellung eines einheitlichen Verwalters in allen Verfahren an, lässt den Richtern jedoch genügend Spielraum für die Ausnahmekonstellationen, in denen die Bestellung mehrerer Verwalter angezeigt ist.

Über die erläuterten Konzentrationsmechanismen hinaus, kommt auch der örtlichen Zuständigkeit sowie der Möglichkeit einer Verweisung im Rahmen der Abwicklung von Konzerninsolvenzen in Deutschland und den USA eine bedeutende Rolle zu. Die Normen zur örtlichen Zuständigkeit sind im deutschen und im U.S.-amerikanischen Konzerninsolvenzrecht ähnlich ausgestaltet. Wesentlicher Fokus bildet der Standort des Schuldners. Für Konzerne bietet das U.S.-amerikanische Insolvenzrecht mit 28 U.S.C. 1408(2) deutlich mehr Möglichkeiten der Insolvenzantragsstellung als das deutsche Insolvenzrecht. Sowohl in Deutschland als auch in den USA erfahren die Bestimmungen zur örtlichen Zuständigkeit im Insolvenzrecht Missbrauch. Dem wird durch die Rechtsprechung beider Ländern Grenzen gesetzt.

In den USA werden Verweisungen außerdem als Korrekturmittel gegen Forum Shopping verwendet. Dies könnte bei eventuell in Zukunft auftretenden, ähnlichen Problemen in Deutschland von Wert sein. Während im U.S.-amerikanischen Recht die anzuwendende Norm strittig ist, stellt sich im deutschen Insolvenzrecht die Frage, ob es für eine Verweisung gem. § 3d Abs. 1 Satz 1 InsO eines Antrags bedarf oder nicht. Einem rechtsvergleichenden Blick auf das U.S.-amerikanische Insolvenzrecht sowie insbesondere dem Wortlaut der Norm entsprechend, bedarf eine Verweisung gem. § 3d Abs. 1 Satz 1 InsO keines Antrags. Darüber hinaus ist strittig, ob eine Verweisung an den Gruppen-Gerichtsstand gem. § 3d Abs. 1 Satz 2 InsO auch dann möglich ist, wenn ein Gruppen-Gerichtsstand im Zeitpunkt der Stellung des Insolvenzantrags durch den Gläubiger noch nicht begründet wurde. Über den Wortlaut der Norm hinaus, ist eine solche Verweisung gem. § 3d Abs. 1 Satz 2 InsO anhand teleologischer Auslegung möglich. Zusätzlich ist jedoch ein enger zeitlicher Zusammenhang zwischen der Stellung des Insolvenzantrags und der nachfolgenden Begründung des Gruppen-Gerichtsstands zu fordern.

In Bezug auf die Stellung der Richter in Konzerninsolvenzverfahren, fällt zunächst der unterschiedliche Stellenwert der Insolvenzrichter in den jeweiligen Ländern auf. Noch heute erinnert der begrenzte Verantwortungsbereich der U.S.-amerikanischen Insolvenzrichter an ihr jahrzehntelanges Ringen um Anerkennung. Die den deutschen Insolvenzrichtern u.a. in Form von lebenslanger Ernennung entgegengebrachter Wertschätzung stärkt ihre Unabhängigkeit. Unterschiede ergeben sich auch im Rahmen der wegweisenden Entscheidung über die Person des Insolvenzverwalters bzw. Sachwalters. Während die deutschen Richter bei der Bestellung Macht haben, treffen in den USA grundsätzlich die „U.S. Trustees" die Entscheidung über die als „Trustee" zu bestellende Person. In beiden Ländern räumt das Gesetz außerdem ausdrücklich oder durch unbestimmte Rechtsbegriffe den Insolvenzrichtern Möglichkeiten ein, um auf das Verfahren einzuwirken. Die Insolvenzrichter haben daher sowohl in Deutschland als auch in den USA verschiedene Optionen, um auf die Konzerninsolvenz und die Verfahrenskonzentration Einfluss zu nehmen.

Es gibt Bereiche, in denen die USA in Bezug auf das deutsche Konzerninsolvenzrecht nicht als Inspiration dienen sollten. Besonders deutlich wird das beim insolvenzrechtlichen Forum Shopping. Das insolvenzrechtliche nationale Forum Shopping stellt die USA aktuell vor Schwierigkeiten erheblichen Ausmaßes. Politik und Rechtsprechung konnten dem Problem trotz mehrerer Versuche noch nicht Herr werden. Ein wesentlicher Grund dafür ist die weite Regelung der örtlichen Zuständigkeit im U.S.-amerikanischen Insolvenzrecht. Diese erlaubt es großen Konzernen, sich faktisch ein Insolvenzgericht ihrer Wahl auszusuchen. Von ihrer Auswahl erhoffen sich die Konzerne regelmäßig strategische Vorteile. Zugleich bringt diese Wahlfreiheit der Konzerne für die Gläubiger erhebliche Nachteile mit sich. Das Ausmaß des Forum Shoppings gipfelt in Zweifeln an der Integrität des gesamten Insolvenzsystems der USA.

Auch in Deutschland stellt insolvenzrechtliches Forum Shopping aufgrund der damit verbundenen Nachteile für die Gläubiger ein Problem dar. Begünstigt wird dies auch durch die aktuelle Rechtsprechung in Deutschland. Diese setzt zur Begründung einer rechtsmissbräuchlichen Zuständigkeitserschleichung hohe Anforderungen. Die neuen Normen des KIG um den Gruppen-Gerichtsstand des § 3a InsO ermöglichen auch innerhalb Deutschlands eine Zunahme insolvenzrechtlichen Forum Shoppings. Der Gesetzgeber hat einem groben Forum Shopping jedoch durch die Etablierung von Schwellenwerten zur Begründung des Gruppen-Gerichtsstands entgegengewirkt. Auf diese Weise hat er die Missbrauchsrisiken minimiert und den Konzernen die für eine erfolgreiche Abwicklung der Insolvenzverfahren benötigte Flexibilität eingeräumt. Diese Maßnahmen sowie die strukturellen Unterschiede zwischen dem deutschen und dem

US.-amerikanischen Insolvenzsystem sorgen dafür, dass ein Forum Shopping nach U.S.-amerikanischen Ausmaß hierzulande aktuell nicht zu befürchten ist. Um auch in Zukunft solche Zustände zu vermeiden, sollte das U.S.-amerikanische Insolvenzrecht in Bezug auf diesen Punkt nicht als Vorbild, sondern als mahnendes Beispiel verstanden werden.

In Bezug auf die Vorauswahl und die Überwachung der Insolvenzverwalter erweist sich das deutsche Insolvenzsystem als reformbedürftig. Schwierigkeiten bereiten insbesondere die Uneinheitlichkeit der zahlreichen Vorauswahllisten sowie die mangels gerichtlicher Kapazitäten nicht gewährleistete Aufsicht über die Insolvenzverwalter. Bei der konkreten Ausgestaltung dieser Reform kann das U.S.-amerikanische Insolvenzrecht als Vorbild dienen. Angelehnt an das „U.S. Trustee Program" in den USA, bietet sich zur Lösung der aktuellen Probleme eine Trennung von Rechtsprechung und Verwaltung an. Die Implementierung eines behördlichen Bundesinsolvenzverwalters könnte bei der Vorauswahl bundeseinheitliche Standards sowie eine effektive Überwachung der Insolvenzverwalter bewirken. Ähnlich den 21 „U.S. Trustee" Bezirken in den USA, bietet sich auch in Deutschland eine Konzentration des Insolvenzsystems an. Es wäre sinnvoll, in jedem der 24 Oberlandesgerichtsbezirke nur an einem Schwerpunktgericht je Bezirk eine Vorauswahlliste nach Bundesstandards zu führen. Dies sollten idealerweise die Insolvenzgerichte sein, welche gem. § 2 Abs. 3 InsO und den Rechtsverordnungen der Länder als Gruppen-Gerichte des Oberlandesgerichtsbezirks bestimmt werden. Es bleibt zu hoffen, dass alle Bundesländer die Verordnung im Sinne einer zentralisierten und effizienteren Abwicklung großer Insolvenzverfahren umsetzen. Damit könnte an diesen Gerichten, insbesondere zur Abwicklung von Großverfahren, eine Bündelung von Kompetenz, Erfahrung und Ressourcen realisiert werden. Die mit der Listenführung oft überforderten, kleineren Insolvenzgerichte wären damit außerdem von dieser Aufgabe befreit. Diese 24 regionalen Listen sollten mit einem bundesweiten Verzeichnis der Insolvenzverwalter verbunden und aus Gründen der Transparenz öffentlich einsehbar sein.

Das Insolvenzrecht der USA weist damit insgesamt in Bezug auf die Verfahrenskonzentration erstaunliche Parallelen zum deutschen Insolvenzrecht auf. Die jeweiligen Länder haben zwar unterschiedliche Insolvenzsysteme, verwenden jedoch in Bezug auf die konzernrechtliche Verfahrenskonzentration häufig die gleichen Konzentrationsmechanismen. Auch darüber hinaus sind die Vorgehensweise und die gesetzlichen Möglichkeiten in zahlreichen Konzernkonstellationen vergleichbar. An manchen Stellen kann das Insolvenzrecht der USA nicht gewinnbringend eingebracht werden. In Bezug auf das Forum Shopping entfaltet das U.S.-amerikanische Insolvenzrecht sogar abschreckende Wirkung. Die längere Erfahrung des Insolvenzrechts der USA auf diesem Gebiet sowie dessen gesetzliche Ausgestaltung kann jedoch zur Lösung aktueller Probleme des KIG an mehreren Stellen rechtsvergleichend herangezogen werden. Auch bei strukturellen Defiziten, wie der Möglichkeit eines Bundesinsolvenzverwalters, taugt das U.S.-amerikanische Insolvenzrecht als Anregung für Optimierungsansätze. Die Zukunft wird zeigen, ob der deutsche Gesetzgeber die aktuellen Herausforderungen der konzernrechtlichen Verfahrenskonzentration unter Heranziehung des U.S.-amerikanischen Insolvenzrechts zu lösen vermag.

Literaturverzeichnis

Aaron, Richard I., Bankruptcy Law Fundamentals, Volume 1, 2023 Edition (June 2023 Update), Eagan, Minnesota 2023

Ahern, Lawrence R./MacLean, Nancy Fraas, Bankruptcy Procedure Manual: Federal Rules of Bankruptcy Procedure Annotated, 2024 Edition (February 2024 Update), Eagan, Minnesota 2024

Andres, Dirk/Leithaus, Rolf/Dahl, Michael, Andres/Leithaus – Insolvenzordnung, München 2018 (zitiert als: *Bearbeiter*, in: Andres/Leithaus)

Andres, Dirk/Möhlenkamp, Andreas, Konzerne in der Insolvenz – Chance auf Sanierung?, BB 2013, S. 579–587

Ashworth, Alexa/et al., Federal Procedure, Lawyers Edition, Volume 5, Rochester, New York 2013 (March 2024 Update)

d'Avoine, Cathérine, Gläubigerbeteiligung im Konzerninsolvenzverfahren, Baden-Baden 2021

Baumert, Andreas J., Konzerninsolvenzrecht: Antragslose Verweisung an den Gruppen-Gerichtsstand und Recht auf gesetzlichen Richter, NZI 2019, S. 103–107

Berry, Charles G., Consolidation in Bankruptcy, 50 American Bankruptcy Law Journal 343–372 (1976)

Bitter, Georg/Röder, Sebastian, Insolvenz und Sanierung in Zeiten der Finanz- und Wirtschaftskrise, ZInsO 2009, S. 1283–1292

Blankenburg, Daniel, Begründung des Gruppengerichtsstands gemäß § 3a InsO bei konzentrierten "Konzerninsolvenzgerichten", ZInsO 2019, S. 169–176

Blum, George L./et al., American Jurisprudence, Volume 32, 2nd Edition, Eagan, Minnesota 1962 (November 2021 Update)

Blume, William Wirt, Place of Trial of Civil Cases: Early English and Modern Federal, 48 Michigan Law Review 1–40 (1949)

Bornemann, Alexander (Hrsg.), Frankfurter Kommentar zur Insolvenzordnung, 10. Auflage, Hürth 2025 (zitiert als: *Bearbeiter*, in: FK-InsO)

Braun, Eberhard, Insolvenzordnung (InsO), 10. Auflage, München 2024 (zitiert als: *Bearbeiter*, in: Braun InsO)

Brückner, Daniela, Auf gute Zusammenarbeit, ZInsO 2017, S. 2498–2504

Brünkmans, Christian, Die Koordinierung von Insolvenzverfahren konzernverbundener Unternehmen nach deutschem und europäischem Insolvenzrecht, Berlin 2009 (zitiert als: *Brünkmans*, Koordinierung von Insolvenzverfahren)

——, Entwurf eines Gesetzes zur Erleichterung der Bewältigung von Konzerninsolvenzen: Kritische Analyse und Anregungen aus der Praxis, ZIP 2013, S. 193–203

Brzoza, Daniel, Plädoyer für eine bundesweite Insolvenzverwalterdatenbank und 24 regionale Vorauswahllisten, NZI 2021, S. 513–517

Buchheim, Gisela/Hartmann, Wolf-Dietrich, Biographien bedeutender Unternehmer: Eine Sammlung von Biographien, 1. Auflage, Berlin 1991 (zitiert als: *Buchheim/Hartmann*, Bedeutende Unternehmer)

Bundesarbeitskreis Insolvenzgerichte e.V., Stellungnahme zur Länderumfrage der Landesjustizverwaltung Bremen v. 13.6.2021 zu drei Gesetzesänderungsvorschlägen betreffend des Problems des nationalen "forum shopping", ZInsO 2021, 1778 - 1781

Connolly, Dennis J., Current Approaches to Substantive Consolidation, 2019 Norton Annual Survey of Bankruptcy Law 3–17 (2019)

Cooley, Michael P., Will Hertz Hurt?, 29–5 American Bankruptcy Institute Journal 28–33 (2010)

Countryman, Vern, Scrambling to Define Bankruptcy Jurisdiction, 22 Harvard Journal on Legislation 1–45 (1985)

Drake Jr., W. Homer/et al., Chapter 13: Practice & Procedure, Eagan, Minnesota 2011 (June 2022 Update)

Drescher, Ingo/Fleischer, Holger/Schmidt, Karsten (Hrsg.), Münchener Kommentar zum Handelsgesetzbuch, Band 1, 5. Auflage, München 2021 (zitiert als: *Bearbeiter*, in: MüKoHGB)

Ehricke, Ulrich, Zur gemeinschaftlichen Sanierung insolventer Unternehmen eines Konzerns, ZInsO 2002, S. 393–398

Eidenmüller, Horst, Strategische Insolvenz: Möglichkeiten, Grenzen, Rechtsvergleichung, Zeitschrift Für Wirtschaftsrecht, ZIP 2014, S. 1197–1205

——, Verfahrenskoordination bei Konzerninsolvenzen, ZHR 2005, S. 528–569

Emmerich, Volker/Habersack, Mathias/Schürnbrand, Jan, Aktien- und GmbH-Konzernrecht, 10. Auflage, München 2022 (zitiert als: *Bearbeiter*, in: Emmerich/Habersack)

Emmerich, Volker/Habersack, Mathias/Sonnenschein, Jürgen, Konzernrecht, 12. Auflage, München 2023 (zitiert als: *Emmerich/Habersack*, Konzernrecht)

Epstein, David G., Bankruptcy and Related Law, 9th Edition, St. Paul, Minnesota 2017

Feeney, Joan N./et al., Bankruptcy Law Manual, Volume 1, 5th Edition, Eagan, Minnesota 2021

——, Bankruptcy Law Manual, Volume 2, 5th Edition, Eagan, Minnesota 2021

Fleischer, Holger/Goette, Wulf (Hrsg.), Münchener Kommentar zum GmbH-Gesetz, Band 1, 4. Auflage, München 2022 (zitiert als: *Bearbeiter*, in: MüKoGmbHG)

Flöther, Lucas (Hrsg.), Konzerninsolvenzrecht, 2. Auflage, München, 2018 (zitiert als: *Bearbeiter*, in: Flöther)

——, Die Gesetzesstruktur des neuen Konzerninsolvenzrechts, NZI-Beilage 2018, S. 6–8

Fölsing, Philipp, Konzerninsolvenz: Gruppen-Gerichtsstand, Kooperation und Koordination, ZInsO 2013, S. 413–420

Forster, Wolfgang, Vom Schandstein zum Konkursverfahren. Rechtsdogmatische Beobachtungen zur Geschichte des Insolvenzrechts, in: Stefan Smid (Hrsg.), Aktuelle Probleme des geltenden deutschen Insolvenzrechts, Berlin 2009, S. 5–18

Frege, Michael/Keller, Ulrich/Riedel, Ernst, Insolvenzrecht, 9. Auflage, München 2022

Frost, Christopher W., Organizational Form, Misappropriation Risk, and the Substantive Consolidation of Corporate Groups, 44 Hastings Law Journal 449–498 (1993)

Fridgen, Alexander/Geiwitz, Arndt/Göpfert, Burkard (Hrsg.), Beck'scher Online-Kommentar InsO, 37. Edition, Stand: 15.07.2024, München 2024 (zitiert als: *Bearbeiter*, in: BeckOK InsO)

Friedländer, Heinrich, Konzernrecht, 2. Auflage, Frankfurt am Main 1954

Frind, Frank, Forum Shopping – Made in Germany?, ZInsO 2008, S. 261–264

——, Gefahren und Probleme bei der insolvenzgesetzlichen Regelung der Insolvenz der "Unternehmensgruppe", ZInsO 2014, S. 927–938

——, Plädoyer für eine europarechtskonforme nationale Beschränkung insolvenzbezogener Zuständigkeitsmanipulation, NZI 2019, S. 697–702

Garner, Bryan A., Black's Law Dictionary, 11th Edition, St. Paul, Minnesota 2019

Gerber, Joshua C., "Why the Fuss?": Stern v. Marshall and the Supreme Court's Understanding of Bankruptcy Court Jurisdiction, 78 Brooklyn Law Review 989–1031 (2013)

Gilbert, J. Stephen, Substantive Consolidation in Bankruptcy: A Primer, 43 Vanderbilt Law Review 207–243 (1990)

Goette, Wulf/Habersack, Mathias/Kalss, Susanne (Hrsg.), Münchener Kommentar zum Aktiengesetz, Band 1, 6. Auflage, München 2024 (zitiert als: *Bearbeiter*, in: MüKoAktG)

——, Münchener Kommentar zum Aktiengesetz, Band 5, 6. Auflage, München 2023 (zitiert als: *Bearbeiter*, in: MüKoAktG)

Görling, Helmut, Die Verbreitung zwei-und mehrstufiger Unternehmensverbindungen –Ergebnisse einer empirischen Untersuchung, AG 1993, S. 538–547

Gottwald, Peter/Haas, Ulrich, Insolvenzrechts-Handbuch, 6. Auflage, München 2020

Graeber, Thorsten, Das Konzerninsolvenzverfahren des Diskussionsentwurfs 2013, ZInsO 2013, S. 409–413

——, Der Konzerninsolvenzverwalter – Pragmatische Überlegungen zu Möglichkeiten eines Konzerninsolvenzverfahrens, NZI 2007, S. 265–270

Graf-Schlicker/Marie Luise, InsO - Kommentar zur Insolvenzordnung, 6. Auflage, Köln 2022 (zitiert als: *Bearbeiter*, in: Graf-Schlicker)

Grassgreen, Debra I./et al., First Day Motions: A Guide to the Critical First Days of a Bankruptcy Case, 3d Edition, Alexandria, Virginia 2012

Graulich, Timothy E., Substantive Consolidation – A Post-Modern Trend, 14 American Bankruptcy Institute Law Review 527–566 (2006)

Greiman, Virginia, An Overview of the United States Trustee Pilot Program, 1984 Norton Annual Survey of Bankruptcy Law 6–16 (1984)

Grigoleit, Hans Christoph, Grigoleit Aktiengesetz (AktG), 2. Auflage, München 2020 (zitiert als: *Bearbeiter*, in: Grigoleit)

Hancock, William A., Corporate Counsel's Guide to Bankruptcy Law, Volume 1, St. Paul, Minnesota 2010 (April 2024 Update)

Henckel, Wolfram/Gerhardt, Walter, Jaeger - Insolvenzordnung, Band 1 §§ 1–55, 1. Auflage, Berlin 2004 (zitiert als: *Bearbeiter*, in: Jaeger)

Henning, Kai/Lackmann, Frank/Rein, Andreas (Hrsg.), Privatinsolvenz, 2. Auflage, Baden-Baden 2022 (zitiert als: *Bearbeiter*, in: Privatinsolvenz)

Henssler, Martin (Hrsg.), Beck-Online Grosskommentar zum Aktienrecht, Stand: 01.10.2024, München 2024 (zitiert als: *Bearbeiter*, in: BeckOGK AktienR)

——, Die Neuordnung des Berufsrechts der Insolvenzverwalter in Deutschland, NZI 2020, S.193–200

Herdegen, Matthias, Internationales Wirtschaftsrecht, 13. Auflage, München 2023

Hirte, Heribert, Vorschläge für die Kodifikation eines Konzerninsolvenzrechts, ZIP 2008, S. 444–449

Hirte, Heribert/Vallender, Heinz (Hrsg.), Uhlenbruck - Insolvenzordnung, Band 1, 15. Auflage, München 2019 (zitiert als: *Bearbeiter*, in: Uhlenbruck)

v. Hoffmann, Bernd/Thorn, Karsten, Internationales Privatrecht, 9. Auflage, München 2007

Hoffmann, Deniz, Koordinierungsmechanismen des deutschen Konzerninsolvenzrechts, 1. Auflage, Berlin, 2019

Hölzle, Gerrit, Eigenverwaltung im Insolvenzverfahren nach ESUG – Herausforderungen für die Praxis, ZIP 2012, S. 158–164

———, Nationales Forum Shopping im Insolvenzrecht, ZIP 2021, 337–341

Humpenöder, Leo, Der Sanierungsgedanke im deutschen Insolvenzrecht, München 2019 (zitiert als: *Humpenöder*, Sanierungsgedanke)

Jackson, Vicki C., Packages of Judicial Independence: The Selection and Tenure of Article III Judges, 95 Georgetown Law Journal 965–1008 (2007)

Jaeger, Ernst, Konkursordnung mit Einführungsgesetzen, Band 2 2. Halbband, 8. Auflage, Berlin 1973 (zitiert als: *Bearbeiter*, in: KO)

Jensen, Christoph, Der Konzern in der Krise: Aktuelle Rechtsfragen im Kontext deutscher und europäisch-grenzüberschreitender Konzerninsolvenzen, Berlin 2018

Kamp, Allen R., Court Structure under the Bankruptcy Code, 90 Commercial Law Journal 203–212 (1985)

Keller, Ulrich, Insolvenzrecht, 2. Auflage, München 2020

Kindler, Peter/Nachmann, Josef/Bitzer, Fabian, Handbuch Insolvenzrecht in Europa, München 2010 (Stand: 13. Ergänzungslieferung Februar 2023) (zitiert als: *Bearbeiter*, in: Kindler/Nachmann/Bitzer)

Knof, Béla/Mock, Sebastian, Innerstaatliches Forum Shopping in der Konzerninsolvenz - Cologne Calling?, ZInsO 2008, S. 253–261

Konold, Felix, Konzerninsolvenz, Berlin 2017

Kors, Mary Elisabeth, Altered Egos: Deciphering Substantive Consolidation, 59 University of Pittsburgh Law Review 381–451 (1998)

Krause, Sydney/Zweibel, Joel B., Venue and Consolidation of Arrangement (Chapter XI) Proceedings under the Bankruptcy Act Involving Related Corporations, 16 Business Lawyer 352–363 (1961)

Kübler, Bruno/Bork, Reinhard/Prütting, Hanns (Hrsg.), HRI II - Handbuch Restrukturierung in der Insolvenz, 4. Auflage, Köln 2023 (zitiert als: *Bearbeiter*, in: HRI)

Kübler, Bruno/Prütting, Hanns/Bork, Reinhard (Hrsg.), Kommentar zur Insolvenzordnung, Köln 1998 (Stand: 102. Ergänzungslieferung Dezember 2024) (zitiert als: *Bearbeiter*, in: K/P/B)

Levit, Louis W., The New Bankruptcy Rules, 57 Marquette Law Review 1–23 (1973)

Levitin, Adam J., Purdue's Poison Pill: The Breakdown of Chapter 11's Checks and Balances, 100 Texas Law Review 1079–1155 (2022)

Leitner, Werner/Rosenau, Henning (Hrsg.), Wirtschafts- und Steuerstrafrecht, 2. Auflage, Baden-Baden 2022 (zitiert als: *Bearbeiter*, in: Leitner/Rosenau)

Leutheusser-Schnarrenberger, Sabine, Sanierung als Chance, BB 2010, S. I

LoPucki, Lynn M., Courting Failure: Das Versagen der Kontrollinstanz in der Konzerninsolvenz, ZInsO 2013, 420–428

——, Courting Failure - How Competition for Big Cases is Corrupting the Bankruptcy Courts, Ann Arbor, Michigan 2005

LoPucki, Lynn M./Doherty, Joseph W., Bankruptcy Survival, 62 UCLA Law Review 970–1015 (2015)

LoPucki, Lynn M./ Whitford, William C., Venue Choice and Forum Shopping in the Bankruptcy Reorganization of Large, Publicly Held Companies, 1991 Wisconsin Law Review 11–58 (1991)

Meier, Anke, Die Geschichte des deutschen Konkursrechts, insbesondere die Entstehung der Reichskonkursordnung von 1877, Frankfurt am Main 2003

Meyer, Justus, Die GmbH und andere Handelsgesellschaften im Spiegel empirischer Forschung, GmbHR 2002, S. 177–189

Moderegger, Martin, Fragwürdige Verwalterauswahl beim AG – Insolvenzgericht – Hannover, NZI 2017, S. 241–246

Motive zu dem Entwurf einer deutschen Gemeinschuldordnung, Verlag der Königlichen Geheimen Ober-Hofbuchdruckerei (R. v. Decker), 2. Band, Berlin 1873

Motive zu dem Entwurf einer deutschen Gemeinschuldordnung, Verlag der Königlichen Geheimen Ober-Hofbuchdruckerei (R. v. Decker), Anlage-Band, Berlin 1873

Nerlich, Jörg/Römermann, Volker (Hrsg.), Insolvenzordnung, München 2009 (49. Ergänzungslieferung Januar 2024) (zitiert als: *Bearbeiter*, in: Nerlich/ Römermann)

Niebler, Verena, Die Entstehung der Reichskonkursordnung von 1877 - Liquidation statt Sanierung?, Regensburg 2021

Norton, William L. III, Norton Bankruptcy Law and Practice, Volume 1, 3d Edition, Eagan, Minnesota 2008 (October 2021 Update)

——, Norton Bankruptcy Law and Practice, Volume 2, 3d Edition, Eagan, Minnesota 2008 (October 2021 Update)

——, Norton Bankruptcy Law and Practice, Volume 7, 3d Edition, Eagan, Minnesota 2008 (October 2021 Update)

Note, Forum Shopping Reconsidered, 103 Harvard Law Review 1677–1696 (1990)

Olmstead, James Monroe, Bankruptcy A Commercial Regulation, 15 Harvard Law Review 829–843 (1902)

Paek, Kyu Y., The Impaired Accepting Class Rule and the Reorganization of the Business Enterprise, 28 Norton Journal of Bankruptcy Law and Practice 1–12 (2019)

Pape, Gerhard/Reichelt, Daniel/Schultz, Volker/Voigt-Salus, Joachim, Insolvenzrecht, 3. Auflage, München 2022 (zitiert als: *Bearbeiter*, in: Pape/Reichelt/Schultz/Voigt-Salus)

Pape, Gerhard, Die Insolvenzordnung ist in Kraft getreten ..., NJW 1999, S. 29–32

———, Gesetzwidrigkeit der Verweisung des Insolvenzverfahrens bei gewerbsmäßiger Firmenbestattung, ZIP 2006, S. 877–883

———, Vorauswahl und Bestellung von Insolvenzverwaltern im Lichte der Rechtsprechung des BGH, ZInsO 2017, S. 1341–1352

Parikh, Samir D., Modern Forum Shopping in Bankruptcy, 46 Connecticut Law Review 159–208 (2013)

Paulus, Christoph G., Konkursrecht im Dritten Reich, NZI 2011, S. 657–663

———, Überlegungen zu einem modernen Konzerninsolvenzrecht, ZIP 2005, S. 1948–1955

Pfander, James E., Article I Tribunals, Article III Courts, and the Judicial Power of the United States, 118 Harvard Law Review 643–776 (2004)

Pfeiffer, Mark, Let's Talk About Chapter 11 Venue Again, 39 American Bankruptcy Institute Journal 20–21 (2020)

Piepenburg, Horst, Faktisches Konzerninsolvenzrecht am Beispiel Babcock Borsig, NZI 2004, S. 231–238

Pleister, Christian/Sturm, Michael, Die Herausforderungen des neuen Konzerninsolvenzrechts, ZIP 2017, S. 2329–2338

Pollmächer, Frank/Siemon, Klaus, Der Bundesinsolvenzverwalter für die InsO oder die unverbindliche Vorauswahlliste, NZI 2017, S. 93–99

Resnick, Alan N., The Bankruptcy Rulemaking Process, 70 American Bankruptcy Law Journal 245–276 (1996)

Resnick, Alan N./Sommer, Henry J., Collier Bankruptcy Practice Guide, New York, New York 1981 (August 2022 Update)

Römermann, Volker (Hrsg.), Münchener Anwaltshandbuch GmbH-Recht, 5. Auflage, München 2023 (zitiert als: *Bearbeiter*, in: Römermann)

———, Die Konzerninsolvenz auf der Agenda des Gesetzgebers, ZRP 2013, S. 201–205

Schack, Haimo, Internationales Zivilverfahrensrecht, 8. Auflage, München 2021

Schmidt, Andreas (Hrsg.), Hamburger Kommentar zum Insolvenzrecht, 10. Auflage, Köln 2024 (zitiert als: *Bearbeiter*, in: HK InsO)

Schmidt, Karsten (Hrsg.), Karsten Schmidt - Insolvenzordnung, 20. Auflage, München 2023 (zitiert als: *Bearbeiter*, in: Schmidt)

——, Wege zum Insolvenzrecht der Unternehmen, Köln 1990 (zitiert als: *Schmidt*, Insolvenzrecht der Unternehmen)

Schumann, Fabian, Die Unternehmensgruppe im Insolvenzrecht, Baden-Baden 2020 (zitiert als: *Schumann*, Unternehmensgruppe)

Siemon, Klaus, Konzerninsolvenzverfahren – wird jetzt alles besser?, NZI 2014, S. 55–61

Simon, Jürgen, Probleme der arbeitsrechtlichen Vorschläge der Kommission für Insolvenzrecht, ArbuR Heft 10 1986, S. 303–309

Skeel Jr., David A., Bankruptcy Lawyers and the Shape of American Bankruptcy Law, 67 Fordham Law Review 497–552 (1998)

Smid, Stefan, Vorabsprachen und Vorbefassung in der Insolvenz – wann sind Transparenz, Unabhängigkeit und Unparteilichkeit in Gefahr?, ZInsO 2022, S. 965–974

——, Wie kann der Nebel um das "Bremer Modell" gelichtet werden: "Geplante" Insolvenzen, Gerichtsaufsicht und Sonderinsolvenzverwaltung, ZInsO 2021, S. 1893–1901

——, Zuständigkeit des Insolvenzgerichts bei Sitzverlegung, Verwalterauswahl und Pflichtenkanon des Insolvenzverwalters de lege ferenda, NZI 2021, S. 710–715

Smith, Douglas G., The Role of the Courts in Shaping American Bankruptcy Law, 33 Seton Hall Law Review 109–126 (2002)

Smith, R. Craig, Conflicts of Interest under the Bankruptcy Code: A Proposal to Increase Confidence in the Bankruptcy System Note, 8 Georgetown Journal of Legal Ethics 1045–1074 (1995)

Sommer, Henry J./Richard Levin, Collier on Bankruptcy, Volume G, 16th Edition, New Providence, New Jersey 2009

——, Collier on Bankruptcy, Volume B, 16th Edition, New Providence, New Jersey 2009

——, Collier on Bankruptcy, Volume 1, 16th Edition, New Providence, New Jersey 2009

——, Collier on Bankruptcy, Volume 9, 16th Edition, New Providence, New Jersey 2009

Spiekermann, Olaf, Die Unabhängigkeit des Insolvenzverwalters und Sachwalters, NZI 2020, S. 977–985

Splittgerber, Daniel, Die örtliche Zuständigkeit in Insolvenzverfahren konzernverbundener Unternehmen, Baden-Baden 2011 (zitiert als: *Splittgerber*, Örtliche Zuständigkeit)

Steinberg, Howard J., Bankruptcy Litigation, Volume 1, 2nd Edition, Eagan, Minnesota 2007 (October 2023 Update)

Streit, Georg, Auswirkungen des § 56b InsO im Rahmen des neuen Konzerninsolvenzrechts auf die Praxis der Bestellung von Insolvenzverwaltern, NZI Beilage 2018, S. 14–18

Stürner, Rolf/Eidenmüller, Horst/Schoppmeyer, Heinrich (Hrsg.), Münchener Kommentar zur Insolvenzordnung, Band 1, 4. Auflage, München 2019 (zitiert als: *Bearbeiter*, in: MüKoInsO)

———, Münchener Kommentar zur Insolvenzordnung, Band 3, 4. Auflage, München 2020 (zitiert als: *Bearbeiter*, in: MüKoInsO)

Sweig, Allan G./Munitz, Gerald F., Bankruptcy Rules - Practice and Procedure in Chapter XI 51 Chicago-Kent Law Review 304–319 (1974)

Tabb, Charles Jordan, The History of the Bankruptcy Laws in the United States, 3 American Bankruptcy Institute Law Review 5–51 (1995)

Thole, Christoph, Aktuelle Entwicklungen im Berufsrecht der Insolvenzverwalter, AnwBl Online 2021, S. 111–115 (abrufbar unter: https://www.anwaltsblatt-datenbank.de/bsab/document/jzs-AnwBlOnline202103_006)

———, Das neue Konzerninsolvenzrecht in Deutschland und Europa, KTS 2014, S. 351–380

Uhlenbruck, Wilhelm, 5 Jahre InsO – Kein Grund zum Feiern, ZIP 2004, S. 1–2

———, Konzerninsolvenzrecht über einen Insolvenzplan?, NZI 1999, S. 41–44

———, Zur Geschichte des Konkurses, DZWIR Januar 2007, S. 1–5

Vallender, Heinz, Die Zeit ist reif – Plädoyer für eine Berufsordnung für Insolvenzverwalter, NZI 2017, S. 641–648

———, Einführung einer Insolvenzverwalterkammer als Träger der Berufsaufsicht über Insolvenzverwalter, NZI 2017, S. 777–782

———, Insolvenzkultur gestern, heute und morgen, NZI 2010, S. 838–844

Vallender, Heinz/Deyda, Stephan, Brauchen wir einen Konzerninsolvenzgerichtsstand?, NZI 2009, S. 825–834

Verhoeven, Alexander, Konzerne in der Insolvenz nach dem Regierungsentwurf zur Erleichterung der Bewältigung von Konzerninsolvenzen (RegE) - Ende gut, alles gut … und wenn es nicht gut ist, dann ist es noch nicht das Ende!, ZInsO 2014, S. 217–222

Vetter, Jochen, 50 Jahre Aktienkonzernrecht, ZGR Sonderheft 19 2015, S. 231–272

Warren, Charles, New Light on the History of the Federal Judiciary Act of 1789, 37 Harvard Law Review 49–130 (1923)

Weidmüller, Juliane, Die Rückschlagsperre als Instrument zur gemeinschaftlichen Haftungsverwirklichung, Baden-Baden 2012 (zitiert als: *Weidmüller*, Haftungsverwirklichung)

Werner, Rüdiger, Die Firmenbestattung, NZI 2013, S. 418–424

Wernert, Lukas, Das Gruppeninteresse, Berlin 2020

Westpfahl, Lars/Janjuah, Riaz K., Zur Modernisierung des deutschen Sanierungsrechts, ZIP 2008, S. 1–28

Williams, Rosemary E., Bankruptcy Practice Handbook, Volume 3, 2nd Edition, St. Paul, Minnesota 2010 (December 2023 Update)

——, Konzerninsolvenzen im Rahmen der EuInsVO – Ausblick auf die Schaffung eines deutschen Konzerninsolvenzrechts, DB 2013, S. 1343–1350

Wouters, Nora/Raykin, Alla, Corporate Group Cross-Border Insolvencies between the United States & European Union: Legal & Economic Developments, 29 Emory Bankruptcy Developments Journal 387–424 (2013)

Zink, N. Theodore, Third Circuit Reverses Substantive Consolidation Decision in Owens Corning Bankruptcy Case, 1 Pratt's Journal of Bankruptcy Law 304–310 (2005)

Zipperer, Helmut, Die einheitliche Verwalterbestellung nach dem Diskussionsentwurf für ein Gesetz zur Erleichterung der Bewältigung von Konzerninsolvenzen, ZIP 2013, S. 1007–1013

Verzeichnis über Gerichtsentscheidungen

AG Duisburg, Beschluss vom 1.9.2002 – 62 IN 167/02 = NZI 2002, 556

AG Essen, Beschluss vom 1.9.2009 – 166 IN 119/09 = NZI 2009, 810

AG Hamburg, Beschluss vom 9.6.2020 – 67g IN 136/20 = ZRI 2020, 391

AG Hannover, Beschluss vom 24.9.2018 – 903 IN 540/18 = NZI 2019, 115

AG Köln, Beschluss vom 1.2.2008 – 73 IN 682/07 = NZI 2008, 254

Arora v. Diversified Consultants, Inc., No. 20 C 4113, 2021 WL 2399978 (United States District Court, N.D. Illinois, Eastern Division 2021)

Balser v. Department of Justice, Office of U.S. Trustee, 327 F.3d 903 (United States Court of Appeals, Ninth Circuit 2003)

Barnes v. Whelan, 689 F.2d 193 (United States Court of Appeals, District of Columbia Circuit 1982)

Bauer v. Commerce Union Bank, 859 F.2d 438 (United States Court of Appeals, Sixth Circuit 1988)

BGH, Beschluss vom 13.12.2005 – X ARZ 223/05 = NZI 2006, 164

BGH, Beschluss vom 22.3.2007 – IX ZB 164/06 = NZI 2007, 344, 344

BGH, Beschluss vom 19.4.2012 – IX ZB 23/11 = BeckRS 2016, 7799

BGH, Beschluss vom 7.5.2020 – IX ZB 84/19 = NZI 2020, 679

BGH, Beschluss vom 13.1.2022 – IX AR (VZ) 1/20 = NJW 2022, 1461

BVerfG, Beschluss vom 3.8.2004 – 1 BvR 135/00 und 1086/01 = NZI 2004, 574

BVerfG, Beschluss vom 23.5.2006 – 1 BvR 2530/04 = NZI 2006, 453

BVerfG, Beschluss vom 3.8.2009 – 1 BvR 369/08 = NZI 2009, 641

BVerfG, Beschluss vom 12.1.2016 – 1 BvR 3102/13 = NZI 2016, 163

Chemical Bank New York Trust Co. v. Kheel, 369 F.2d 845 (United States Court of Appeals Second Circuit 1966)

Commonwealth of Puerto Rico v. Commonwealth Oil Refining Co., Inc., 569 F.2d 1239 (United States Court of Appeals, Fifth Circuit 1979)

Creekridge Capital, LLC v. Louisiana Hosp. Center, LLC, 410 B.R. 623 (United States District Court, D. Minnesota 2009)

Dunlap v. Friedman's, Inc., 331 B.R. 674 (United States District Court, S.D. West Virginia 2005)

Hertz Corp. v. Friend, 559 U.S. 77 (United States Supreme Court 2010)

Hilton Worldwide, Inc. v. Global Benefits Admin. Comm. v. Caesars Entm't Corp., 532 B.R. 259 (United States District Court, E.D. Virginia, Alexandria Division 2015)

Holywell Corp. v. Bank of New York, 59 B.R. 340 (United States District Court, S.D. Florida, Miami Division 1986)

In Matter of International Oil Company, 427 F.2d 186 (United States Court of Appeals, Second Circuit 1970)

In re A & E 128 North Corp., 528 B.R. 190 (United States Bankruptcy Appellate Panel of the First Circuit 2015)

In re Acor, 510 B.R. 588 (United States Bankruptcy Court, W.D. Tennessee 2014)

In re Amazing Energy MS, LLC, No. 20-01245-NPO, 2020 WL 4730890 (United States Bankruptcy Court, S.D. Mississippi 2020)

In re American HomePatient, Inc., 301 B.R. 713 (United States Bankruptcy Court, M.D. Tennessee, Nashville Division 2003)

In re Appalachian Fuels, LLC, 493 B.R. 1 (United States Bankruptcy Appellate Panel of the Sixth Circuit 2013)

In re Augie/Restivo Baking Co., Ltd., 860 F.2d 515 (United States Court of Appeals, Second Circuit 1988)

In re Auto-Train Corp., 810 F.2d 270 (United States Court of Appeals, District of Columbia Circuit 1987)

In re Barkany, 542 B.R. 699 (United States Bankruptcy Court, E.D. New York 2015)

In re Barrington Spring House, 509 B.R. 587 (United States Bankruptcy Court, S.D. Ohio 2014)

In re Ben Franklin Retail Stores, Inc., 214 B.R. 852 (United States Bankruptcy Court, N.D. Illinois, Eastern Division 1997)

In re Bestwall LLC, 605 B.R. 43 (United States Bankruptcy Court, W.D. North Carolina, Charlotte Division 2019)

In re BH & P, Inc., 949 F.2d 1300 (United States Court of Appeals, Third Circuit 1991)

In re BH & P, Inc., 103 B.R. 556 (United States Bankruptcy Court, D. New Jersey 1989)

In re Bill Heard Enterprises, Inc., 400 B.R. 806 (United States Bankruptcy Court, N.D. Alabama, Northern Division 2009)

In re B.L. McCandless LP, 417 B.R. 80 (United States Bankruptcy Court, N.D. Illinois, Eastern Division 2009)

In re B.L. of Miami, Inc., 294 B.R. 325 (United States Bankruptcy Court, D. Nevada 2003)

In re Blixseth, 484 B.R. 360 (United States Bankruptcy Appellate Panel of the Ninth Circuit 2012)

In re Bonham, 229 F.3d 750 (United States Court of Appeals, Ninth Circuit 2000)

In re Broady, 247 B.R. 470 (United States Bankruptcy Appellate Panel of the Eighth Circuit 2000)

In re Bruno's, Inc., 227 B.R. 311 (United States Bankruptcy Court, N.D. Alabama, Southern Division 1998)

In re Charter Behavioral Health Systems, LLC et. al., Debtors, 292 B.R. 36 (United States Bankruptcy Court, D. Delaware 2004)

In re Countrywide Home Loans, Inc., 384 B.R. 373 (United States Bankruptcy Court, W.D. Pennsylvania 2008)

In re Crosby National Golf Club, LLC, 534 B.R. 888 (United States Bankruptcy Court, N.D. Texas, Fort Worth Division 2015)

In re Daniel, 556 B.R. 722 (United States Bankruptcy Court, M.D. North Carolina, Durham Division 2016)

In re DBSI, Inc., 478 B.R. 192 (United States Bankruptcy Court, D. Delaware 2012)

In re DDMD Trucking, Inc., No. 14–12511–ta11, 2015 WL 381299 (United States Bankruptcy Court, D. New Mexico 2015)

In re Donut Queen, Ltd., 41 B.R. 706 (United States Bankruptcy Court, E.D. New York 1984)

In re DRI Companies, 552 B.R. 195 (United States Bankruptcy Court, C.D. California, Santa Ana Division 2016)

In re Dunmore Homes, Inc., 380 B.R. 663 (United States Bankruptcy Court, S.D. New York 2008)

In re Eagle Pointe Ltd. Dividend Housing Ass'n Ltd. Partnership, 350 B.R. 84 (United States Bankruptcy Court, N.D. Indiana, South Bend Division 2006)

In re Edison Mission Energy, 610 B.R. 871 (United States Bankruptcy Court, N.D. Illinois, Eastern Division 2020)

In re EDP Medical Computer Systems, 178 B.R. 57 (United States District Court, M.D. Pennsylvania 1995)

In re Enron Corp., 274 B.R. 327 (United States Bankruptcy Court, S.D. New York 2002)

In re Enron Corp., 317 B.R. 629 (United States Bankruptcy Court, S.D. New York 2004)

In re EquiMed, Inc., 253 B.R. 391 (United States District Court, D. Maryland 2000)

In re Farmland Industries, Inc., 567 F.3d 1010 (United States Court of Appeals, Eighth Circuit 2009)

In re First Fruits Holdings, No. 18–02135–5–DMW, 2018 WL 2759384 (United States Bankruptcy Court, E.D. North Carolina, Raleigh Division 2018)

In re FRG, Inc., 107 B.R. 461 (United States Bankruptcy Court, S.D. New York 1989)

In re Gianulias, No. 08–13151–CB, 2013 WL 1397430 (United States Bankruptcy Appellate Panel of the Ninth Circuit 2013)

In re Grand Dakota Partners, LLC, 573 B.R. 197 (United States Bankruptcy Court, W.D. North Carolina, Charlotte Division 2017)

In re Gucci, 174 B.R. 401 (United States Bankruptcy Court, S.D. New York 1994)

In re H & S Transp. Co., Inc., 55 B.R. 786 (United States Bankruptcy Court, M.D. Tennessee 1982)

In re Honeycutt, No. 12–06921–8–JRL, 2012 WL 6681833 (United States Bankruptcy Court, E.D. North Carolina, Wilmington Division 2012)

In re Houghton Mifflin Harcourt Pub. Co., 474 B.R. 122 (United States Bankruptcy Court, S.D. New York 2012)

In re Ionosphere Clubs, Inc., 101 B.R. 844 (United States Bankruptcy Court, S.D. New York 1989)

In re Jack Greenberg, Inc., 189 B.R. 906 (United States Bankruptcy Court, E.D. Pennsylvania 1995)

In re Jordan Landing, L.P., No. 20-02176-NPO, 2020 WL 8551778 (United States Bankruptcy Court, S.D. Mississippi 2020)

In re Las Torres Development, L.L.C., 413 B.R. 687 (United States Bankruptcy Court, S.D. Texas, Houston Division 2009).

In re Lehman Brothers Holdings Inc., 594 B.R. 33 (United States Bankruptcy Court, S.D. New York 2018).

In re Los Angeles Dodgers LLC, 457 B.R. 308 (United States Bankruptcy Court, D. Delaware 2011).

In re Los Angeles Dodgers LLC, 465 B.R. 18 (United States District Court, D. Delaware 2011).

In re Luff, 176 B.R. 377 (United States Bankruptcy Court, E.D. Pennsylvania 1995).

In re Luth, 28 B.R. 564 (United States Bankruptcy Court, D. Idaho 1983).

In re Manuel Mediaviavilla, No. 13–2802 (MCF), 2015 WL 3780463 (United States Bankruptcy Court, D. Puerto Rico 2015)

In re Manville Forest Products Corp., 896 F.2d 1384 (United States Court of Appeals, Second Circuit 1990)

In re Manzey Land & Cattle Co., 17 B.R. 332 (United States Bankruptcy Court, D. South Dakota 1982)

In re Marcus Hook Development Park, Inc., 943 F.2d 261 (United States Court of Appeals, Third Circuit 1991)

In re Murray Industries Inc., 119 B.R. 820 (United States Bankruptcy Court, M.D. Florida, Tampa Division 1990).

In re Northfield Laboratories Inc., 467 B.R. 582 (United States Bankruptcy Court, D. Delaware 2010).

In re O. P. M. Leasing Services, Inc., 16 B.R. 932 (United States Bankruptcy Court, S.D. New York 1982)

In re Owens Corning, 419 F.3d 195 (United States Court of Appeals, Third Circuit 2005)

In re Pan Am Corp., 177 B.R. 1014 (United States Bankruptcy Court, S.D. Florida 1995)

In re Parkway Calabasas Ltd., 89 B.R. 832 (United States Bankruptcy Court, C.D. California 1988)

In re Patriot Coal Corp., 482 B.R. 718 (United States Bankruptcy Court, S.D. New York 2012)

In re Pavilion Place Associates, 88 B.R. 32 (United States Bankruptcy Court, S.D. New York 1988)

In re Perry, 425 B.R. 323 (United States Bankruptcy Court, S.D. Texas, Houston Division 2010)

In re Petrie, 142 B.R. 404 (United States Bankruptcy Court, D. Nevada 1992)

In re Petters Co., Inc., 401 B.R. 391 (United States Bankruptcy Court, D. Minnesota 2009)

In re Plaza de Diego Shopping Center, Inc., 911 F.2d 820 (United States Court of Appeals for the First Circuit 1990)

In re Reichmann Petroleum Corp., 364 B.R. 916 (United States Bankruptcy Court, E.D. Texas, Tyler Division 2007)

In re Rohalmin, 598 B.R. 900 (United States Bankruptcy Court, S.D. Florida 2019)

In re Ross, 312 B.R. 879 (United States Bankruptcy Court, W.D. Tennessee 2004)

In re Segno Communications, Inc., 264 B.R. 501 (United States Bankruptcy Court, N.D. Illinois, Eastern Division 2001)

In re Shorts Auto Parts of Warren, Inc., 136 B.R. 30 (United States Bankruptcy Court, N.D. New York 1991)

In re Silicon Valley Innovation Co., No. 12–52706–ASW, 2012 WL 3778853 (United States Bankruptcy Court, N.D. California 2012)

In re Stewart, 571 B.R. 460 (United States Bankruptcy Court, W.D. Oklahoma 2017)

In re Suzanne de Lyon, Inc., 125 B.R. 863 (United States Bankruptcy Court, S.D. New York 1991)

In re Vann, 3 B.R. 192 (United States Bankruptcy Court, E.D. Pennsylvania 1980)

In re Vecco Const. Industries, Inc., 4 B.R. 407 (United States Bankruptcy Court, E.D. Virginia, Alexandria Division 1980)

In re Youk-See, 450 B.R. 312 (United States Bankruptcy Court, D. Massachusetts 2011)

In the Matter of Blanchard Management Corp., 10 B.R. 186 (United States Bankruptcy Court, S.D. New York 1981)

Independent Stationers, Inc. v. Vaughn, Westlaw (United States District Court, S.D. Indiana, Indianapolis Division 2000)

JWJ Hotel Holdings, Inc. v. W&H Realty, LLC, No. 1:18-cv-454, 2018 WL 3772179 (United States District Court, S.D. Ohio, Western Division 2018)

KG, Beschluss vom 14.5.2020 – 1 VA 17/17 = NZI 2020, 753

KeyBank National Association v. Franklin Advisers, Inc., 600 B.R. 214 (United States District Court, S.D. New York 2019)

Krystal Cadillac-Oldsmobile-GMC Truck, Inc. v. General Motors, 232 B.R. 622 (United States District Court, E.D. Pennsylvania, Philadelphia Division 1999)

LG Bremen, Beschluss vom 5.10.2020 – 6 T 370/20 = NZI 2021, 83

LG Dessau, Beschluss vom 30.3.1998 – 7 T 123/98 = ZIP 1998, 1006

Matter of Ocean Properties of Delaware, Inc., 95 B.R. 304 (United States Bankruptcy Court, D. Delaware 1988)

Matter of Peachtree Lane Associates, Ltd., 150 F.3d 788 (United States Court of Appeals, Seventh Circuit 1998)

Matter of Steury, 94 B.R. 553 (United States Bankruptcy Court, N.D. Indiana, Fort Wayne Division 1988)

Matter of Wood, 825 F.2d 90 (United States Court of Appeals, Fifth Circuit 1987)

Mendoza v. General Motors, LLC, No. CV 10-2683 AHM, 2010 WL 5224136 (United States District Court, C.D. California 2010)

Multibank, Inc. v. Access Global Capital LLC, 594 B.R. 618 (United States Bankruptcy Court, S.D. New York 2018).

Ni Fuel Co., Inc. v. Jackson, 257 B.R. 600 (United States District Court, N.D. Oklahoma 2000).

Northern Pipeline Construction Co. v. Marathon Pipe Line Co., 458 U.S. 50 (Supreme Court of the United States 1982)

Ocelot Oil Corp. v. Sparrow Industries, 847 F.2d 1458 (United States Court of Appeals, Tenth Circuit 1988)

OLG Brandenburg, Beschluss vom 19.6.2002 – 1 AR 27/02 = NZI 2002, 438

OLG Celle, Beschluss vom 5.9.2006 – 4 AR 60/06 = ZIP 2006, 2098

OLG Hamm, Beschluss vom 2.10.2019 – 32 SA 25/19 = NZI 2019, 998

OLG Schleswig, Beschluss vom 4.2.2004 – 2 W 14/04 = NZI 2004, 264

OLG Stuttgart, Beschluss vom 8.1.2009 – 8 AR 32/08 = NZI 2009, 181

Richman v. Straley, 48 F.3d 1139 (United States Court of Appeals, Tenth Circuit 1995)

Searcy v. Knostman, 155 B.R. 699 (United States District Court, S.D. Mississippi 1993)

Stern v. Marshall, 564 U.S. 462 (Supreme Court of the United States 2011)

www.ingramcontent.com/pod-product-compliance
Ingram Content Group UK Ltd.
Pitfield, Milton Keynes, MK11 3LW, UK
UKHW021131041026
8980IPUK00034B/1691

9 783631 933640